斯宾诺莎

（Baruch de Spinoza，1632—1677）

中外哲学典籍大全

总主编 李铁映 王伟光

外国哲学典籍卷

伦理学

〔荷兰〕斯宾诺莎 著

贺麟 译

商务印书馆
创于1897 The Commercial Press

Baruch de Spinoza

Ethic

本书根据牛津大学出版社1927年英译本译出

Translated by W. H. White

Published by Oxford University Press,

fourth edition，1927

中外哲学典籍大全

外国哲学典籍卷

中外哲学典籍大全
总　　序

《中外哲学典籍大全》的编纂，是一项既有时代价值又有历史意义的重大工程。

中华民族经过了近一百八十年的艰苦奋斗，迎来了中国近代以来最好的发展时期，迎来了奋力实现中华民族伟大复兴的时期。中华民族只有总结古今中外的一切思想成就，才能并肩世界历史发展的大势。为此，我们须要编纂一部汇集中外古今哲学典籍的经典集成，为中华民族的伟大复兴、为人类命运共同体的建设、为人类社会的进步，提供哲学思想的精粹。

哲学是思想的花朵、文明的灵魂、精神的王冠。一个国家、民族，要兴旺发达，拥有光明的未来，就必须拥有精深的理论思维，拥有自己的哲学。哲学是推动社会变革和发展的理论力量，是激发人的精神砥石。哲学能够解放思想，净化心灵，照亮人类前行的道路。伟大的时代需要精邃的哲学。

一　哲学是智慧之学

哲学是什么？这既是一个古老的问题，又是哲学永恒的话题。追问“哲学是什么”，本身就是“哲学”问题。从哲学成为思维的那一天起，哲学家们就在不停的追问中发展、丰富哲学的篇章，给出一张又一张答卷。每个时代的哲学家对这个问题都有自己的诠释。哲学是什么，是悬在人类智慧面前的永恒之问，这正是哲学之为哲学的基本特点。

哲学是全部世界的观念形态、精神本质。人类面临的共同问题，是哲学研究的根本对象。本体论、认识论、世界观、人生观、价值观、实践论、方法论等，仍是哲学的基本问题，是哲学的生命力所在！哲学研究的是世界万物的根本性、本质性问题。人们已经对哲学作出许多具体定义，但我们可以尝试再用“遮诠”的方式描述哲学的一些特点，从而使人们加深对“何为哲学”的认识。

哲学不是玄虚之观。哲学来自人类实践，关乎人生。哲学对现实存在的一切追根究底、“打破砂锅问到底”。它不仅是问“是什么（being）”，而且主要是追问“为什么（why）”，特别是追问“为什么的为什么”。它关注整个宇宙，关注整个人类的命运，关注人生。它关心柴米油盐酱醋茶和人的生命的关系，关心人工智能对人类社会的挑战。哲学是对一切实践经验的理论升华，它关心具体现象背后的根据，关心“人类如何会更好”。

哲学是在根本层面上追问自然、社会和人本身，以彻底的态度反思已有的观念和认识，从价值理想出发把握生活的目标和历史的趋势，从而展示了人类理性思维的高度，凝结了民族进步的智慧，寄托了人们热爱光明、追求真善美的情怀。道不远人，人能弘道。哲学是把握世界、洞悉未来的学问，是思想解放与自由的大门！

古希腊的哲学家们被称为“望天者”。亚里士多德在《形而上学》一书中说："最初人们通过好奇—惊赞来做哲学。"如果说知识源于好奇的话，那么产生哲学的好奇心，必须是大好奇心。这种"大好奇心"只为一件"大事因缘"而来。所谓"大事"，就是天地之间一切事物的"为什么"。哲学精神，是"家事、国事、天下事，事事要问"，是一种永远追问的精神。

哲学不只是思想。哲学将思维本身作为自己的研究对象之一，对思想本身进行反思。哲学不是一般的知识体系，而是把知识概念作为研究的对象，追问"什么才是知识的真正来源和根据"。哲学的"非对象性"的思维方式，不是"纯形式"的推论原则，而有其"非对象性"之对象。哲学不断追求真理，是认识的精粹，是一个理论与实践兼而有之的过程。哲学追求真理的过程本身就显现了哲学的本质。天地之浩瀚，变化之奥妙，正是哲思的玄妙之处。

哲学不是宣示绝对性的教义教条，哲学反对一切形式的绝对。哲学解放束缚，意味着从一切思想教条中解放人类自身。哲学给了我们彻底反思过去的思想自由，给了我们深刻洞察未来的思想能力。哲学就是解放之学，是圣火和利剑。

哲学不是一般的知识。哲学追求"大智慧"。佛教讲"转识成智"，"识"与"智"之间的关系相当于知识与哲学的关系。一般知识是依据于具体认识对象而来的、有所依有所待的"识"，而哲学则是超越于具体对象之上的"智"。

公元前六世纪，中国的老子说："大方无隅，大器晚成，大音希声，大象无形，道隐无名。夫唯道，善贷且成。"又说："反者道之动，弱者道之用。天下万物生于有，有生于无。"对"道"的追求就是对有之为有、无形无名的探究，就是对"天地何以如此"的探究。这种追求，使得哲学具有了天地之大用，具有了超越有形有名之有限经验的大智慧。这种大智慧、大用途，超越一切限制的篱笆，具有趋向无限的解放能力。

哲学不是经验科学，但又与经验有联系。哲学从其诞生之日起，就包含于科学形态之中，是以科学形态出现的。哲学是以理性的方式、概念的方式、论证的方式来思考宇宙与人生的根本问题。在亚里士多德那里，凡是研究“实体（ousia）”的学问，都叫作“哲学”。而“第一实体”则是存在者中的“第一个”。研究“第一实体”的学问被称为“神学”，也就是“形而上学”，这正是后世所谓“哲学”。一般意义上的科学正是从“哲学”最初的意义上赢得自己最原初的规定性的。哲学虽然不是经验科学，却为科学划定了意义的范围，指明了方向。哲学最后必定指向宇宙、人生的根本问题，大科学家的工作在深层意义上总是具有哲学的意味，牛顿和爱因斯坦就是这样的典范。

哲学既不是自然科学，也不是文学、艺术，但在自然科学的前头，哲学的道路展现了；在文学、艺术的山顶，哲学的天梯出现了。哲学不断地激发人的探索和创造精神，使人在认识世界的过程中不断达到新境界，在改造世界的过程中从必然王国到达自由王国。

哲学不断从最根本的问题再次出发。哲学史在一定意义上就是不断重构新的世界观、认识人类自身的历史。哲学的历史呈现，正是对哲学的创造本性的最好说明。哲学史上每一个哲学家对根本问题的思考，都在为哲学添加新思维、新向度，犹如为天籁山上不断增添一只只黄鹂、翠鸟。

如果说哲学是哲学史的连续展现中所具有的统一性特征，那么这种“一”是在“多”个哲学的创造中实现的。如果说每一种哲学体系都追求一种体系性的“一”的话，那么每种“一”的体系之间都存在着千丝相联、多方组合的关系。这正是哲学史昭示于我们的哲学之多样性的意义。多样性与统一性的依存关系，正是哲学寻求现象与本质、具体与普遍相统一的辩证之意义。

哲学的追求是人类精神的自然趋向，是精神自由的花朵。哲学是思想的自由，是自由的思想。

中国哲学是中华民族五千年文明传统中最为内在、最为深刻、最为持久的精神追求和价值观表达。中国哲学已经化为中国人的思维方式、生活态度、道德准则、人生追求、精神境界。中国人的科学技术、伦理道德、小家大国、中医药学、诗歌文学、绘画书法、武术拳法、乡规民俗，乃至日常生活都浸润着中国哲学的精神。华夏文明虽历经磨难而能够透魄醒神、坚韧屹立，正是来自于中国哲学深邃的思维和创造力。

先秦时代，老子、孔子、庄子、孙子、韩非子等诸子之间的百家争鸣，就是哲学精神在中国的展现，是中国人思想解放的第一次大爆发。两汉四百多年的思想和制度，是诸子百家思想在争鸣过程中大整合的结果。魏晋之际玄学的发生，则是儒道冲破各自藩篱、彼此互动互补的结果，形成了儒家独尊的态势。隋唐三百年，佛教深入中国文化，又一次带来了思想的大融合和大解放。禅宗的形成就是这一融合和解放的结果。两宋三百多年，中国哲学迎来了第三次大解放。儒释道三教之间的互润互持日趋深入，朱熹的理学和陆象山的心学，就是这一思想潮流的哲学结晶。

与古希腊哲学强调沉思和理论建构不同，中国哲学的旨趣在于实践人文关怀，它更关注实践的义理性意义。在中国哲学当中，知与行从未分离，有着深厚的实践观点和生活观点。伦理道德观是中国哲学的贡献。马克思说："全部社会生活在本质上是实践的。"实践的观点、生活的观点也正是马克思主义认识论的基本观点。这种哲学上的契合性，正是马克思主义能够在中国扎根并不断中国化的哲学原因。

"实事求是"是中国的一句古话，在今天已成为深邃的哲理，成为中国人的思维方式和行为基准。实事求是就是解放思想，解放思想就是实事求是。实事求是是毛泽东思想的精髓，是改革开放的基石。只有解放思想才能实事求是。实事求是就是中国人始终坚持的哲学思想。实事求是就是依靠自己，走自己的道路，反对一切绝对观念。所谓中国化就是一切从中国实际出发，一切理论必须符合中国实际。

二　哲学的多样性

实践是人的存在形式，是哲学之母。实践是思维的动力、源泉、价值、标准。人们认识世界、探索规律的根本目的是改造世界、完善自己。哲学问题的提出和回答都离不开实践。马克思有句名言："哲学家们只是用不同的方式解释世界，而问题在于改变世界。"理论只有成为人的精神智慧，才具有改变世界的力量。

哲学关心人类命运。时代的哲学，必定关心时代的命运。对时代命运的关心就是对人类实践和命运的关心。人在实践中产生的一切都具有现实性。哲学的实践性必定带来哲学的现实性。哲学的现实性就是强调人在不断回答实践中的各种问题时应该具有的态度。

哲学作为一门科学是现实的。哲学是一门回答并解释现实的学问；哲学是人们联系实际、面对现实的思想。可以说哲学是现实的最本质的理论，也是本质的最现实的理论。哲学始终追问现实的发展和变化。哲学存在于实践中，也必定在现实中发展。哲学的现实性要求我们直面实践本身。

哲学不是简单跟在实践后面，成为当下实践的"奴仆"，而是以特有的深邃方式，关注着实践的发展，提升人的实践水平，为社会实践提供理论支撑。从直接的、急功近利的要求出发来理解和从事哲学，无异于向哲学提出它本身不可能完成的任务。哲学是深沉的反思、厚重的智慧，是对事物的抽象、理论的把握。哲学是人类把握世界最深邃的理论思维。

哲学是立足人的学问，是人用于理解世界、把握世界、改造世界的智慧之学。"民之所好，好之，民之所恶，恶之。"哲学的目的是为了人。用哲学理解外在的世界，理解人本身，也是为了用哲学改造世界、改造人。哲学研究无禁区，无终无界，与宇宙同在，与人类同在。

存在是多样的，发展亦是多样的，这是客观世界的必然。宇宙万物本身是多样的存在，多样的变化。历史表明，每一民族的文化都有其独特的价值。文化的多样性是自然律，是动力，是生命力。各民族文化之间的相互借鉴、补充浸染，共同推动着人类社会的发展和繁荣，这是规律。对象的多样性、复杂性，决定了哲学的多样性；即使对同一事物，人们也会产生不同的哲学认识，形成不同的哲学派别。哲学观点、思潮、流派及其表现形式上的区别，来自于哲学的时代性、地域性和民族性的差异。世界哲学是不同民族的哲学的荟萃。多样性构成了世界，百花齐放形成了花园。不同的民族会有不同风格的哲学。恰恰是哲学的民族性，使不同的哲学都可以在世界舞台上演绎出各种“戏剧”。不同民族即使有相似的哲学观点，在实践中的表达和运用也会各有特色。

人类的实践是多方面的，具有多样性、发展性，大体可以分为：改造自然界的实践、改造人类社会的实践、完善人本身的实践、提升人的精神世界的精神活动。人是实践中的人，实践是人的生命的第一属性。实践的社会性决定了哲学的社会性，哲学不是脱离社会现实生活的某种遐想，而是社会现实生活的观念形态，是文明进步的重要标志，是人的发展水平的重要维度。哲学的发展状况，反映着一个社会人的理性成熟程度，反映着这个社会的文明程度。

哲学史实质上是对自然史、社会史、人的发展史和人类思维史的总结和概括。自然界是多样的，社会是多样的，人类思维是多样的。所谓哲学的多样性，就是哲学基本观念、理论学说、方法的异同，是哲学思维方式上的多姿多彩。哲学的多样性是哲学的常态，是哲学进步、发展和繁荣的标志。哲学是人的哲学，哲学是人对事物的自觉，是人对外界和自我认识的学问，也是人把握世界和自我的学问。哲学的多样性，是哲学的常态和必然，是哲学发展和繁荣的内在动力。一般是普遍性，特色也是普遍性。从单一性到多样性，从简单性到复杂性，是哲学思维的一大变革。用一种哲学话语和方法否定另一种哲学话语和方法，这本身就不是哲学的态度。

多样性并不否定共同性、统一性、普遍性。物质和精神、存在和意识,一切事物都是在运动、变化中的,是哲学的基本问题,也是我们的基本哲学观点!

当今的世界如此纷繁复杂,哲学多样性就是世界多样性的反映。哲学是以观念形态表现出的现实世界。哲学的多样性,就是文明多样性和人类历史发展多样性的表达。多样性是宇宙之道。

哲学的实践性、多样性还体现在哲学的时代性上。哲学总是特定时代精神的精华,是一定历史条件下人的反思活动的理论形态。在不同的时代,哲学具有不同的内容和形式。哲学的多样性,也是历史时代多样性的表达,让我们能够更科学地理解不同历史时代,更为内在地理解历史发展的道理。多样性是历史之道。

哲学之所以能发挥解放思想的作用,原因就在于它始终关注实践,关注现实的发展;在于它始终关注着科学技术的进步。哲学本身没有绝对空间,没有自在的世界,只能是客观世界的映象、观念的形态。没有了现实性,哲学就远离人,远离了存在。哲学的实践性说到底是在说明哲学本质上是人的哲学,是人的思维,是为了人的科学!哲学的实践性、多样性告诉我们,哲学必须百花齐放、百家争鸣。哲学的发展首先要解放自己,解放哲学,也就是实现思维、观念及范式的变革。人类发展也必须多途并进、交流互鉴、共同繁荣。采百花之粉,才能酿天下之蜜。

三　哲学与当代中国

中国自古以来就有思辨的传统,中国思想史上的百家争鸣就是哲学繁荣的史象。哲学是历史发展的号角。中国思想文化的每一次大跃升，都是哲学解放的结果。中国古代贤哲的思想传承至今，他们的智慧已浸入中国人的精神境界和生命情怀。

中国共产党人历来重视哲学。1938 年，毛泽东同志在抗日战争最困难的时期，在延安研究哲学，创作了《实践论》和《矛盾论》，推动了中国革命的思想解放，成为中国人民的精神力量。

中华民族的伟大复兴必将迎来中国哲学的新发展。当代中国必须要有自己的哲学，当代中国的哲学必须要从根本上讲清楚中国道路的哲学内涵。中华民族的伟大复兴必须要有哲学的思维，必须要有不断深入的反思。发展的道路就是哲思的道路；文化的自信就是哲学思维的自信。哲学是引领者，可谓永恒的“北斗”，哲学是时代的“火焰”，是时代最精致最深刻的“光芒”。从社会变革的意义上说，任何一次巨大的社会变革，总是以理论思维为先导。理论的变革总是以思想观念的空前解放为前提，而“吹响”人类思想解放第一声“号角”的，往往就是代表时代精神精华的哲学。社会实践对于哲学的需求可谓“迫不及待”，因为哲学总是“吹响”新的时代的“号角”。“吹响”中国改革开放之“号角”的，正是“解放思想”“实践是检验真理的唯一标准”“不改革死路一条”等哲学观念。“吹响”新时代“号角”的是“中国梦”“人民对美好生活的向往，就是我们奋斗的目标”。发展是人类社会永恒的动力，变革是社会解放的永恒的课题，思想解放、解放思想是无尽的哲思。中国正走在理论和实践的双重探索之路上，搞探索没有哲学不成！

中国哲学的新发展，必须反映中国与世界最新的实践成果，必须反映科学的最新成果，必须具有走向未来的思想力量。今天的中国人所面临的历史时代，是史无前例的。14 亿人齐步迈向现代化，这是怎样的一幅历史画卷！是何等壮丽、令人震撼！不仅中国亘古未有，在世界历史上也从未有过。当今中国需要的哲学，是结合天道、地理、人德的哲学，是整合古今中外的哲学，只有这样的哲学才是中华民族伟大复兴的哲学。

当今中国需要的哲学，必须是适合中国的哲学。无论古今中外，再好的东西，也需要经过再吸收、再消化，经过现代化、中国化，才能成为今天中国自己的哲学。哲学的目的是解放人，哲学自身的发展也是一次思想解放，也是人的一次思维升华、羽化的过程。中国人的思想解放，总是随着历史不断进行的。历史有多长，思想解放的道路就有多长；发展进步是永恒的，思想解放也是永无止境的；思想解放就是哲学的解放。

习近平同志在 2013 年 8 月 19 日重要讲话中指出，思想工作就是“引导人们更加全面客观地认识当代中国、看待外部世界”。这就需要我们确立一种“知己知彼”的知识态度和理论立场，而哲学则是对文明价值核心最精炼和最集中的深邃性表达，有助于我们认识中国、认识世界。立足中国、认识中国，需要我们审视我们走过的道路；立足中国、认识世界，需要我们观察和借鉴世界历史上的不同文化。中国“独特的文化传统”、中国“独特的历史命运”、中国“独特的基本国情”，决定了我们必然要走适合自己特点的发展道路。一切现实的、存在的社会制度，其形态都是具体的，都是特色的，都必须是符合本国实际的。抽象的或所谓“普世”的制度是不存在的。同时，我们要全面、客观地“看待外部世界”。研究古今中外的哲学，是中国认识世界、认识人类史、认识自己未来发展的必修课。今天中国的发展不仅要读中国书，还要读世界书。不仅要学习自然科学、社会科学的经典，更要学习哲学的经典。当前，中国正走在实现“中国梦”的“长征”路上，这也正是一条思想不断解放的道路！要回答中国的问题，解释中国的发展，首先需要哲学思维本身的解放。哲学的发展，就是哲学的解放，这是由哲学的实践性、时代性所决定的。哲学无禁区、无疆界。哲学关乎宇宙之精神，关乎人类之思想。哲学将与宇宙、人类同在。

四　哲学典籍

《中外哲学典籍大全》的编纂，是要让中国人能研究中外哲学经典，吸收人类思想的精华；是要提升我们的思维，让中国人的思想更加理性、更加科学、更加智慧。

中国有盛世修典的传统，如中国古代的多部典籍类书（如《永乐大典》《四库全书》等）。在新时代编纂《中外哲学典籍大全》，是我们的历史使命，是民族复兴的重大思想工程。

只有学习和借鉴人类思想的成就，才能实现我们自己的发展，走向未来。《中外哲学典籍大全》的编纂，就是在思维层面上，在智慧境界中，继承自己的精神文明，学习世界优秀文化。这是我们的必修课。

不同文化之间的交流、合作和友谊，必须在哲学层面上获得相互认同和借鉴。哲学之间的对话和倾听，才是从心到心的交流。《中外哲学典籍大全》的编纂，就是在搭建心心相通的桥梁。

我们编纂的这套哲学典籍大全包括四个方面的内容：一是中国哲学，整理中国历史上的思想典籍，浓缩中国思想史上的精华；

二是外国哲学，主要是西方哲学，以吸收、借鉴人类发展的优秀哲学成果；三是马克思主义哲学，展示马克思主义哲学中国化的成就；四是中国近现代以来的哲学成果，特别是马克思主义在中国的发展。

编纂《中外哲学典籍大全》，是中国哲学界早有的心愿，也是哲学界的一份奉献。《中外哲学典籍大全》总结的是经典中的思想，是先哲们的思维，是前人的足迹。我们希望把它们奉献给后来人，使他们能够站在前人的肩膀上，站在历史岸边看待自身。

《中外哲学典籍大全》的编纂，是以“知以藏往”的方式实现“神以知来”；《中外哲学典籍大全》的编纂，是通过对中外哲学历史的“原始反终”，从人类共同面临的根本大问题出发，在哲学生生不息的道路上，彩绘出人类文明进步的盛德大业！

发展的中国，既是一个政治、经济大国，也是一个文化大国，也必将是一个哲学大国、思想王国。人类的精神文明成果是不分国界的，哲学的边界是实践，实践的永恒性是哲学的永续线性，敞开胸怀拥抱人类文明成就，是一个民族和国家自强自立，始终伫立于人类文明潮流的根本条件。

拥抱世界、拥抱未来、走向复兴，构建中国人的世界观、人生观、价值观、方法论，这是中国人的视野、情怀，也是中国哲学家的愿望！

李铁映

二〇一八年八月

关于外国哲学

——“外国哲学典籍卷”弁言

李铁映

有人类，有人类的活动，就有文化，就有思维，就有哲学。哲学是人类文明的精华。文化是人的实践的精神形态。

人类初蒙，问天究地，思来想去，就是萌味之初的哲学思考。

文明之初，如埃及法老的文化；两河流域的西亚文明；印度的吠陀时代，都有哲学的意蕴。

欧洲古希腊古罗马文明等，拉丁美洲的印第安文明，玛雅文化，都是哲学的初萌。

文化即一般存在，而哲学是文化的灵魂。文化是哲学的基础，社会存在。文化不等同于哲学，但没有文化的哲学，是空中楼阁。哲学产生于人类的生产、生活，概言之，即产生于人类的实践。是人类对自然、社会、人身体、人的精神的认识。

但历史的悲剧，发生在许多文明的消失。文化的灭绝是人类最大的痛疚。

只有自己的经验，才是最真实的。只有自己的道路才是最好的路。自己的路，是自己走出来的。世界各个民族在自己的历史上，也在不断的探索自己的路，形成自己生存、发展的哲学。

知行是合一的。知来自于行，哲学打开了人的天聪，睁开了眼睛。

欧洲哲学，作为学术对人类的发展曾作出过大贡献，启迪了人们的思想。特别是在自然科学、经济学、医学、文化等方面的哲学，达到了当时人类认识的高峰。欧洲哲学是欧洲历史的产物，是欧洲人对物质、精神的探究。欧洲哲学也吸收了世界各民族的思想。它对哲学的研究，对世界的影响，特别是在思维观念、语意思维的层面，构成了新认知。

历史上，有许多智者，研究世界、自然和人本身。人类社会产生许多观念，解读世界，解释人的认识和思维，形成了一些哲学的流派。这些思想对人类思维和文化的发展，有重大作用，是人类进步的力量。但不能把哲学仅看成是一些学者的论说。哲学最根本的智慧来源于人类的实践，来源于人类的生产和生活。任何学说的真价值都是由人的实践为判据的。

哲学研究的是物质和精神，存在和思维，宇宙和人世间的诸多问题。可以说一切涉及人类、人本身和自然的深邃的问题，都是哲学的对象。哲学是人的思维，是为人服务的。

资本主义社会，就是资本控制的社会。资本主义社会的文化、哲学，有着浓厚的铜臭。

有什么样的人类社会，就会有什么样的哲学，不足为怪。应深思“为什么?”“为什么的为什么?”这就是哲学之问，是哲学发展的自然律。哲学尚回答不了的问题，正是哲学发展之时。

哲学研究人类社会，当然有意识形态性质。哲学产生于一定社会，当然要为它服务。人类的历史，长期是阶级斗争的历史，而哲学作为上层建筑，是意识形态。阶级斗争的意识，深刻影响着意识形态，哲学也如此。为了殖民、压迫、剥削……社会的资本化，文化也随之资本化。许多人性的、精神扭曲的东西通过文化也资本化。如色情业、毒品业、枪支业、黑社会、政治献金，各种资本的社会形态成了资本社会的基石。这些社会、人性的变态，逐渐社会化、合法化，使人性变得都扭曲、丑恶。社会资本化、文化资本化、人性的资本化，精神、哲学成了资本的外衣。真的、美的、好的何在?！令人战栗!!

哲学的光芒也腐败了，失其真！资本的洪水冲刷之后的大地苍茫……

人类社会不是一片净土，是有污浊渣滓的，一切发展、进步都要排放自身不需要的垃圾，社会发展也如此。进步和发展是要逐步剔除这些污泥浊水。但资本揭开了魔窟，打开了潘多拉魔盒，呜呜！这些哲学也必然带有其诈骗、愚昧人民之魔术。

外国哲学正是这些国家、民族对自己的存在、未来的思考，是他们自己的生产、生活的实践的意识。

哲学不是天条，不是绝对的化身。没有人，没有人的实践，哪来人的哲学？归根结底，哲学是人类社会的产物。

哲学的功能在于解放人的思想，哲学能够使人从桎梏中解放出来，找到自己的自信的生存之道。

欧洲哲学的特点，是欧洲历史文化的结节，它的一个特点，是与神学粘联在一起，与宗教有着深厚的渊源。它的另一个特点是私有制、个人主义。使人际之间关系冷漠，资本主义的殖民主义，对世界的奴役、暴力、战争，和这种哲学密切相关。

马克思恩格斯突破了欧洲资本主义哲学,突破了欧洲哲学的神学框架,批判了欧洲哲学的私有制个人主义体系,举起了历史唯物主义,唯物辩证法的大旗,解放了全人类的头脑。人类从此知道了自己的历史,看到了未来光明。社会主义兴起,殖民主义解体,被压迫人民的解放斗争,正是马哲的力量。没有马哲对西方哲学的批判,就没有今天的世界。

二十一世纪将是哲学人发展的世纪,是人类解放的世纪,是人类走向新的辉煌的世纪。不仅是霸权主义的崩塌,更是资本主义的存亡之际,人类共同体的哲学必将兴起。

哲学解放了人类,人类必将创造辉煌的新时代,创造新时代的哲学。英特纳雄耐尔就一定会实现,这就是哲学的力量。未来属于人民,人民万岁!

伦　理　学

目　录

第一部分　论神

界　　说

（一）自因（causa sui），我理解为这样的东西，它的本质（essentia）即包含存在（existentia），或者它的本性只能设想为存在着。

（二）凡是可以为同性质的另一事物所限制的东西，就叫做自类有限（in suo genere finita）。例如一个物体被称为有限，就是因为除了这个物体之外，我们常常可以设想另一个更大的物体。同样，一个思想可以为另一个思想所限制。但是物体不能限制思想，思想也不能限制物体。

（三）实体（substantia），我理解为在自身内并通过自身而被认识的东西。换言之，形成实体的概念，可以无须借助于他物的概念。

（四）属性（attributus），我理解为由知性（intellectus）看来是构成实体的本质的东西。

（五）样式（modus），我理解为实体的分殊（affectiones），亦即在他物内（inalio est）通过他物而被认知的东西（per alium concipitur）。

（六）神（Deus），我理解为绝对无限的存在，亦即具有无限

“多”属性的实体，其中每一属性各表示永恒无限的本质。

说明 我说神是绝对无限而不说它是自类无限(in suo genere infinita)，因为仅仅是自类无限的东西，我们可以否认其无限多的属性；而绝对无限者的本性中就具备了一切足以表示本质的东西，却并不包含否定。

(七) 凡是仅仅由自身本性的必然性而存在、其行为仅仅由它自身决定的东西叫做自由(libera)。反之，凡一物的存在及其行为均按一定的方式为他物所决定，便叫做必然(necessaria)，或受制(coata)。

(八) 永恒(aeternitas)，我理解为存在的自身，就存在被理解为只能从永恒事物的界说中必然推出而言。

说明 因为这样的存在也可以设想为永恒的真理，有如事物的本质，因此不可以用绵延或时间去解释它，虽说绵延可以设想为无始无终。

公 则

(一) 一切事物不是在自身内，就必定是在他物内。

(二) 一切事物，如果不能通过他物而被认识，就必定通过自身而被认识。

(三) 如果有确定原因，则必定有结果相随，反之，如果无确定的原因，则决无结果相随。

(四) 认识结果有赖于认识原因，并且也包含了认识原因。

(五) 凡两物间无相互共同之点，则这物不能借那物而被理解，换言之，这物的概念不包含那物的概念。

（六）真观念必定符合它的对象。

（七）凡是可以设想为不存在的东西，则它的本质不包含存在。

命题一　实体按其本性必先于它的分殊。

证明　据界说三及界说五此理自明。

命题二　具有不同属性的两个实体彼此之间没有共同之点。

证明　这也是据界说三推来，其理甚明。因为每一个实体均各个在自身内并通过自身而被认识，因此这一个实体的概念不包含另一个实体的概念。

命题三　凡是彼此之间没有共同之点的事物，这物不能为那物的原因。

证明　假如两物之间没有共同之点，则（据公则五）这物不能借另一物而被理解，所以（据公则四）这物不能为那物的原因。此证。

命题四　凡两个或多数的不同之物，其区别所在，不是由于实体的属性不同，必是由于实体的分殊各异。

证明　一切存在的事物不是在自身内必是在他物内（据公则一），这就是说（据界说三与五）在知性外面，除了实体和它的分殊以外，没有别的东西。所以在知性外面除了实体以外，或者换句话说（据界说四）*，除了实体的属性和分殊以外，没有任何东西可以

---

* 有的版本作“据公则四”是错的，据拉丁文原本及德文译本以及根据上下文的意思，都应读作“据界说四”。——译者注

用来区别众多事物之间的异同。此证。

命题五　按事物的本性，不能有两个或多数具有相同性质或属性的实体。

证明　假使有多数不同的实体，则其区别所在不是由于属性的不同，必是由于分殊的各异（据前命题）。如果区别所在仅仅由于属性的不同，则须知具有相同属性的实体，只能有一个。但是，如果区别所在是由于分殊的各异，则按其本性实体必先于分殊（据命题一），所以应当把分殊抛开不论，而考察实体自身，换言之（据界说三与公则六）* 即加以真正的考察，这样就可以知道，实在无法设想多数实体之间有什么区别，这就是说（据前命题）不能有多数实体，只有唯一的实体。此证。

命题六　一个实体不能为另一个实体所产生。

证明　按事物的本性，不能有两个具有相同属性的实体（据前命题），这就是说，（据命题二）两个实体之间决无共同之点。所以（据命题三）这一个实体不能为另一个实体的原因，或者一个实体不能为另一个实体所产生。此证。

绎理　由此可以推知，实体不是任何别的东西所能产生的。因为宇宙间除实体及其分殊以外，不能有别的东西，这已经在公则一、界说三与五中说明。并且这一实体又不能产生另一个实体（据前命题）；所以知道实体决不是任何别的东西所能产生的。此证。

再证　试指出反面的不通，则这个命题更容易得到证明。如果一个实体可以为另一个实体所产生，则认识这个实体，必须依靠

---

* 有的版本作“据界说三与六”，也可以通。——译者注

认识它的原因(据公则四);这样(据界说三),它就不是实体了。

命题七　存在属于实体的本性。

证明　实体不能为任何别的东西所产生(据前命题的绎理);所以它必定是自因,换言之(据界说一)它的本质必然包含存在,或者存在即属于它的本性。此证。

命题八　每一个实体必然是无限的。

证明　具有一个属性的实体(据命题五),必然是唯一的实体,而这个唯一的实体的本性就是存在(据命题七)。因此按其本性,它的存在,不是有限的,就必定是无限的。但实体不能是有限的存在,因为(据界说二)它必定为具相同性质之另一个实体所限制,而这另一个实体,也一定必然存在(据命题七)。这样,就会有两个具相同属性的实体,这是不通的(据命题五)。所以实体必然是无限的存在。此证。

附释一　说任何一物是有限的,其实就是部分地否定它的某种性质的存在,而说它是无限的,也就是绝对地肯定其某种性质的存在,所以(据命题七)每个实体必定是无限的。

附释二*　无疑地,凡对事物没有正确的判断,而且不习于考察事物的第一因的人,对于我的第七命题必难于了解。这当然由于他们既不能辨认实体的分殊(modificationes)与实体自身的区别,又复茫然于万物产生的情状。所以他们难免不因看见自然事物,均有原始,遂误认实体也有原始。因为凡是不知道事物真正的

---

* 这一条附释据佛洛依登塔尔(Freudenthal)考证称显然不应属于命题八,而应属于命题七,参见《斯宾诺莎研究》第 251 页。——译者注

原因的人，总是混淆一切，毫不踌躇地以为树木也与人一样，可以说话，或以为人是土石造成的，或者是由种子长成的，并且相信每一形式均可以互相转变成任何别的形式。又凡不知道神性与人性的区别的人，最容易拿人情去拟神，说神也具有人情，而那不知道情感的起源的人，附会得尤其厉害。倘若我们能够稍稍注意探究实体的性质，就不仅不会怀疑第七命题的真理，甚至于会认它为定则，而当作一种常识了。因为我们就会知道：实体是在自身内并通过自身而被认识的东西，换言之，想要知道实体，无须凭借他物的概念。反之，分殊乃是在他物内并通过他物而被认识的东西；想要知道分殊，必须从它所依存的东西的概念中去寻求，所以我们对于不存在的分殊，也有形成真观念的可能。因为这种不存在的分殊虽说在理智之外并不真实地存在，然它的本质却包含在他物之内，所以凭借他物，即可加以认识。反之，实体的真理虽亦不存在于理智之外，但实体的真理却基于它自身，即由于它是通过自身而被认识的缘故。假如有人一面说他对实体有一个清楚明晰的观念，亦即真观念，而一面又怀疑这个实体是否存在，则他的错误与那自称他有了一个真观念而又怀疑这观念是假的正相同（只须细思，此理自明）。同样，假如又有人说实体是被创造而成的，这种说法实与说假观念可以成真观念相同，其矛盾不通，真是无以复加。所以我们必须承认实体的存在，正如实体的本质那样，乃是一永恒的真理。因此，我们对于“没有两个具有相同本性的实体”这一个命题，可以用另外一个方法加以证明，我认为值得在这里指出这个方法。但为了按照次序来进行证明，必须注意：

（一）一物的真界说，除包含或表明那物的本性外，决不包含别的东西，也不表明别的东西。据此又可推知——

（二）既然一物的界说除了它的本性外不表明别的东西，所以一物的界说决不包含或者表明个体的数量。例如三角形的界说只表明三角形的单纯本性而不表明三角形一定的数目。

（三）应该注意，凡任何存在的东西，必然有其所赖以存在的一定的原因。

（四）最后必须注意，一切事物所赖以存在的原因，不是包含在那物本性或界说之内（这是因为存在即属那个事物的本性），必定包含在那物自身之外。

据此，如果假定有一定数目的人在自然界中存在，则必然有一个原因足以说明何以恰好有不多不少的这样多人存在。例如，试假定有二十个人存在（为容易了解起见，更假定这二十人同时存在，并没有人在他们以前存在）。为了要说明二十人之所以存在，而求之于一般的人类本性，那是不够的，必须说明何以不多不少恰好二十人存在才行。就因为每个人所以存在的原因，都应当说明（据上第三条）。但每一个人所以单独存在的原因（据上第一及第二条），不能包括在一般的人性本身中，就因为人的真正界说不包含有二十这个数目。所以（据第四条）这二十人所以存在，以及这二十人中每一个人所以存在，其原因都须在他们每一个人之外去寻求。所以我们可以断言：凡有具同一本性的多数个体存在，则每一个体，都必有使其所以存在的外在原因。正因为存在既是实体的本性（如这条附释所指出的），则实体的界说必包含必然存在，所以只就实体的界说，就可以推出它的存在。但是在实体的界说里（已于上面第二第三两条内指出），却推演不出具相同性质的多数实体的存在来。所以据实体的界说，必然是不能有具相同性质的多数实体。

命题九 一物所具有的实在性或存在愈多，它所具有的属性就愈多。

证明 据界说四，这是很明白的。

命题十 实体的每一个属性必然是通过自身而被认识的。

证明 因为属性在知性看来，就是构成实体的本质的东西（据界说四）；故（据界说三）必然是通过自身而被认识的。此证。

附释 据此显然可见，纵然两个属性可以设想为确有区别，也就是说，这个属性无须借助那个属性，而我们也不能因此便说它们是两个存在或两个实体。正因为按照实体的性质即在于它的每一个属性都是通过自身而被认识的，并且由于实体所具有的一切属性都始终同在实体内，一个属性不能产生另一个属性，但每一个属性都各自表示这实体的实在性或存在。所以说一个实体具有多数属性，决不是不通的；因为任何事物必借其属性才可以被认识，而每一事物的存在或实在性愈多，则表示它的必然性、永久性及无限性的属性也就愈多，这是再明白不过的了。因此绝对无限的存在必然应规定为具有无限［多］* 属性（如界说六所指出的）的存在，它的每一个属性都各自表示它的某种永恒无限的本质，这也是最明白不过的。如果现在还有人问根据什么标志我们可以辨别多数实体的差异，请试看下面各命题，就可以知道，宇宙间只有一个实

* 这里的"无限属性"有双重意思，一是指"无限的属性"，一是指"无限多的属性"，兹据德文译本加一个"多"字。——译者注

体存在着，而这个实体是绝对无限的。因此寻求辨别多数实体的标志，未免徒劳。

命题十一　神，或实体，具有无限多的属性，而它的每一个属性各表示其永恒无限的本质，必然存在。

证明　假如否认此说，试设想一下：神不存在是否可能。假若神不存在，则（据公则七）它的本质便不包含存在。但（据命题七）这是不通的。所以神必然存在。此证。

别证　凡物之存在或不存在必有其所以存在或不存在的原因或理由。例如，有一个三角形存在，则必定有它所以存在的原因或理由；反之，假若这三角形不存在，也必定有原因或理由使其不存在，或否定其存在。而这个原因或理由，如果不是包含于那物本性之内，就必定是存在于那物本性之外。例如，天地间何以没有方的圆形，其理由即包含在圆形的本性内，因为方的圆形显然是一个矛盾。反之，何以实体存在，其理由亦仅包含在实体的本性内，因为实体的本性即包含存在（参看命题七）。但是圆形或三角形所以存在或不存在的理由，却并不是出于它们的本性，而是出于一般的有形的自然界的秩序。因为根据这个秩序就可以推出这个三角形现在必定存在，或者现在不可能存在。这是自明的道理。因此可知，一件事物如果没有任何理由或原因阻止或否定其存在，则这物必然存在。同样，如果没有任何理由或原因以阻止或否定神的存在，便可以无条件地推知神必然存在。但是神所以存在的理由或原因，如果不在神的本性内，就必定在神的本性之外，换言之，就必定在具有他种本性的他种实体内。因为，假如承认神所以存在的理由即在与它具同一本性的实体内，那就无异于承认神的存在。但是假如神所以存在的理由是在具有他种本性的他种实体内，那么，这个实体就会与神无共同之点（据命题二），因而既不能肯定神的存在，也不能否定神的存在。据此，否定神存在的理由或原因，既然不在神的本性之外，所以假如实际上神不存在，则这个理由或原因就必定在神的本性之内。说神的本性具有否定它自身存在的理由，这是自相矛盾的。但是断言绝对无限无上圆满的东西具有自己否定其自身存在的理由，却是不通的。所以无论在神之内，或在神之外，都不能有任何原因或理由可以否定神的存在。因此神必然存在。此证。

别证　不能够存在就是无力，反之，能够存在就是有力（这是自明的）。因此假如说除了有限之物以外，没有别的事物必然存在；那就无异于说有限之物较绝对无限之物更为强而有力。这（显然无疑）是不通的；所以如果不是无物存在，就是有一个绝对无限之物存在。但是我们存在却是事实，而我们的存在如果不在我们自身内，就必定在必然存在之他物内（参看公则一及命题七）。所以绝对无限的东西（据界说六），亦即神，必然存在。此证。

附释　在前面这个证明里，我是从后天方面（a posteriori）来证明神的存在，为的是使人易于了解；这并不是说不能根据同样的原理从先天方面（a priori）去证明神的存在。因为，既然能够存在就是有力，那么一物具有实在性愈多，它能够存在的力量也必定愈多；所以绝对无限之物或神其自身也必定具有绝对无限的能够存在的力量；所以它绝对地存在。然而许多人或许不易看出这个证明的真理，因为他们仅仅习惯于观看由外因产生的事物；因而看到那些由外因很快地产生的事物，亦即很容易存在的事物，也很容易毁灭；反之，那些比较难产生，亦即不那么容易存在的事物，他们便以为必定具有比较多的属性。为了扫除他们这种成见，我无须乎指出“产生得快的毁灭得也快”这句话在哪种意义下是真的，也无须追问就自然界全体而论是否万物同等地难或易。而只须指出，我这里所说的并不是由外因产生的事物，而是单就（据命题六）不是由外因产生的实体而言，这就够了。因为凡是由外因所产生的事物，无论它的组成部分是多是少，它所具有的实在性或圆满性没有不是依靠外因而得来的，因此它的存在不是出于它自身的圆满性而是出于它的外因的圆满性。反之，实体所具有的圆满性则不是依靠外因而得来的，所以它的存在只是基于它自己的本性；因此实体的存在，无非是它的本质。可见圆满性不但不取消一物的存在，反倒是肯定它的存在。而没有圆满性正足以否定一物的存在；所以我们所最深信不疑的存在，除了绝对无限、绝对圆满的存在，即神之外，没有别的东西了。因为既然神的本质排除一切不圆满性，而包含绝对圆满性，那么神的存在便没有任何怀疑的理由，并有了最高的确定性了。我相信，人只要稍稍留意，对于这个道理，就可以了然。

命题十二　由实体的属性推出实体可分（divibilis），是对于实体的属性没有得到真正的认识。

证明　因为如果设想实体是可分的，则从实体分出的各个部分或者仍将保留实体的性质，或者将会失掉实体的性质。如果仍然保留实体的性质，则（据命题八）每一部分都应当是无限的，（据命题六）都应当是自因，并且（据命题五）都应当具有异于其他部分的属性，这就无异于说，由一个实体可以形成多数实体，（据命题六)那是不通的。再者,这些部分(据命题二)与其全体将无共同之点,而且(据界说四与命题十)全体将可以离部分而存在,离开部分而被认识,毫无疑问,这更是不通。反之,如果是第二种情况,即部分并不保留实体的本性,则当整个实体被分为相等的部分时,它就会丧失其实体的本性,不再存在了,(据命题七)这也是不通的。

命题十三　绝对无限的实体是不可分的。

证明　因为假如实体可分,则它分成的部分或者保留绝对无限的实体本性,或者失掉此绝对无限的实体本性。如果是前一种情形,则将有多数具相同本性的实体,(据命题五)这是不通的。如果是后一种情形,则(如上面所说的)绝对无限的实体将不会存在,(据命题十一)这也是不通的。

绎理　由此可以推出,实体是不可分的,即使是有形体的实体(substantia corporea),只要它是实体,也是不可分的。

附释　实体不可分的道理,如果依这种说法更为简易明白:因为实体的本性,只能设想为无限的,而实体的部分则只能理解为有限的实体。说实体是有限的(据命题八)显然包含着矛盾。

命题十四　除了神以外,不能有任何实体,也不能设想任何实体。

证明　既然神是绝对无限的东西,凡是表示实体的本质的属性都不能不归给于神(据界说六),并且既然神是必然存在的(据命题十一),因此如果神以外还有别的实体,要说明这个实体就必须凭借神的某种属性,这样就会有两个具有相同属性的实体了,(据命题五)这是不通的。所以除了神以外不能有任何实体,也不能设想任何实体。因为,假如可以设想有别的实体,则这个实体就必须设想成存在的，（据本证明的前部）这是不通的。所以除了神以外，不能有任何实体，也不能设想任何实体。此证。

绎理一　因此可以明白推出，第一，神是唯一的，这就是说（据界说六），宇宙间只有一个实体，而且这个实体是绝对无限的，正如命题十的附释里已经提示的那样。

绎理二　由此又可以推出，第二，广延的东西（res extensa）与思维的东西（res cogitans）如果不是神的属性，必定是神的属性的分殊。

命题十五　一切存在的东西，都存在于神之内，没有神就不能有任何东西存在，也不能有任何东西被认识。

证明　除了神的以外便没有任何实体，也不能设想任何实体（据命题十四），这就是说（据界说三）神外没有在自身内并通过自身而被认识的东西。但是，如果没有实体，样式（据界说五）就既不能存在，也不能被认识。所以样式只能存在于神之内，只能借神而被理解。但是除实体和样式以外没有别的东西（据公则一），所以没有神就不能有任何东西存在，也不能有任何东西被认识。此证。

附释　有许多人妄自揣想，以为神与人一样，具有形体与心灵，也受情欲的支配；他们的看法离开神的真观念有多远，前面已经充分证明过，这里不再多说了。因为凡对于神的本性（natu-radivina）多少用心思考过的人，都否认神是有形体的。他们提出绝好的理由来证明神没有形体，他们指出，形体是指有体积，有长宽高，并且有一定形状的，说绝对无限的神有长宽高，有体积形状，真是不通之至。但是他们同时又援引一些别的论证，企图用来证明这个道理，进而认为有形体的实体或有广延的实体（substantia corporea siva extensa）本身没有神性，并断言它是神所创造的。但是究竟神凭哪种能力能够创造出有形体的实体，他们又完全不知道。这便是明白地表示他们自己并不了解自己所说的话。但是至少我自信我已经充分明白地证明了（参看命题六的绎理及命题八的第二条附释），实体不是别的东西所能产生或创造的。况且在命题十四里，我已经证明除了神以外不能有任何实体，也不能设想任何实体；因此我作出结论说，有广延的实体是神的无限多的属性之一。但是为了加以较详尽的说明起见，我对于反对者的论据将一一予以反驳。反对方面所持的理由统共不外乎下列几点：

第一，他们以为有形体的实体既然是实体，必定是集部分而组成，因此他们否认它可以具有无限性，并且否认它属于神。他们并且广援例证来说明他们的说法，现在略举一二，以见一斑。他们说，假如有形体的实体是无限的，试将它分为两部分，则它的每部分不是有限的，必定是无限的。如果是有限的，则无限乃是两个有限部分所构成，这是不通的。如果是无限的，则将有一个无限大于别的无限两倍，这也是同样的不通。再则，如果以尺来量这个无限的体积，分作相等部分，则它将有无限数以尺为单位的部分；如果同样再以寸来量这个无限的体积，分作相等部分，则它将有无限数以寸为单位的部分。这样则一个无限数目将十二倍于另一个无限数目。最后，试据一点而设想一个无限的体积，作二直线 AB 与 AC，最初由一定长度而逐渐延长以至无限；则

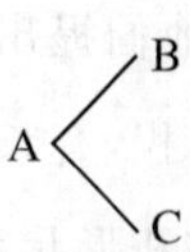

BC 的距离将愈趋愈远，而初时 BC 间一定距离将变为无定而不可计量。他们认为诸如此类不通的情形都从假定一个无限的体积而来，因此他们断言有形体的实体必然是有限的，所以不能

属于神的本质，不能认作神的属性之一。

反对方面的第二理由是从神的无上圆满性推出来的。因为他们说，神既然是无上圆满，必不是被动的；而有形体的实体既然是可分的，必是被动的；因此推知有形体实体不属于神的本质。

这些就是我所知道的，反对方面的著作家所据以表明有形体的实体不配有神性，亦不属于神性的理由。但是如果有人适当地注意便可看见，我对他们所持的理由，已早有答辩了；因为他们这些理由完全根据有形体的实体是由部分所构成的假定，这种说法之不通，我早已指出（命题十二与命题十三的绎理）。并且如果有人稍加思考，就可以看出，他们用来证明有广延的实体是有限的那些不通的论据，（它们实属不通，但是我现在暂不争辩），并不出于量是无限的那个假定，而是出于无限之量是可分的那一个假定，与无限之量是有限部分所构成的那个假定。所以即使细究他们这些不通的理由所应得的结论，我们也只能说无限之量是不可分的，并不是有限部分所构成的。但这恰好就是我在上面（命题十二等）所已经证明过了的道理。这正足见他们起初用以射击我们的枪戟，现乃反而打在他们自己身上了。所以如果有人根据这些不通的论点而断言有广延的实体必定是有限的，实无异于根据圆形具有方形性质的假定，而断言圆形没有中心，从中心达到周围的一切直线不是相等。因为他们为了要证明有形体的实体是有限的起见，竟把只能认为无限、必然、唯一而不可分的有形体的实体（参看命题八、五和十二）认作有限，为有限部分所构成，并且复多而可分。据同一步骤，又有许多人先有了线为点所构成的成见，当然不难寻出一些理由以表示线不可分至无限。其实说有形体的实体是集有限物体或部分而成，其不通无异乎说面是集线而成，线是集点而成。凡相信明晰推理是颠扑不破的人，都应当承认这种说法，而否认世界有真空的人，想来尤其应当赞成这种说法。因为如果有形体的实体可以分到各个部分真正地截然分离，何以一部分被毁灭后，而其余部分就不能仍然像从前那样，彼此连在一起呢？何以一切事物能如是有秩序地紧密联系在一起竟致没有真空呢？因为如果事物彼此真正地截然分离，则此物必能离他物而独存，并且能离他物而仍维持其固有地位。既然宇宙间没有真空（在别处我将另有说明），而各部分又如此连结以致不可能有真空，足见一切有限的部分，并非真正地分离；这就是说，有形体的实体既是实体就是不可分的。如果还有人问何以我们总有认量为可分的自然倾向呢？我可以答道，我们对于量有两种理解，一是抽象的或表面的量，乃是我们想象的产物；一是作为实体的量，是仅仅从理智中产生的。如果就出于想象之量而言，则我们将可见到，量是有限的、可分的，并且是部分所构成的，这是我们所常常做而且容易做的事；反之，如果就出于理智之量而言，而且就量之被理解为实体而言，（但这样做却很难），则有如我在上面所详细证明的那样，我们将会见到，量是无限的、唯一的和不可分的。凡是能辨别想象与理智之不同的人，对于这种说法，将会甚为明了；特别是倘若我们想到，物质到处都是一样，除非我们以种种方式对物质作歪曲的理解，物质的各个部分并不是彼此截然分离的，换言之，就物质作为样式而言，是可分的，但就物质作为实体而言，则是不可分的。例如，就水作为水而言，这处也有，那处也有，其部分彼此分离，则我们便认水为可分。但就水作为有形体的实体而言，便不能认为它是可分的，因为它既不可分离，又不可分割。再者，就水为水而言，是有生有灭的；但就水作为实体而言，是不生不灭的。

我想我这番话已经答复了反对方面的第二条理由了，因为他们的第二条理由也是建筑在物质的实体是可分的，是为部分所构成的那个假定上的。并且即使我的这些见解不能成立，我也不知道为什么物质不配有神性，因为（据命题十四）除神以外不能有任何实体存在可以使得神性成为被动。所以我说，一切都在神内，一切都依神的无限本性的法则而运行，并且都循着神的本质的必然性而出（如我即将指出那样）。因此我们实在无法可以说神受他物的支配，并且即使有广延的实体被设想为可分的，但是只要我们承认它具有永恒性与无限性我们也无法可以说它不配有神性。关于这一点现在讲得已经够了。

命题十六 从神的本性的必然性，无限多的事物在无限多的方式下（这就是说，一切能作为无限理智的对象的事物）都必定推得出来。

证明 谁都可以明了这个命题，只要他注意到：从任何一物的界说里，理智都可以推出那物的许多特质，而这些特质其实是从那物的界说（亦即，从那物的本质）必然推出的，而且一物的界说能表示出它的实在性愈多，亦即那被界说的事物的本质所包含的实在性愈多，则理智所能推出该物的特质必也愈多。但神性既具有绝对无限多的属性（据界说六），而其每一属性又各表示其自类无限的本质，所以从神的本性的必然性，无限多的事物在无限多的方式下（亦即，凡能为无限理智的对象之一切事物）都必定推得出来。此证。

绎理一 由此推出，第一：神即是凡能为无限理智的对象之一切事物的致动因(causa efficiente)。

绎理二 由此又推出，第二：神是凭借自身的原因而不是凭借偶然性的原因。

绎理三 由此又推出，第三：神即是绝对的第一原因(causa prima)。

命题十七 神只是按照它的本性的法则而行动，不受任何东西的强迫。

证明 我已于命题十六指出无限多的事物只是出于神性之必然性，或者(这是一样的)只是出于神性的法则；在命题十五中，我又已经证明一切存在，都在神内，没有神就没有任何东西存在，也没有任何东西被认识；所以在神之外，决无他物可以决定神或强迫神去行动；所以，神只是按照它自己本性的法则而行动，而不受任何东西的强迫。此证。

绎理一 因此推出，第一：除了神的本性圆满性以外，别无在外或在内的任何原因驱使神行动。

绎理二 因此推出，第二：只有神才是自由因(causa libera)。因为只有神依据它的本性的必然性而存在(据命题十一，及命题十四绎理一)，只有神依据它的本性的必然性而行动(据前命题)。所以(据界说七)只有神才是自由因。此证。

附释 另外有许多人以为神所以是自由因，是由于神像他们所想象那样，能够使我们刚才所说的那些出于神的本性之必然性，或者在神的力量支配下的事物不出现或者不为它所产生。这样就无异于说神能任意改变三角形的本性，能使三内角之和不等于两直角；又无异于说神能令一定的原因不产生结果，这是不通的。无须借助于本命题的理论，在下面我将要证明神既没有理智，也没有意志。我深知道，自以为能够证明神有无上智慧和自由意志的人一定不少。因为他们说，除了把我们自身所具有的最高圆满性赋予神外；便不知道有任何更圆满的东西了。不过，他们虽然认为神事实上具有真正无上智慧，但他们却并不相信神能够将它的大智慧中所包含的一切真实内容全都创造出来，因为他们以为这样一来反足以破坏了神的万能。因此他们说假如神能将它的智慧所包含的一切的一切，全都创造出来，则它将不能有更新更多的创造，他们以为，这样便未免违悖神的万能。因此他们宁肯相信神对万物取无差别的态度，只创造由它自己的绝对意志决定要创造的那些事物。

但是我想我已经充分说明了（参看命题十六）如何无限多的事物在无限多的方式下都自神的无上威力或无限本性中必然流出；这就是说一切事物从永恒到永恒都以同等的必然性自神而出，正如三内角之和等于二直角是从三角形的必然性而出那样。所以神的万能永远是现实的，而且将永恒地保持其现实性。这样，依我这种说法，至少神的万能性将远为圆满。而反对我的说法的人（恕我直言无讳）倒反而似乎否认了神的万能了。因为他们不能不承认神虽然能够知道无限多的可以创造之物，而它又决不能全都创造出来。因为，据他们说如果神能将它所知道的一齐全部创造出来，则神的万能的创造力就穷尽了，因而失掉它的圆满性了。所以为了维持神的圆满性起见，他们同时不得不说，神虽然是万能的，但在神的力量所能达到的事物中，它并不能一切都起作用。我实在再也想不出比这更不通，更有悖于神的万能的说法了。

此外人们也常说神有理智和意志，关于这一点，我在这里也要说几句话。我以为，如果理智与意志属于神的永恒本质，则对于这两种属性，显然应与一般人所了解的理智与意志完全不同。因为构成神的本质的理智与意志与**我们的**理智和意志实有天壤之别，最多只是名词相同，就好像天上的星座“犬座”与地上能吠的动物“犬”一样。这一点可以证明如下：如果理智属于神的本性，则它的理智从本性上决不像我们的理智一样，（像众人所臆想那样）后于所理解的事物而产生，或者与所理解的事物同时产生，因为就因果关系而言，神是在万物之先的（据命题十六绎理一）。反之，万物的真理与万物的形式的本质之所以是那样，乃是因为它客观地像那样存在于神的理智中。所以神的理智，就它被理解为构成神的本质时，其实就是万物的原因：万物的本质以及万物的存在的原因。这一点早已为许多承认神的理智、神的意志，神的力量，是同一之物的人们所注意到了。所以神的理智既然是万物的唯一原因（如我们所已经指出的），亦即是万物本质与万物存在的唯一原因，则在本质与存在方面，显然神的理智必然与人的理智不同。因为结果与原因的分别所在，正是结果从原因那里得来的。例如，这一个人可以为另一个人存在的原因（causa existentiae），但不能是另一个人的本质的原因（causa essentiae），因为本质乃是永恒的真理；因此就本质而言，两个人可以完全相同，但是就存在而言，两人便彼此各异。因为如果一个人失掉了他的存在，而另一个人的存在却并不因而失掉；可是如果这一个人的本质可以毁灭，可以变成虚妄的，则另一个人的本质也就会毁灭。由此可见，一件事物如果既是一个结果的存在的原因，又是它的本质的原因，则必定在本质方面和存在方面异于这个后果。现在神的理智既然是人的理智的本质的原因与存在的原因，所以就本质和存在来说，神的理智就其被理解为构成神的本质而言，都异于人的理智；除了名词一样外，决无其他相同之点，像上文所指出那样。至于神的意志问题，也可以进行同样的证明，这是每个人都很容易看出的。

命题十八　神是万物的内因(causa immanens)，而不是万物的外因(causa transiens)。

证明　凡是存在的事物，都是存在于神以内，都是通过神而被认识(据命题十五)，所以(据命题十六绎理一)神是在它之内的万物的原因，这是第一点。其次，在神以外，不能有任何实体(据命题十四)，这就是说(据界说三)在神以外没有任何自在之物，这是第二点。所以神是万物的内因，而不是万物的外因。此证。

命题十九　神，或神的一切属性都是永恒的。

证明　因为神(据界说六)就是实体，而(据命题十一)实体必然存在，这就是说，(据命题七)它的本性即包含存在，或(换言之)根据它的界说便可以推出它的存在；所以(据界说八)神是永恒的。其次，神的属性(据界说四)应当理解为表示神圣实体的本质的东西，亦即属于实体的东西：这个东西，我说，也是属性本身所必定包含着的。现在永恒性既然属于实体的本性(如我在命题七中所证明)；所以每一个属性都必包含着永恒性，因此一切属性都是永恒的。此证。

附释　用我证明神的存在(命题十一)的方式来证明这个命题，更可以十分明白。在那个证明里，我说，显然神的存在和神的本性一样，乃是一个永恒的真理。此外（在笛卡尔“哲学原理”第十九命题里）我也曾用别的方法证明了神的永恒性，这里用不着重复了。

命题二十　神的存在与神的本质是同一的。

证明　神（据前命题）和神的一切属性都是永恒的，这就是说，（据界说八）神的每一属性都表示存在。所以凡是表明神的永恒本质的属性（据界说四），同时又表明神的永恒存在，换言之，构成神的本质的属性同时又构成神的存在，所以神的存在与神的本质是同一的。此证。

绎理一　由此可知，第一，神的存在，一如神的本质，乃是永恒的真理。

绎理二　由此可知，第二，神，或神的一切属性都是不变的。因为假如它们的存在改变了，则（据前命题）它们的本质也必定随之而改变；这无异于说（这是自明的），真的可以变成假的，这是不通的。

命题二十一　凡是从神的任何属性的绝对本性而出的东西必定永远地无限地存在，或者凭借这个属性而成为永恒的和无限的。

证明　试想（假定否认这个命题），从神的任何属性的绝对本性而出的东西，例如，思想（cagitatio）中的神的观念（idea Dei）是有限的，并且具有一定期间的绵延，这是否可能。须知思想，就它被设定为神的属性而言（据命题十一），按它的本性说，是必然无限的；但是就思想具有神的观念而言，它却被设定为有限的。不过（据界说二）思想只有被别的思想所限制时，它才会被认为是有限的。但是思想只要构成神的观念，则这个思想便不为别的思想所限制；因为假使构成神的观念的思想仍然可以被限制，则神的观念也将成为有限了。只有不构成神的观念的思想，才会受到别的思想的限制；但是神（据命题十一）却是必然存在的。因此如果说思想不构成神的观念，因而说神的观念不是从作为绝对思想的本性必然推出（是无异于说思想构成神的观念，又不能构成神的观念），这是违反假定的。所以凡是从思想的绝对本性所必然而出的神的观念，或者（因为这个证明是有普遍性的，可以旁通其他）从神的任何属性的绝对本性所必然而出的任何事物，都必定是必然地无限的。这是必须证明的第一点。

其次，凡是从神的任何属性的必然性而出的东西，决没有一定的时限。因为任何人如果否认这种说法，他必定要假定在神的属性中有依其必然性而出的东西，例如思想中的神的观念，他又必定要假定这样的东西有一个时候不曾存在，或者将来不会存在。但是思想作为神的属性之一，（据命题十一与命题二十绎理二）既是必然地又是不变地存在着。这样，则在神的观念的时限以外（因为已假定神的观念有一个时候不曾存在，或者将来不会存在的）思想可以脱离神的观念而存在。这又违反了我们的假定，因为我们原来的假定是说，神的观念必然自思想而出。因此凡是从思想的绝对本性所必然而出的神的观念，或自神的任何属性所必然而出的任何东西，都不能有一定的时限，而且必定是借那一个属性而成为永恒的。这是必须证明的第二点。必须注意：凡在神的任何属性内从神的绝对本性所必然而出的任何东西都可以同样地肯定其永恒性。

命题二十二　凡是出于神的任何一个属性的东西，只要它是处于一个由于这个属性而必然地无限地存在着的分殊的状态中，则这个东西也一定必然地无限地存在着。

证明　证明本命题的步骤与证明前命题相同。

命题二十三　一切必然地无限地存在着的样式，或者是必然出于神的某种属性的绝对本性，或者是出于某种属性的分殊，而这种分殊是必然地无限地存在着。

证明　因为样式是在他物内并通过他物而被认识（据界说五）的东西，这就是说，（据命题十五）样式只在神之内，只能通过神而被认识。所以若是样式被理解为必然无限的存在，则它的必然无限的存在必定是通过神的某一属性得出的，或者通过神的某一属性而被认识的，只要该属性表示其存在的必然性与无限性，或换言之，（据界说八）表示其永恒性，这就是说（据界说六与命题十九）只要把它看成绝对的。所以一个必然地无限地存在着的样式必定是出于神的某一属性的绝对本性，或者直接（关于这一点请参看命题二十一）出于神的属性之绝对性，或者间接出于依神的属性之绝对性而存在的分殊，这就是说（据前命题）间接出于必然地无限地存在着的分殊。此证。

命题二十四　凡是由神产生的事物，其本质不包含存在。

证明　据界说一这是很明白的。因为一件事物如果本性（就其本身来看）就包含存在，那就是自因，就只依它的本性的必然性而存在。

绎理　由此推知，神不单是使万物开始存在的原因，而且是使万物继续存在的原因，也可以说（用一个经院哲学的名词）神是万物的“存在因”（causa essendi）。因为不论事物存在或不存在，只要我们考察它们的本性，我们便可以见到事物的本质既不包含存在，也不包含时间性。所以万物的本质既不能是它们开始存在的原因，也不是它们继续存在多少时间的原因；而只有神的本性才包含存在(据命题十四绎理一)。

命题二十五　神不唯是万物的存在的致动因，而且是万物的本质的致动因。

证明　如果否认这个命题，那么神便不是万物的本质的原因(causa essentiae)；这样(据公则四)如果没有神，万物的本质仍然可以得到理解：然而(据命题十五)这是不通的。所以神是万物的本质的原因。此证。

附释　如果根据命题十六推论，这个命题就更加明白。因为据命题十六，万物的本质与万物的存在都是从神的本性必然而出。简单说来，神既可称为自因，在这意义下神也可以称为万物的原因。参看下一绎理，这一点可以更加明白。

绎理　特殊的事物只不过是神的属性的分殊，也就是以某种一定的方式表示神的属性的样式。根据命题十五与界说五这是很明白的。

命题二十六　一物被决定而有某种动作，必然是被神所决定；那没有被神所决定的东西，不能自己决定自己有什么动作。

证明　那决定万物使其有某种动作的，必定是能动的东西(这是自明的)；所以神由于它本性上的必然性，乃是万物的本性与存在的致动因(据命题二十五与十六)。这是第一点。而本命题的第二点据此也可以极其明白地推出。因为如果有了一个不为神所决定，而能自己决定自己的东西，本命题的第一点就不能成立了；像我上面所指出的那样，这是不通的。

命题二十七　被神所决定而有某种动作的东西，不能使其自身不被决定。

证明　根据公则三，这个命题是很明白的。

命题二十八　每个个体事物或者有限的且有一定的存在的事物，非经另一个有限的、且有一定的存在的原因决定它存在和动作，便不能存在，也不能有所动作，而且这一个原因也非经另一个有限的、且有一定的存在的原因决定它存在和动作，便不能存在，也不能有所动作；如此类推，以至无穷。

证明　凡是被决定而存在和动作的东西，都是为神所决定而这样的（据命题二十六与命题二十四的绎理）。但是有限的、且有一定的存在的东西，不能为神的任何属性的绝对本性所产生；因为凡是出于神的任何属性的绝对本性的东西，都是无限的和永恒的（据命题二十一）。所以任何有限之物，不是自神而出，必是自神的某种属性而出，就这种属性被看成处于某种样式的状态而言；因为除了实体与样式以外，并没有别的东西（据公则一及界说三与五）；而样式（据命题二十五绎理）不外是神的属性的分殊。但是有限之物不能从出于神或神的一个属性之永恒无限的分殊产生出来（据命题二十二）。所以凡有限之物能够存在、能够动作，必定是被出于神或神的属性的有限的、且有一定存在的分殊所决定。这是第一点。然而这一原因或这一分殊（依照证明本命题第一部分的同样理由）本身又必定为其他有限的、且有一定存在的原因所决定，而后面这一个原因（依照同样理由）又必定为另一原因所决定，如此递推（依同样理由），以至无穷。此证。

附释 由于有些事物必定是直接为神所产生的，这就是说，是从神的绝对本性必然而出；而这些神的直接产物，乃是那些没有神就不能存在也不能被理解的事物的间接的原因；由此推知，第一，神是它的直接产物的绝对的最近因（causa proxima），而不是自类中的最近因，如人们所说的那样。因为神所产生的结果，是没有神就不能存在也不能被理解的（据命题十五与命题二十四的绎理）。由此又推知，第二，严格说来，神不能认作个别事物的远隔因（causa remota），除非是为了分辨神的间接产物与神的直接产物，或出于神的绝对本性的东西方便起见。因为我们通常总是把远隔因了解为与结果没有联系的。但是，一切存在都存在于神之内，都依靠神而存在，如果没有神，它们就既不能存在，也不能被理解。

命题二十九 自然中没有任何偶然的东西（contingens），反之一切事物都受神的本性的必然性所决定而以一定方式存在和动作。

证明 一切存在，都在神之内（据命题十五），但是神不能说是偶然的东西，因为（据命题十一）神是必然地而非偶然地存在。至于神的样式也是从神的本性的必然而出，非偶然而出（据命题十六），无论就神的本性被认作绝对的而言（据命题二十一），或者就神的本性被认作表现为某种方式的分殊而言，都是必然的而非偶然的（据命题二十二）。* 再则，神之为这些样式的原因（据命题二十四绎理），也不仅是就样式单纯地存在而言，而且是就他们被决定而有某种动作而言（据命题二十六）。假如样式不为神所决定

---

* 按这里各本略有出入，兹根据德文译本译出。——译者注

(据同命题),那么它们自己决定自己,是不可能的,不是偶然的。反之,(据命题二十七)假如样式为神所决定,那么,它们使自己不被决定,这也是不可能的,不是偶然的。所以万物都为神的本性的必然性所决定,不但被决定而一般地存在,而且被决定在一定的方式下存在和动作,偶然的东西是没有的。此证。

附释 在进一步讨论以前,我要在这里先解释一下,也可以说是提醒一下,所谓"能动的自然"(natura naturans)与"被动的自然"(natura naturata)的意义。我想据前此所说的,我们应当可以明了,"能动的自然"是指在自身内并通过自身而被认识的东西,或者指表示实体的永恒无限的本质的属性,换言之,(据命题十四绎理一与命题十七绎理二)就是指作为自由因的神而言。但"被动的自然"则是指出于神或神的任何属性的必然性的一切事物,换言之,就是指神的属性的全部样式,就样式被看做在神之内,没有神就不能存在,也不能被理解的东西而言。

命题三十 现实的理智(intellectus actu),无论它是有限的或无限的,必定理解神的属性与神的分殊,不能理解别的东西。

证明 真观念必定符合它的对象(据公则六),这就是说(这是自明的)凡客观地包含在理智中的东西,一定必然存在于自然中;但是自然中(据命题十四绎理一)只有唯一的实体,就是神;并且(据命题十五)除了在神之内,没有神就不能存在也不能被理解的分殊以外,也没有别的分殊(据同命题);所以现实的理智,无论它是有限的或无限的,必定理解神的属性与神的分殊,不能理解别的东西。此证。

命题三十一 现实的理智,无论是有限的或无限的,也同意志、欲望、爱情等一样，必须算做被动的自然，而不能算做能动的自然。

证明　因为这里所谓理智并不是指绝对的思想（这是自明的），不过只是指思想的一种样式，以示有别于其他各种样式如欲望、爱情等，所以（据界说五）必须凭借绝对思想才能得到理解；这就是说（据命题十五与界说六）理智必须凭借神的一种属性，而这种属性能表示思想的永恒无限的本质，才能得到理解；没有这种属性，理智就既不能存在，也不能被理解。所以（据命题二十九附释）理智只能算做被动的自然；思想的其他各种样式，也是如此。此证。

附释　我之所以在这里说到现实的理智，并非因为我承认有所谓"潜能的"（potentia）理智；我的意思不过想要避免紊乱，只愿意说出我们知道得十分明白的东西，而我们知道得最明白的东西，也就是知性的本身。因为我们的知识愈多，则我们对于知性的理解也就愈完善；未有对于外界的知识，不能增益我们对于知性的理解的。

命题三十二　意志不能说是自由因，只能说是必然的。

证明　意志，和理智一样，乃是思想的一种样式；所以（据命题二十八）每一个意愿只有为另一个原因所决定，才可以存在，可以动作，而此另一原因又复为另一原因所决定，如此递推以至无穷。倘使意志是无限的，则它的存在与动作也一定同样为神所决定，并非因为神是绝对无限的实体，乃是因为神具有能表示思想的永恒无限的本质的属性（据命题二十三）。所以无论怎样理解意志，有限的也好，无限的也好，都有原因以决定它的存在与动作；所以（据界说七）意志不能说是自由因，只能说是必然的或被强迫的。此证。

绎理一　由此推知，第一：神并不依据意志的自由而活动。

绎理二　由此推知，第二：意志与理智同神的关系正如运动与静止以及所有一切自然事物同神的关系一样，（据命题二十九）其存在与动作都在一定方式下，为神所决定。因为意志，和其他事物一样，也须有一原因在一定方式下以决定其存在与动作。虽然有无数事物出于一定的意志或理智，但我们决不能因此便说神依据自由意志而活动，正如出于运动和静止的事物虽多（因为有无数事物出于运动和静止），我们却决不能因此便说神依据运动和静止的自由而活动一样。所以意志并不属于神的本性，正如其他的自然事物不属于神的本性一样，而意志与神的关系也正如运动和静止以及其他一切事物与神的关系一样，我曾经指出，这一切都出于神的本性的必然性，其存在与动作都在一定方式下为神所决定。

命题三十三　万物除了在已经被产生的状态或秩序中外，不能在其他状态或秩序中被神所产生。

证明　因为万物都是必然地出于神的一定本性（据命题十六），并且其存在与动作都在一定方式下皆为神的本性的必然所决定（据命题二十九）。所以假如事物能够具有另外一种本性，或者在其他的方式下被决定而动作，从而自然秩序将会成为另外一种，那么神的本性也将会是另外一种，因而（据命题十一）这另外一种神的本性也同样会存在，结果就会存在两个或多数的神，（据命题十四绎理一）这是不通的。因此万物除了在已经被产生的状态或秩序中外，不能在其他状态或秩序中被神所产生。此证。

附释一　我在上面已经极其明白地指出，事物之中绝对没有任何东西使得事物可以说是偶然的，现在我要简单地解释一下“偶然”(contingens)的意义。但是首先我必须解释一下“必然”(necessarium)与“不可能”(impossibile)。一物之所以称为必然的，不由于其本质使然，即由于其外因使然。因为凡物之存在不出于其本质及界说，必出于一个一定的致动因。一物之所以称为不可能的，也是如此：不是由于它的本质或界说中包含着矛盾，就是由于没有一定的外因使它产生。其所以说一物是偶然的，除了表示我们的知识有了缺陷外，实在没有别的原因。因为或者我们不知道一物的本质是否包含着矛盾，或者我们虽然明知它的本质不包含矛盾，却因昧于该物的因果关系，对于它的存在不能加以明确地肯定，这样的东西看来既不是必然的，也不是不可能的，因此我们便把它叫做偶然的或可能的。

附释二　从上面所说看来，我们可以明白知道，万物都是按照最高的圆满性为神所产生，因为万物是从神的无上圆满性必然而出。这不是说神有什么不圆满之处，因为正是神的圆满性迫使我们作这样的肯定。但从与此相反的说法推来，倒显然可见，(如我所指出的)神却并不是绝对圆满的了，因为如果万物可以通过别的方式产生出来，则势必会说神也具有别的性质，而与我们以前由于它的无上圆满性不得不赋予神的那种性质迥然不同。

我相信，有许多人会指斥我的说法为不通，拒绝对它加以认真的考虑，唯一的原因，在于他们习于赋予神以另外一种自由而与我们所持的(界说七)神的绝对意志说大相悬殊。同时我又相信，假如他们愿意详细研究我的说法，将我所提出的一系列的证明依次都适当地思索一番，他们自然就会完全放弃其赋予神以自由的旧说，而认那种说法为不唯没有价值，而且大大地妨害真正的知识。我在上面命题十七的附释里已经说过的话，现在无须赘述。但是为了使反对我的说法的人们容易明白起见，我将进一步说明：即使我们承认意志属于神的本质，我们仍只可说正是由于神的绝对圆满性，万物才决不能按照别种方式或秩序为神所创造。此点极易证明，我们只消首先考察他们所承认的说法就行了，因为他们认为：万物之为万物，皆完全出于天命或天意，否则神便不是万物的原因了。他们又承认神的一切命令是神自身在永恒中不可变易地颁布了的，因为，否则，则我们便不会认神有圆满性与不变性了。但在永恒中是没有"久暂"或"先后"的。由此足以推知，正是由于神的圆满性，故神决不能在它所已有的命令之外，另有别的命令，亦永不能在它所已有的命令之外而另有别的命令；这就是说，神不先于它的命令而存在，神亦不离开它的命令而存在。但或者又有人说，即使神能改变物性，或自永恒以来，神即令自然及自然秩序改观，亦不能因此便谓神不圆满。但我以为持此说的人，同时必须承认神能变更它的命令。因为若是一面谓自然及自然秩序本出于神的命令，而一面又谓神能令自然及自然秩序改观，——这就是说，除了这一个自然界外，神尚有别的意志或理想以创造另一个自然界——这无异于说除了现有的意志与理智外，神尚有别的意志与理智。今一面说神有另外一种理智与意志，而一面又说它的本质和圆满性不因而有所改变，那么为什么神现在不能变更它对于那被创造的事物的命令，而还可以同样保持其圆满性呢？这乃因为无论我们对于神的理智和意志同那被创造的事物及其秩序的关系作何理解，而神的本质与圆满性总仍然是一样的。并且据我所知，所有的哲学家，大都不承认神有潜在的理智，而只有现实的理智。但他们既皆承认神的意志以及神的理智与神的本质是没有分别的，那么，据此可以推知，假如神另有别的现实意志与现实理智，则神必然会另有别的本质。所以（如开始所证明）如果神能够另外创造宇宙，万物可以改观，则神的理智与神的意志，换言之，即神的本质（众所公认）亦必会改变，此为不通。

今万物存在的状况与秩序既不能为神所另行创造，这个命题的真理既系自神的绝对圆满性推出，我们实在没有充分理由可以相信神不愿意创造在它的理智中的一切事物使其尽量具有它所知道的圆满性。但反对方面的人至此或又将说道：万物无所谓圆满，亦无所谓不圆满；而凡物之圆与缺，善与恶皆神的意志有以使然。所以，假如神想要使现有的圆满成为不圆满，或想要使现有的不圆满成为圆满，它都可以办到。但这无异于公开承认：神既必然知道它所欲求之物，而又可以凭借它的意志想要知道和它所知道的事物完全不相同的东西。这（像我刚才所指出那样）实大为不通。今试根据他们自己所持的论据来反驳他们如下：万物皆依赖神的力量。今万物的本质既然可以变易，则神的意志亦必然可以变易。但神的意志是不变异的（神的意志之不变异乃由于神的圆满性，我已解说得异常分明），故事物的本质亦无有变易。

我还觉得那认万物皆受制于漠不关心的（indifferenti）天意，依靠神的任性（Bene-placitus）的说法，反较那谓神的一切行为皆志在为善的说法似乎更接近真理。因为说神有意为善，便不免要附会一些与神不相干的东西给它，而牵强谓神的一切行动皆志在以它为榜样，或以它为努力的目标。这种说法事实上实无异于说神亦受命运的支配。我早已说明神乃万物本性与万物存在的第一而且唯一的自由因。今谓神为受命运支配，则关于神的看法实没有比这更不通的了。我也用不着再枉费时间来反驳这种不通的论调了。

命题三十四　神的力量就是神的本质本身。

证明　单是由神的本质的必然性就可以推出：神就是自因（据命题十一），（又据命题十六及其绎理）就是万物的原因。所以神的力量——即神自身与万物借以存在和动作的力量——就是神的本质本身。此证。

命题三十五　我们理解到一切在神的力量以内的东西必然存在。

证明　凡是在神的力量以内的东西，（据前命题）都必定包括在神的本质之内，因而必然出于神的本质，所以必然存在。此证。

命题三十六　没有一个存在的事物，不会由它的本性产生某种结果。

证明　一切存在的事物莫不以某种一定的方式表示神的本性或本质（据命题二十五绎理），换言之，（据命题三十四）一切存在的事物莫不以某种一定的方式表示神的力量，而神的力量即是万物的原因，所以（据命题十六）任何存在的事物都必定会产生某种结果。此证。

附　录

现在我已经说明了神的本性和神的特质，就是：神必然存在；

神是唯一的;神只是由它的本性的必然性而存在和动作;神是万物的自由因,以及神在什么方式下是万物的自由因;万物都在神之内,都依靠神,因而没有神就既不能存在,也不能被理解:最后,我又说明了,万物都预先为神所决定——并不是为神的自由意志或绝对任性(beneplactius)所决定,而是为神的绝对本性或无限力量所决定。并且只要有机会,我总是竭力解除那些足以阻碍人们了解我的证明的成见。

然而现在这种成见还有不少。这些成见,在过去以及现在都最足以阻碍人们像我所说明过的方式那样去了解事物的联系。所以我认为值得把它们提出来用理性加以考验。我在这里想要指出的那些成见尽基于人们一般地认定自然万物,与人一样,都是为着达到某种目的(finis)而行动这一点。并且他们相信神作育万物皆导向一定的目的。他们说神造万物是为了人,而神之造人又为了要人崇奉神。因此我首先就要考察这一成见,并且第一要根究为什么多数人具有这种成见,以及为什么所有的人都有抱这种成见的自然倾向。其次,我要指出这种成见的虚妄。最后,我要指出由这种成见怎样产生出关于善和恶,功和罪,赏和罚,条理和紊乱,美和丑等等方面的成见。

我们在这里无须从人心的本性上去推究这些成见所以产生的原因。但我们在这里只消根据一个人人共同承认的事实作为出发点就够了,这就是:人们生来就昧于事物的原因;人们都有一种欲望要追求对自己有利的东西,并且自己意识到这种欲望。由此可知,第一:人们因为意识到自己有意志和欲望,便自以为是自由的,但同时却对于那些引起意志与欲望的原因,却又茫然不知,甚且未曾梦见过。第二，人们尽都循目的(finis)而行，亦即以追求有利于自己的东西为目的。所以他们对于所发生的任何事情只求知道它们的目的因(causa finalis)，只要他们听到这些事情的究竟目的何在，他们便心满意足，因为他们以为除此以外再也没有什么可以探讨的原因了。如果有时他们对于某些事物的目的，没有从别人那里听见过，那么，他们只好凭主观的揣想，以己之心，度物之心，以自己平日动作的目的来忖度自然事物的目的。并且他们又发现自己身上和外界有很多东西都可以用来作为达到某种目的的工具，例如：眼睛可以看，牙齿可以嚼，动植物可以资营养，太阳可以供给光明，海可以养鱼等等，因此他们便把一切自然品类，都看成是对于自己有用的工具。他们也知道，这些工具只是他们现成地得到的，并不是他们自己制造出来的。于是他们便推想到必然另外有一个人创造了这些工具，以供人们使用。因为他们既然认自然品类为工具，当然不能承认，它们是自己创造而成的。于是他们以为他们自己既然知道制备工具以供自己使用，便因而推想到世界上必定有一个真宰，或多数真宰，具有人的自由，宰制一切，创造一切，以供他们使用。但是他们对于真宰的心意，既然毫无所闻，便不能不凭自己主观的意见，妄加揣度，于是乎他们便说，这些真宰创造万物，以供人用，是为了使人爱戴它们，而崇奉它们以无上敬礼。因此人们莫不竭尽心思，多方铺张，以媚祀天神，冀博上帝欢心，使得上帝拿出整个自然界来满足他们盲目的欲望与无餍的贪心。于是，这种成见就逐渐变成迷信，深入人心，而难于拔除。这就是人们何以都竭力想要认识并解释万物之目的因的原因。但是，像他们这样认万物无一不有目的(是即认无一非为人用)，是无异于说自然和诸神也同人们一样尽都发狂了。请看这说的流弊将演至何等地步！须知自然事物，于人有利的固多，但于人有害的，也复不少，例如急风暴雨、地震、疾病等等。但是他们又牵强解说，认这些不幸事情的发生，不是因为人有罪过，渎犯天神，故天神震怒，以示惩戒，便是由于人们祀奉天神，礼节不周，有欠虔敬，招致天谴。虽然我们的日常经验，与这种说法相抵触，而且不难举出无数事例以证明祸福之加于人身，并不分辨敬神者与不敬神者，但是人们却并不因而就扫除了这种根深蒂固的成见。因为人们把这种成见，与其他不知道有什么用处的未知事物放在一起，借以保持自己现有的和固有的愚昧状态，实远比廓清这一套旧成见，另外想出一些新东西来要容易多了。因此他们又宣称他们确信天神的判断远远超出人的理解。这种说法，如果没有数学加以救治，实足以使人类陷于永远不能认识真理。因为数学不研究目的，仅研究形相的本质和特质，可提供我们以另一种真理的典型。而且除了数学以外，还有别的原因（兹不缕述）可以使人警悟这种通常的成见，引导我们得到对事物的真知识。

我已经把我开首所提出的第一点充分解释清楚了。现在要说明自然本身没有预定的目的，而一切目的因只不过是人心的幻象，已经无须多费唇舌了。因为我相信，我既然已经指出了这种成见的原因及根源所在，并且再参看命题十六与命题三十二的绎理，及我所指出万物皆循自然的绝对圆满性和永恒必然性而出的各个命题，则这个道理已经十分明白了。但是我还要补充几句，就是：这种目的论实把自然根本弄颠倒了。因为这种说法实倒因为果，倒果为因；把本性上在先的东西，当成在后的东西，并且反而把那最高的、最圆满的认作最不圆满的东西了。因为(兹略去因果倒置,先后易位的前两点不论,因为这两点是自明的)据命题二十一、二十二与二十三,可以明白看出,凡是直接从神产生出来的结果才是最圆满的,而那须有多数间接原因才能产生出来的东西则是最不圆满的。但是假如直接由神产生出来的东西只不过是达到神的某种目的的工具,那么最先的东西既是为了最后的东西而存在,而最后的东西就会必然超出一切了。其次,这种说法也足以否定神的圆满性:因为如果神是为了某种目的而动作,则神必然是为了寻求它所缺乏的某种东西。虽然神学家与形而上学家曾作出需要的目的与同化的目的(finis indigentiae et finis assimilationis)的区别,但他们也承认神创造万物是为了自己的目的,而不是为了所创造的事物。因为,在创世以前,除了神以外,实在没有别的东西,可以作为神创造万物的目的。因此他们不得不承认,既然神还须创造工具以达到某种目的,则神必有所需要,有所欲求。这一点是自明的。此外还有一点不可忽视的就是这些煞费巧心说神想证明事物都有目的的人,还发明了一种新的辩论法,他们不用穷诘至不可能(reductio ad impossibile)的辩论法,而用穷诘至不知道(reductio-ad ignorantium)的辩论法以证明其说,——这也足见他们实在无可奈何找不到别种方法来辩护了。我可以举一个例子,譬如,忽然有一块石头自高处坠下,恰好打在从下面走过的人的头上,竟把这人打死了。于是他们便用这种新方法论证道:这块石头坠下的目的就在打死那人。因为假如神没有意旨居心命那块石头达到打死那人的目的,天地间哪里会有种种因缘那样凑巧发生的事(因为常常有许多同时凑巧发生的事)呢?我们也许回答道:这件事情发生是由于刮大风，而那人恰好在那时打那里走过；但是他们又要追问道：若不是天神做主，那天哪会起大风，又哪会那样凑巧，那人恰好那时打那里走过，偏偏把他打死？若是我们又回答道：那天起大风，因为海上有了大风浪，而前此天气又清明，无人提防；而那人因朋友有事邀请他去，所以从那里走过，因而遇难。但他们又追问道：——因为这样追问是没有止境的——若不是天公有意，为什么那天海上会起风浪？为什么朋友恰好要邀请他？似此辗转追诘，以求因中之因，一直把你穷追到不能不托庇天意以自圆其说为止——天意便是无知的避难所。又如他们见到人体构造的神妙，因昧于其所以然之故，遂不禁惊讶，便断言人体的结构不是机械般造成的，乃是有一种神圣的或超自然的匠心创造而成，所以能使各部分互不相妨害。因此，要是有人要想探求奇迹的真正原因，取学者的态度来了解自然而不随愚人那样煞有介事。大惊小怪，便难免不被那些愚人所信奉的自然解释者和天意传达者所指斥为鼓吹邪说亵渎神圣了。因为他们这一般人深知愚昧一经揭穿，则惊怪就会随之消除，而他们用来进行论证和维护他们的权威或尊严的唯一根据，也会被人识破无效了。姑且说到这里，现在再进而讨论我打算提出的第三点。

只要人们相信万物之所以存在都是为了人用，就必定认其中对人最有用的为最有价值，而对那能使人最感舒适的便最加重视。由于人们以这种成见来解释自然事物，于是便形成善恶、条理紊乱、冷热、美丑等观念；又因为有了人是自由的这个成见，便产生了如褒和贬、功和罪等观念。关于后者待我以后谈到人的本性时再来讨论，对于前者，我现在将加以简单说明。人们曾经称凡足以增进健康并足以促人们对神致敬礼的东西为善，反是为恶。又那些不知道事物本性的人，对于事物缺乏理智的了解，大都只凭想象，以想象代替理智，昧于事物及事物本性，坚信事物自身有所谓秩序。因为当事物罗列在那里，经感官而呈现于人心，只要它们便于我们想象，且易于记忆，我们便称之为有秩序；反之，如果事物不便于想象，且难于记忆，则我们便称之为紊乱，或无秩序。而我们最容易想象的事物，每每最足以引起我们的快感，因此人们总是恶混乱而喜秩序，好像秩序是自然本身所固有，和我们的想象没有关系似的。他们还说，天创造万物，次序井然；这样一来，他们不知不觉地便认神也有想象了；他们的意思似乎是说，神为了便于人的想象起见，特别创造万物使其井然有序，以便人们可以容易想象。但他们却没有考虑到，天地间远超出想象以外的东西，实无限地多，而我们的想象力毕竟很薄弱，足以使我们想象惑乱的东西也不可胜数。关于这点，我只消说到这里就够了。至于上面所列出的其他观念，也不过是想象之表现在各方面的不同方式罢了。但无知的人，却把这些观念当做事物的重要属性。因为，像我早已说过那样，他们相信万物都是为人而创造的，所以他们评判事物性质的善恶好坏也一概以事物对于他们的感受为标准。譬如，外物接于眼帘，触动我们的神经，能使我们得舒适之感，我们便称该物为美；反之，那引起相反的感触的对象，我们便说它丑。另外，外物刺激我们的嗅觉，而有香臭；外物刺激我们的味觉，而有甘苦浓淡；外物刺激我们的触觉，而有坚柔轻重。最后，外物刺激吾人的听觉而有噪音、乐音与和声。而和声特别迷人，竟至于使人相信上帝也喜听和声。甚至有些哲学家*竟确信天体的运行也组成了一种和声。这一切都足以充分表明人们评判事物，无不各凭其心理状态，也可以说是无不以经想象所渲染过的东西当做事物本身。由此可见（我不妨附带说一句）人们意见分歧，莫衷一是，而最后陷于怀疑主义，实毫不足怪。因为人们的身体相同之处固然很多，而相异之处尤其多：这人以为善的，那人或将以为恶；这人认为条理井然的，那人或将以为杂乱无章；这人感到欣悦的，那人或会表示厌恶。类此之例，不胜枚举，由于这种经验，人人莫不充分经历过，这里无须缕述。因为有许多谚语，谁也听说过，如"人心不同，各如其面"、"各人有各人的一套想法"；"各人头脑的不同，正如各人嗜好的相异"。诸如此类的谚语，最足以表示人们评判事物，只以其心理上的状态为准，他们对于事物宁愿单凭想象，而不愿加以理智的了解。假如人们果能理智地了解事物，则他们对于我的理论，应视如数学证明，纵然不觉其有趣味，至少也当认为可信服。

现在我们知道，一般人所习于用来解释自然的那些观念，都不过是些想象的产品罢了；除了仅足以表示想象的情况以外，再也不能表明事物的本性。因为这些观念具有名称，好像是表示那离想象而独立存在的事物，所以我只好称它们为想象的存在，而非理性的存在。因此根据类似这种想象的观念来反对我们的一切论证，都可以不费力地便驳倒了。例如，有许多人常常这样辩论道：假如万物都出于神的最圆满的本性的必然性，那么宇宙间何以会有那样多的缺陷，如腐烂到发臭的东西，丑陋到令人厌恶的东西，以及

---

* 指古希腊的毕泰戈拉派。——译者注

纷乱罪恶等等呢？但我已经说过，所有这些都很容易驳斥的。因为要判断事物的圆满与否，只须以事物的本性及力量为标准，因此事物的圆满与否，与其是否娱人的耳目、益人的身心无关。又如有人问上帝创造人，何以不使人只服从理性的指导呢？我也只好这样答道：因为上帝决不缺乏材料以创造由最高级以至最低级圆满性的一切事物；质言之，因为神的本性的法则至为广大，凡神的无限智慧所鉴照的一切，都可创造出来，像我在命题十六所证明的那样。

以上这些都是我所要廓清的成见。如果还残存着同性质的成见，无论何人只消稍为用心思索一番，就很容易予以纠正。

第二部分　论心灵的性质和起源

我现在进而说明从神或永恒无限的存在的本质必然而出的那些东西。我并不是要说明所有一切从神的本质而出的东西，因为在第一部分命题十六里，我们已经证明了有无限多事物，在无限多方式下，出于神的本质；我仅限于讨论那种足以引导我们犹如牵着手一样达到对于人的心灵及其最高幸福的知识的东西。

界　说

（一）物体，我理解为在某种一定的方式下表示神的本质的样式，但就神被认作一个有广延之物而言；参看第一部分，命题二十五，绎理。

（二）所谓一物的本质，即有了它，则那物必然存在，取消了它则那物必然不存在；换言之，无本质则一物既不能存在也不能被理解，反之没有那物，则本质也既不能存在又不能被理解。

（三）观念，我理解为心灵所形成的概念，因为心灵是能思的东西。

说明：我说概念而不说知觉（perceptio），因为知觉这个名词似乎表示心灵之于对象是被动的，而概念一词则表示心灵的主动。

（四）正确观念，我理解为单就其自身而不涉及对象来说，就具有真观念的一切特性及内在标志的一种观念。

说明：我说内在的标志是为了排除外在的标志，即所谓观念与它的对象的符合。

（五）绵延就是存在的不确定的延续。

说明：我说绵延是不确定的，因为存在的延续不能从存在物的性质本身去决定，也不能从其致动因去决定，——这个致动因必然建立一物的存在而不取消一物的存在。

（六）实在性和圆满性我理解为同一的。

（七）个体事物我理解为有限的且有一种确定的存在的事物。如果许多个体事物共同做出一个动作，以致它们同时都是某一结果的原因，那么在这个范围内我将认这些事物的总体为一个个体事物。

公　　则

（一）人的本质不包含必然的存在，这就是说，依自然法则，这人或那人的存在或不存在，都同样可以发生。

（二）人有思想。〔换言之，我们知道我们思想。〕

（三）思想的各个样式，如爱情、欲望、以及其他，除非具有这种情感的个人有了所爱、所欲的对象的观念，便不能存在。但是即使没有思想的其他样式，却仍然可以有观念。

（四）我们感觉到一个身体〔或物体〕是在多样的方式下受到感触的。

（五）除了身体〔或物体〕和思想的样式以外，我们并不感觉或

知觉到任何个体的事物。〔换言之,我们并不感觉或知觉任何被动的自然。〕

关于公设参看命题十三以后。

命题一　思想是神的一个属性,或者神是一个能思想的东西。

证明　个别思想,或这个和那个思想,(据第一部分命题二十五绎理)都是在某种一定的形式下表示神的本性的样式。所以神具有这样一个属性(据第一部分界说五),一切个别思想皆包含这个属性的概念在自身内,而且借这个属性才可以得到理解。所以思想是表示神的永恒无限的本质(参看第一部分界说六)的无限属性之一。换言之,神是能思想的东西。此证。

附释　这个命题从我们能够形成一个无限的能思想的存在的概念看来,也很明白。因为一个能思想者所能思想的事物愈多,则我们便认为它具有愈多的实在性或圆满性,所以一个存在能在无限多方式下思想无限多事物,则凭其思想它必然是无限的。因此我们单是注意思想,就能形成一个无限存在的概念,所以思想(据第一部分界说四和六)必然是神的无限多属性之一,这就是我们想要证明的命题。

命题二　广延是神的一个属性,换言之,神是一个有广延的东西。

证明　对于本命题的证明与对前命题的证明相同。

命题三　在神之内,必然有神的本质的观念以及一切从神的本质必然而出的事物的观念。

证明　因为神(据本部分命题一)能够在无限多的方式下思想无限多的事物,或者(据第一部分命题十六,同样意思)神能够形成它自己本质的观念以及从它的本质必然而出的一切事物的观念。然而，凡是在神的力量以内的一切，都是必然存在的（据第一部分命题三十五）。所以这种观念必然存在，而且（据第一部分命题十五）只能存在于神之内。此证。

附释　一般人以为神的力量即是神的自由意志及其管辖一切事物的权力，而这些事物他们通常又认为是偶然的。因为他们说神有权力毁坏一切使其变为乌有。他们又常以神的力量与国王的力量相比拟。对于这种比拟，我在第一部分命题三十二的绎理一及绎理二里已经加以驳斥，而且在第一部分命题十六里我又曾指出，神根据必然性而认识自己，也根据同样的必然性而动作。这就是说：神认识自己是出于神性之必然（这是人人都承认的），所以按照同样的必然性，神在无限多的方式下产生无限多的事物。再则，在第一部分命题三十四里，我们曾经指出，神的力量不是别的，只是神的主动的本质，所以认神不动作与认神不存在，在我们是同样不可能设想的。如果我愿意深究，我还可以在这里指出，普通人所归给于神的力量不唯仅只是一种人的力量（这表明普通人把神设想成人，或与人相似），而且包含着软弱无力。但是关于这一点我不想再多所论列。我唯有一再要求读者，对于我在第一部分从命题十六以至篇末关于这个问题所说过的话再三加以考虑。因为，一个人要想对于我所要证明的东西有正确的了解，他必须十分小心，不要把神的力量与人的力量或国王的权力混淆起来。

命题四　无限多事物在无限多的方式下所由出的神的观念只能有一个。

证明　无限的理智（据第一部分命题三十）除了神的属性及其

分殊外，不能理解别的东西。但神是唯一的（据第一部分命题十四绎理一）。所以为无限多事物在无限多方式下所自出的神的观念，只能有一个。此证。

命题五　观念的形式的*存在只以神为其原因，但只就神被认作能思想者而言，而不是就神为别的属性所说明而言。这就是说：神的各种属性的观念以及个别事物的观念都不承认观念的对象或被知的事物为其致动因，但只承认作为能思想者的神本身，为其致动因。

证明　从本部分命题三看来，这个命题是很明白的。因为，我们在那里曾经证明，神能够形成它自己的本质的观念，以及一切自其本质必然而出的东西的观念，只是因为神是一个能思想的东西，而不是因为它是它的观念的对象。所以观念的形式的存在只以神为它的原因，就神之为一个能思想者而言。但是这个命题也可以从另一方面来证明：观念的形式的存在乃思想的一个样式（这是自明的），这就是说（据第一部分命题二十五绎理）就神之为一个能思想者而言，这是在一定方式下表示神的本性的一种样式。所以这种样式（据第一部分命题十），并不包含神的别种属性的概念，因此（据第一部分公则四）它除了是思想的结果以外，不是别的属性的结果。所以观念的形式的存在只承认神是它的原因，但只是就神被认作能思想者而言等等。此证。

命题六　每一属性的样式之以神为因，只是就神通过这些样

---

* 按这里所谓“形式的”是指客观的或现实的意思。因为在亚里士多德及经院哲学里，“形式”和“质料”相对，“质料”是可能的，“形式”是现实的。——译者注

式所隶属的属性看来而言，而不是就神通过任何别种属性看来而言。

证明　每一属性（据第一部分命题十）都是通过自身，而不假借他物即可得到理解。所以每一属性的样式包含那个属性的概念在内，而不包含其他属性的概念；所以（据第一部分公则四）这些样式以神为因，只是就神通过这些样式所隶属的属性看来而言，而不是就神通过任何别种属性看来而言。此证。

绎理　由此可见，凡不是思想样式的事物，它们的形式存在，其所以出于神的本性，就不是因为神预先知道了这些事物。但是正如我们所已经指出的，观念自思想的属性而出与观念的对象自其所隶属的属性而出或推演而出，其方式是相同的，而且具有同样的必然性。

命题七　观念的次序和联系与事物的次序和联系是相同的。

证明　从第一部分公则四看来，这一命题是明白的。因为任何有原因的事物的观念，要依靠对于它的原因的认识，而这一有原因的事物就是它的原因的结果。

绎理　由此推知，神的思想力量即等于神的行动的现实力量。这就是说，凡是在形式上从神的无限本性而出的任何东西，即客观上在神之内也是依同一次序和同一联系出于神的观念的。

附释　在进一步讨论以前，我们必须回溯我们已经证明过的，凡是无限知性认作构成实体的本质的东西全都只隶属于唯一的实体，因此思想的实体与广延的实体就是那唯一的同一的实体，不过时而通过这个属性，时而通过那个属性去了解罢了。同样，广延的一个样式和这个样式的观念亦是同一的东西，不过由两种不同的方式表示出来罢了。这个道理有些希伯来人似乎隐约见到，因为他们说：神的理智和神所知的对象都是同一的东西。譬如，存在于自然界中的圆形与在神之内存在着的圆形的观念，也是同一的东西，但借不同的属性来说明罢了。所以无论我们借广延这一属性，或者借思想这一属性，或者借任何别的属性来认识自然，我们总会发现同一的因果次序或同一的因果联系，换言之，我们在每一观点下，总是会发现同样的事物连续。当我说，就神是一个能思想者而言，神是圆形（举例说）的观念的原因，就神是一个有广延的东西而言，神是圆形自身的原因时，我并无别的理由，我只是认为圆形观念的形式的存在，只有借别的思想样式为其接近因，才可被认识，而这一思想样式又须借别的思想样式才可被认识，如此递进，以至无穷。所以，当事物被认作思想的样式时，我们必须单用思想这一属性来解释整个自然界的次序或因果联系；当事物被认作广延的样式时，则整个自然界的次序必须单用广延这一属性来解释，其他的属性亦同此例。所以就神具有无限多属性而言，神实际上是事物本身的原因。对于这一点我现在不能作更明白的解释了。

命题八　不存在的个别事物或样式的观念必定包括在神的无限的观念之内，正如个别事物或样式的形式的本质被包含在神的属性之内一样。

证明　这个命题由前命题看来，是很明白的。但是从前命题的附释看来，却更可以明白了解。

绎理　由此推知，既然个别事物除非包括在神的属性之内，是不存在的，那么，除非神的无限观念存在，个别事物的客观存在或它们的观念，也是不存在的。并且如果说个别事物不仅就其被包括在神的属性之内而言是存在的，而且就其具有绵延而言是存在的，那么它们的观念也包含存在，通过这种存在，它们才可以说是具有绵延。

附释　如果有人想要寻求一个例子，以便对我所说的，更可充分了解，我却不能举出一个足以正确表明我的意思的例子，因为这里所讨论的对象实在是独一无二的。但是我将勉强举一个比较最好的例子来说明它。

例如，圆形有一种特质：假如有数条直线在一个圆形中交切，由它的各个部分所形成的直角必互相相等：所以在一个圆形内包含有无限数相等的直角，但是除了圆形存在外，没有一个直角可以称为存在，就其中任何一个直角的观念，除了包括在圆形的观念之内，也不能称为存在。现在试从这无限数直角中，设想两个直角E与D存在。这两个直角的观念的存在，不仅因其被包括在圆形的观念内，而且因其包含有那个直角的存在；因此它们便有别于其他直角的观念了。

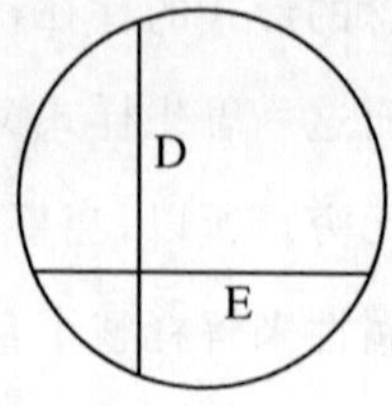

命题九　一个实际存在的个别事物的观念，以神为因，非就神之为无限而言，但就神之被分化为另一个实际存在的个别事物的另一观念的分殊而言，而此另一观念，也以神为因，但就神之分化为第三观念的分殊而言，如此类推，以至无穷。

证明　实际存在的个别事物的观念（据第二部分命题八的绎理和附释）是思想的一个样式，且与思想的其他样式有区别，所以（据本部分命题六）以神为因，这只就神是一个能思想者而言；但是并非（据第一部分命题二十八）就神是绝对地能思想者而言，而只就神是被认作另一思想的样式的分殊而言。而且神又是后面这一思想样式的原因，也只就神是被认作另一样式的分殊而言，如此类推，以至无穷。但是（据第二部分命题七）观念的次序和联系与因果的次序和联系是相同的；所以每一个别观念以另一观念为原因，换言之，每一个别观念以作为另一观念的分殊的神为原因，而此第二观念在同样情形下复以神为原因，如此类推，以至无穷。此证。

绎理　在每一观念之个别对象上发生任何变化，其知识皆存在于神内，只就神是具有该对象的观念而言。

证明　在任何观念的对象上发生任何变化，其观念（据第二部分命题三），都存在于神内，并非就神是无限的而言，乃只就神是被认作一个个别事物的另一观念的分殊而言（据前命题）。但是（据第二部分命题七）观念的次序和联系与事物的次序和联系相同，所以对任何个别对象的变化的知识都存在于神内，只就神具有该对象的观念而言。此证。

命题十　实体的存在不属于人的本质，换言之，实体不构成人的形式。

证明　实体的存在（据第一部分命题七）包含必然存在。所以假如实体的存在属于人的本质，则承认实体的存在，同时又必须（据第二部分界说二）承认人必然存在，因此人将必然存在，（据第二部分定则一）这是不通的。所以实体的存在不属于人的本质。此证。

附释　这个命题也可以根据第一部分命题五来证明，该命题证明没有两个具相同性质的实体。因为既有多数人可以存在，所以构成人的形式的不是实体的存在。再从实体的别种性质看来，这个命题也很明白，如实体按其本性来说，是无限的，不变的，不可分的等等，这是人人很容易看到的。

绎理　由此推知，人的本质是由神的属性的某些分殊所构成。

证明　因为实体的存在（据第二部分命题十）不属于人的本质。所以（据第一部分命题十五）人的本质是某种在神之内的东西，没有神则它既不能存在，也不能被理解，或（据第一部分命题二十五绎理）人的本质是在某种一定方式内表示神的本性的一个分殊或样式。

附释　人人必须承认，没有神就没有东西可以存在，也没有东西可以被理解，因为没有人不承认，神是万物本质及万物存在的唯一原因，这就是说，神不仅是万物生成的原因而且是人们所常说的万物存在的原因。但是许多人说，一物的本质这是那物所赖以存在并赖以得到理解的本性，没有本质则一物既不能存在也不能被理解，因此根据这个定义，他们或者以为神的本性即属于被创造之物的本质，或者以为被创造之物可以没有神而存在或得到理解的，其实可以比较确定地说，他们并没有一贯的见解。我相信他们陷于混淆的原因，是由于他们没有遵循哲学思考的程序。因为神的本性本来应该首先加以考察，因为就知识的次序和就事物的次序说来，神的本性都是在先的，而他们却把它放在最后，反而相信，所谓感官对象的事物是在一切别的事物之先。因此当他们观察自然事物时，便对于神的本性，毫不理会，但是当他们后来从事于观察神的本性时，又从不想到他们所借以形成对自然事物知识的最初假设，以为这些假设无补于对神的本性的了解。所以他们老是陷于自相矛盾，实无足怪。但是这点我姑且撇开不提。因为我这里的目的，只在于指出我的理由为什么我不说：属于一物的本质的，乃是这样一种东西，即没有它则那物既不能存在也不能被理解。因为我认为个别事物没有神就不能存在也不能被理解，但是神却不属于个别事物的本质。所以我说：所谓一物的本质，即有了它，则那物必然存在，取消了它，则那物必然不存在；换言之，没有本质则一物既不能存在也不能被理解。反之，没有那物，则本质也既不能存在又不能被理解。

命题十一　构成人的心灵的现实存在的最初成分不外是一个现实存在着的个别事物的观念

证明　人的本质（据前命题绎理）是由神的属性的某些样式所构成，亦即（据第二部分公则二）是由思想的样式所构成；在所有的思想样式中（据第二部分公则三），就本性说来，观念总是在先的；假如，一个人有了一个观念，则（据同一公则）将必随之具有其余的样式（对于这些样式，就本性说来，观念是在先的）。所以观念是构成人的心灵的存在的最初成分。但是这并不是一个不存在的东西的观念。因为这样（据第二部分命题八绎理）这种观念本身就不能说是存在的；所以它必定是一个现实存在的事物的观念。而且它也不能是一个无限的东西的观念。因为（据第一部分命题二十一及二十二）无限的东西总是必然存在的；因此（据第二部分公则一），这是不通的。所以构成人的心灵的现实存在的最初成分是一个现实存在的个体事物的观念。此证。

绎理　由此推知，人的心灵是神的无限理智之一部分，所以当我们说，人的心灵看见这物或那物时，我们只不过是说，神具有这个或那个观念，但非就神是无限的而言，而只是就神为人的心灵的本性而言，或就神构成人的心灵的本质而言；而当我们说神具有这个或那个观念，不仅就神构成人的心灵的本性而言，而且又就神同时借人的心灵而具有别一事物的观念而言，于是我们说，人的心灵只是部分地或不正确地认识事物。

附释　读者至此将无疑地不免踌躇，且将不免想出许多东西，妨碍前进；因此，我请求读者，随我按照次序缓缓前进，在未读完全书以前，不要遽下判断。

命题十二　构成人的心灵的观念的对象有了什么变化，必定为人的心灵所觉察；换言之，那个对象变化的观念将必定存在于人的心灵之中。这就是说，假如构成人的心灵的观念的对象是一个物体，决没有这个物体上起了些甚么变化而不为心灵所察觉的。

证明　对于每一观念的个别对象上任何变化的知识必然存在于神以内（据第二部分命题九绎理），但这是就该对象的观念被认作神的思想的分殊而言，这就是说（据第二部分命题十一）只就神是构成任何一个存在的思想而言。所以关于构成人的心灵的观念的对象有什么变化的知识必然存在于神之内；这就是说，只就神是构成人的心灵的本性而言，这种知识存在于神之内，换言之（据第二部分命题十一绎理）对于这物的知识必然是在心灵内，或者说，心灵觉察这物。此证。

附释　据第二部分命题七附释这个命题更可明白推出，且更易于了解，读者请参看。

命题十三　构成人的心灵的观念的对象只是身体或某种现实存在着的广延的样式，而不是别的。

证明　因为假如人的心灵的对象不是身体，则关于身体的感受的观念(据第二部分命题九绎理),就神是构成我们的心灵而言,将不在神内,而就神是构成另一事物的心灵而言,将反而在神内了。这就是说(据第二部分命题十一绎理)关于身体的感受的观念将不在我们的心灵之内了。但是(据第二部分公则四)我们具有身体的感受的观念。所以构成人的心灵的观念的对象是一个身体,而且(据第二部分命题十一)是一个现实存在着的身体。再则,除身体外,如果心灵还有别的对象,则(据第二部分命题十一)这个对象所造成的结果的观念,必然应该存在于我们的心灵之中,因为(据第一部分命题三十六)没有存在的事物是不会产生某种结果的。但(据第二部分公则五)现在并没有这种观念,可见我们心灵的对象是一个存在着的身体,而不是别的。此证。

绎理 由此推知,人是心灵和身体所组成,而人的身体的存在,正如我们感觉着那样。

附释 因此我们不仅认识到人的心灵与身体联合,而且知道如何[正确]理解身体和心灵的统一。但是在对于人们身体的本性没有正确了解以前,决不能正确地明晰地了解什么是身体和心灵的统一。因为我们前此所证明的,乃是共同于一切事物的说法,其适用于人并不较适用于其他个体事物为多,因为一切个体事物都是有心灵的,不过有着程度的差异罢了。因为一切事物的观念必然存在于神内,而神就是这个观念的原因,正如人的身体的观念存在于神内,也以神为它的原因。所以凡是我们所说的关于人的身体的一切,必然可以适用于任何其他事物的观念。但是另一方面,我们也不能否认观念正如事物自身,各个不同,一个观念较其他观念更为完美或所包含的实在性更多,正如一个观念的对象也较其他观念的对象更为完美或所包含的实在性更多。所以为了判断人的心灵与其他事物的区别及其优胜于其他事物之处起见,我们首先必须知道,有如上面所说,人的心灵的对象,换言之,即人的身体的本性。我不能在这里解释这点,而这种解释对于我们要证明的也没有必要。但是我将概括地简略说一说:正如某一身体较另一身体更能够同时主动地做成或被动地接受多数事物,则依同样比例,与它联合着的某一心灵也将必定较另一心灵更能够同时认识多数事物:并且正如一个身体的动作单独依赖它自身愈多,需要别的身体的协助愈少,则与它联合着的心灵也将更了解得明晰些。于是我们便能明了一个心灵所以胜过另一个心灵的地方了。同样便见到何以对于我们的身体,只有一些混淆的知识,以及我将在后面推出的许多东西了。所以我认为上面所说的道理很值得加以正确的解释与证明,因此我必须首先约略说明身体[或物体]的性质。

公则一　一切物体或是运动着或是静止着。

公则二　每一物体的运动,有时很慢,有时很快。

补则一　凡物体间的相互异同是由于动静快慢,而不是由于实体。

证明　我以为这个命题的前一部分是自明的。但是物体的区别不由于实体一层,据第一部分命题五及命题八是很明白的,而据我在第一部分命题十五的附释内所说,尤为明白。

补则二　一切物体必定有若干方面是彼此相同的。

证明　因为一切物体所以相同(据第二部分界说一)即在于彼此都包含有同一属性的概念。此外,物体间还有一相同之点,即一切物体都能或动或静,并能动得有时慢有时快。

补则三　一个物体之动或静必定为另一个物体所决定，而这个物体之动或静，又为另一个物体所决定，而这个物体之动或静也是这样依次被决定，如此类推，以至无穷。

证明　物体（据第二部分界说一）即是个别事物，而这些个别事物间彼此的异同（据补则一）是由于动静，所以（据第一部分命题二十八）每一个物体之动或静必定为另一个个体事物所决定；这就是说，（据第一部分命题六）为另一物体所决定，而这一物体（据公则一）也是不动必静。但是根据同一理由，这一物体若不为另一物体所决定，必不能动或静，而且这一物体的动静，依同理，必为第三物体所决定，如此递进，以至无穷。此证。

绎理　由此推知，一个物体在运动时将继续运动直至为他物所决定使其静止，反之一个物体在静止时将继续静止直至为他物所决定使其运动。这当然是自明的。因为假设一个物体，譬如说甲，在静止着，如果我不注意别的物体是在运动，则我除了说物体甲在静止外不能说别的。假如后来物体甲变成运动状态，则其运动当然不能是前此静止的结果，因为从一个物体的静止，除了该物继续静止外，不能推出别的。假如物体甲是在运动，单就甲之本身而言，我们所能确认的唯一之点，即是甲在运动。如果物体甲后来变为静止状态，则其静止当然不能是前此运动的结果。因为从一个物体的运动，除了该物体继续运动外，不能推出别的。所以物体甲静止必定是甲以外的物体的结果，这就是说必定是一个外因的结果，它为这个外因所决定，使其静止。

公则一　一个物体被其他物体所激动的一切状态，出于能激动的物体的性质，同时也出于被激动的物体的性质，所以同一物体可以被许多性质不同的物体使做种种不同的运动，反之，不同的物体可以被同一物体使做种种不同的运动。

公则二 当一个物体在运动时撞击着另一个静止不动的物体，则该物体必定反射转来，使其继续运动，而这反射运动的线与所撞击着静止物体的平面所形成的角度将等于投射运动的线与同一平面所形成的角度。

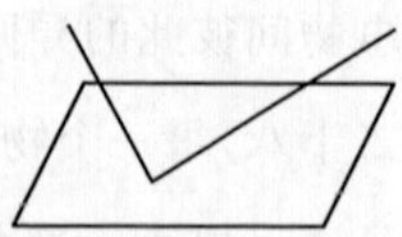

以上所论都只是涉及最简单的物体，这些物体相互间的区别，只以动静迟速为准。现在让我们进而讨论复合的物体。

界说 当许多具相同或不同体积的物体为别的物体所压迫，而紧结在一起时，或当许多物体具相同或不同速度在运动，因而依一定的比率彼此传达其运动时，则这些物体便可以说是互相联合，而且总结起来便可以说是组成一个物体或一个个体，它和别的个体的区别，即在于它是多数物体所联合而成。

公则三 依个体或复合体的各部分相互紧接的面积较大或较小，则促使构成此个体的各部分改变其位置也必定因而较难或较易，因此促使个体改变其形状也随着较难或较易。于是凡是各部分间紧接的面积较小的物体，便称为柔软；凡是各部分互相流转动的物体，便称为液质。

补则四 一些物体如果从多数物体组成的物体或个体中分裂出来，而且其地位为相同数目及相同性质之别的物体所代替，则此个体将仍保持其固有的性质而其形式也没有任何变化。

证明 物体区别不由于实体（据补则一），但是（据前界说）构成个体的形式的东西乃是多数物体的联合。据我们所假定的前提，虽然各个物体不断变化，而个体的形式，仍然保持如故。所以就实体而论以及就样式而论，个体将仍然保持其从前固有的性质。此证。

补则五 如果组成个体的各部分或变大些或变小些，但是仍然保持其原来彼此间同样动静的比率，则这一个体也将仍然保持其固有的性质，而其形式也没有任何变化。

证明 与前一补则的证明完全相同。

补则六 如果组成一个个体的若干物体被迫而改变其原有运动方向，向着另一方向运动，但是它们仍然能继续运动，并且能够保存其相互间如像以前的同一比率状态，则这个个体将仍然保持其固有性质，而其形式也将没有任何变化。

证明 这是自明的，因为个体即是被假定为能够保持着按照界说构成其形式的一切东西。

补则七 再则，这样组成的个体无论就全体而言或动或静，或循这方向而动，或循那方向而动，只要它的各个部分能够保持其自身的运动，而且能够传达其运动于其余部分一如从前，则这个个体将仍然保持其性质。

证明 从补则四前面的界说看来，这是很明白的。

附释 由此可见，一个复合体如何能够在许多情形下被激动，但仍然能够保持其性质。这样我们便已经知道了那彼此间仅按照动静迟速而有所区别的若干物体所组成的个体，换言之，即为许多最简单的物体所组成的个体的概念。假如我们试考察另一种为许多不同性质的个体所组成的个体，则我们将发现这种个体可以在许多情形下被激动，但仍然能够保持其性质。因为它的每一部分既然是多数物体所组成，则（据前一补则）每一部分便可以做较速或较迟的运动而不致改变其性质，因此每一部分能够较迟或较速地传达其运动于其余部分。假如我们试想象一个第二种个体所组成的第三种个体，则我们可以发现，它可以在更多的情形下被激动，但是它的形式不致有什么变化。如此无穷地推演下去，我们不难理解整个自然界是一个个体，它的各个部分，换言之，即一切物体，虽有极其多样的转化，但整个个体可以不致有什么改变。假如我的目的在于专门讨论物体的问题，则我对这些东西应当加以更充分的解释和证明。但是我已经说过，我的目的别有所在，我所以讨论到这点，是因为从我所已经提出来证明的事物里，我很容易顺便将它们推演出来。

公　设

一、人身是许多不同性质的个体所组成，而每一个个体又是许多复杂的部分所组成。

二、组成人身的个体中，有的是液质的，有的是柔软的，有的是坚硬的。

三、组成人身的各个体，亦即人体自身，在许多情形下是为外界物体所激动。

四、人身需要许多别的物体，以资保存，也可以说是，借以不断地维持其新生。

五、当人身的液质部分为外界物体所决定时，常冲击着别的柔软部分，因而改变它的平面，并且有似遗留一些外界物体所冲击的痕迹在它上面。

六、人身能在许多情形下移动外界物体，且能在许多情形下支配外界物体。

命题十四　人心有认识许多事物的能力，如果它的身体能够适应的方面愈多，则这种能力将随着愈大。

证明　人身（据公设三与六）在许多情形下为外界物体所激动，而且又适于在许多情形下支配外界物体。但是（据第二部分命题十二）人心必然能觉察人身中的一切变化。所以人心有认识多量事物的能力，如果它的身体能够适应的方面愈多，则这种能力将随着愈大。此证。

命题十五　构成人心的形式的存在的观念不是简单的，而是多数观念组成的。

证明　构成人心的形式的存在的观念（据第二部分命题十三）是一个物体的观念，而这个物体（据公设一）又是许多高度复合的个体所组成。但是每一个组成这个物体的个体的观念（据第二部分命题八绎理）必然存在于神内；所以（据第二部分命题七）人身的观念是由形成身体的许多部分的各种观念所组合而成。此证。

命题十六　人的身体为外物所激动的任何一个情形的观念必定包含有人身的性质，同时必定包含有外界物体的性质。

证明　任何物体被激动而成的一切情形（据补则三后的公则一）出于被激动的物体的性质，同时也出于激动的物体的性质，所以这些情形的观念（据第一部分公则四）必定包含能激动与被激动的两种物体的性质；所以人的身体为外物所激动的任何一个情形的观念必定包含有人体和外物的性质。此证。

绎理一 因此推知,第一:人心能够知觉许多物体的性质,以及它自己身体的性质。

绎理二 因此推知,第二:我们对于外界物体所有的观念表示我们自己身体的情况较多于表示外界物体的性质。此点我已于第一部分附录里用许多例证解释明白。

命题十七 假如人的身体受激动而呈现某种情况,这种情况包含有外界物体的性质,则人心将以为这个外界物体是现实存在的或即在面前,直至人的身体被激动而呈现另一情况以排除这个外界物体的存在或现存为止。

证明 这是自明的。因为当人的身体受激动而呈现某种情况时,则(据第二部分命题十二)人心将继续以为这感于外界物体而起的情况[或情感],这就是说,(据第二部分命题十六)人心将具有一个现实存在的分殊的观念,包含着外界物体的性质于其内,换言之,人心将具有一个不唯不排除,而且将确认,外界物体的性质的存在或现存的观念。所以(据第二部分命题十六绎理)人心将认为外界物体是现实存在或即在面前等等。此证。

绎理 人心对于曾经一度激动过人体的外物,即使当这物既不存在,也不即在面前时,也能够设想这物,视如即在面前。

证明 当外界物体决定人体中的液质部分,致常冲击着柔软部分时,(据公设五)因而液质部分改变柔软部分的平面;因此(参看补则三绎理后的第二公则)液质部分所发生的反射运动在新平面上其方向与前此所反射的方向不同,而且此后当液质部分由自发运动而冲击着新平面时,则它所反射的方向与被外界物体压迫而反射在平面上的方向相同。所以当这些液质部分由自发运动重演其为外界物体所产生的反射运动时，便在人体内引起与最初受外界物体激动时相同的情形，同时（据第二部分命题十二）人心也将因而想到该外界物体，换言之，（据第二部分命题十七）人心也将认为该外界物体即在面前。而人心发生这种认识作用的常度相当于人体内液质部分由自发运动而冲击着那些新平面的常度。所以曾经一度激动过人体的外物，虽不存在，而人心也将认为那物即在面前，而且这种认识作用之常常发生，正与人体内那样常常重演这种生理作用相当。此证。

附释　由此可见，我们把不在面前的东西，认为即在面前的这种常常发生的认识作用，是如何起源的。也可能或许尚有别的原因；但是，在这里，我已满足于指出了一个足以解释这事的原因，就好像我曾经凭借真正的原因来解释它那样。我不相信，我是违背真理，因为我所提出的一些公设，没有什么不符合经验的地方，对于这些符合经验的公设，及当我们既已（据第二部分命题十三后的绎理）证明人的存在正如我们知觉着那样之后，我们实在更没有什么可以怀疑的了。再则，（据第二部分命题十七绎理及第二部分命题十六绎理二）我们明白见到，譬如说构成彼得的心灵的“彼得”观念，与在别人，譬如说在保罗心中的“彼得”观念间有什么区别。因为前者直接表示彼得本人的身体本质，只有当彼得存在时，它才包含存在；反之，后者毋宁是表示保罗的身体状况，而不是表示彼得的本性；因此只要保罗的身体状态持续着，保罗的心灵即能认识彼得，以为即在目前，纵使彼得并不即在面前。但是为了保持通常的用语起见，凡是属于人的身体的情状，假如它的观念供给我们以外界物体，正如即在面前，则我们便称为“事物的形象”，虽然它们并不真正复现事物的形式。当人心在这种方式下认识物体，便称为想象。说到这里，为了开始表明错误的性质起见，我想要促使读者注意的，就是：心灵的想象，就其自身看来，并不包含错误，而心灵也并不由于想象而陷于错误，但只是由于缺乏一个足以排除对于许多事物虽不存在而想象为如在面前的观念。因为如果当心灵想象着不存在的事物如在面前，同时，又能够知道那些事物并不现实地存在时，则心灵反将认想象能力为其本性中具有的德性，而非缺陷，尤其是当这种想象能力单独依靠它自己的性质，换言之，（据第一部分界说七）即心灵的想象能力是自由的时候。

命题十八　假如人身曾在一个时候而同时为两个或多数物体所激动，则当人心后来随时想象着其中之一时，也将回忆起其他的物体。

证明　人心想象一个物体（据第二部分命题十七绎理）是由于人身为一个外界物体的印象所激动、所影响，其被激动的情况与其某一部分感受外界物体的刺激时相应。但是根据这里所提出的假设，身体是被影响到这样的状态，致使心灵同时想象着两个物体，所以就这里说来，人心将想象两个物体，而当它随时想象着其中之一，将立即回忆起其他物体。此证。

附释　由此我们可以明白知道什么是记忆。记忆不是别的，只是一种观念的联系，这些观念包含人身以外的事物的性质，这种在人心中的观念的联系与在人身中的情况的次序或联系正相对比。第一，我说记忆仅是包含人身以外的事物的性质的观念联系，而不是解释外界事物性质的观念联系，因为其实（据第二部分命题十六）只有人体内情况的观念，这些观念包含人体的性质以及外物的性质。第二，我说这种观念联系之发生是依照人身中情况或情感的次序和联系，如此便可以有别于依照理智次序而产生的观念联系，所谓理智是人人相同的，依照理智的次序足以使人心借事物的第一原因，以认识事物。因此我们更可以明白知道何以人心能从对于一物的思想，忽而转到对他物的思想，虽然此物与他物间并无相同之处。譬如，从对于"苹果"二字的思想一个人便立刻转到鲜果的思想，而真实的鲜果与"苹果"二字的声音间并无相似之处，且除了那人的身体常常为苹果的实物与"苹果"的声音所感触外，换言之，除了当他看见真实苹果时他又常听见"苹果"二字的声音外，并无任何共同之处。同样，各人都可以各按照他排列身体以内事物形象的习惯，而由一个思想转到另一个思想。譬如，如果一个军人看见沙土上有马蹄痕迹，他将立刻由马的思想，转到骑兵的思想，因而转到战事的思想。反之，乡下农夫由马的思想将转到他的犁具、田地等等。所以，像这样，各人都各按照他习于联结或贯串他心中事物的形象的方式，由一个思想转到这个或那个思想。

命题十九　人的心灵除了通过人的身体因感触而起的情状的观念外，对于人身以及人身的存在无所知觉。

证明　人心(据第二部分命题十三)就是人身的观念或知识，而这种观念或知识(据第二部分命题九)是在神内的，但这是就神之被认为一个个体事物之另一观念的分殊而言。或者，确切点说，因为(据公设四)人体需要许多别的物体，据说是借以不断地维持其新生，又因(据第二部分命题七)观念的次序与联系和因果的次序与联系相同，所以人身的观念将在神内，但就神之被认作为众多个别事物的观念的分殊而言。所以神具有人的身体的观念或神具有人的身体的知识，但就神之为众多别的观念的分殊而言，非就神之构成人心的本性而言：这就是说，（据第二部分命题十一绎理）人心不知道人身。但人身的情状的观念，就神构成人心的本性而言，是在神内；这就是说，（据第二部分命题十二）人心知觉这些情状，因之，（据第二部分命题十六）人心知觉人身，而且（据第二部分命题十七）知觉人身当做现实存在。所以只有凭借着人身被激动而起的情状的观念，人心才知觉人身。此证。

命题二十　人心的观念和知识同样存在于神内，并由神而出，正如人身的观念和知识那样。

证明　思想（据第二部分命题一）是神的一个属性；因此在神内必定有（据第二部分命题三）神自身的观念以及神的一切分殊的观念，因此（据第二部分命题十一）在神内必定有人心的观念。况且，（据第二部分命题九）人心这种观念或知识之存在于神内，并非就神是无限的而言，而乃就神是一个个体事物之另一观念的分殊而言。但（据第二部分命题七）观念的次序与联系与因果的次序与联系相同。所以人心的观念和知识之在神内及其与神的关系与人身的观念和知识正是相同。此证。

命题二十一　心灵的观念和心灵相结合正如心灵自身和身体相结合一样。

证明　我们曾经指出，心灵与身体相结合是因为身体是心灵的对象（参看第二部分命题十二和十三）；根据同一理由，心灵的观念必与其对象，即心灵自身相结合，正如心灵自身与身体相结合一样。此证。

附释　这一命题从第二部分命题七附释里所说的看来可以更

为明白了解，因为在那里我们曾经指出身体的观念与身体，换言之（据第二部分命题十三），心灵与身体是同一个体，不过一时由思想这个属性，一时由广延这个属性去认识罢了。所以心灵的观念与心灵自身也是同一之物，但由同一属性即思想这个属性，去认识罢了。因此我说，心灵的观念与心灵自身以同一的必然性，由同一的力量，存在于神内。因为，其实，心灵的观念，换言之，观念的观念，不是别的，即是观念的形式，不但只是就观念之被认为思想的一个分殊，且与其对象没有关系而言，正如一个人知道一件事，因而知道他知道这是一件事，且同时知道他知道他知道这一件事，如此递进以至无穷。关于这点容以后再详。

命题二十二　人心不仅知觉人身的情状，并且知觉这些情状的观念。

证明　情感或情状的观念的观念是自神而出并与神相关联，其情形正与情感的观念自身相同。所以证明这一命题与第二部分命题二十相同。但是人身的情感或情状的观念（据第二部分命题十二）是在人心内，这就是说（据第二部分命题十一绎理），在神内，就神是构成人心的本质而言；所以这些观念的观念必在神内，就神是具有人心的知识或观念而言，这就是说（据第二部分命题二十一），它们必定在人心自身之内，所以人心不仅知觉人身的情感或情状并知觉这些情感的观念。此证。

命题二十三　人心只有通过知觉身体的情状的观念，才能认识其自身。

证明　心灵的观念或知识（据第二部分命题二十）是自神而出并与神相关联，其情形正与身体的观念或知识相同。但是（据第二部分命题十九）人心既不知人身本身，换言之，（据第二部分命题十一绎理）既然人身的知识，就神是构成人心的本性而言，不与神相联系，所以人心的知识就神是构成人心的本质而言，也不与神相联系。所以（据第二部分命题十一绎理）人心在这样情形下还不知道它自身。况且身体被激动而起的情状的观念（据第二部分命题十六）包含人身自身的性质在内，换言之（据第二部分命题十三）这些情状的观念与人心的性质相符合，因此对于这些观念的知识必然包含对于心灵的知识。但是（据第二部分命题二十二）对于这些观念的知识即在人心自身以内，所以人心唯有凭借知觉身体的情状的观念，才能认识其自身。此证。

命题二十四 人心不包含有对于组成人体的各部分的正确知识。

证明 组成人体的各部分属于身体自身的本质，只就这些部分依一定的规律互相传达其运动而言（参看补则三绎理后的界说），但不就它们是被认作与人体无关的个体而言。因为（据公设一）人体的各部分是许多异常复杂的个体所组成的，而这些个体的各部分（据补则四）可以与人体分裂，并且（据补则三后的第一公则）可以依照另一种规律传达其运动于别的物体，而不致改变人体自身的性质和形式。所以（据第二部分命题三）每一部分的观念或知识将在神内，（据第二部分命题九）就神之被认作另一个体事物的另一观念的分殊而言，而这一个体事物（据第二部分命题七）依自然的次序是先于部分自身。以上的话可以同样适用于组成人体的个体的每一部分，所以组成人体的每一部分的知识存在于神内，但就神之作为许多事物的观念的分殊而言，非就神之仅具有人体的观念而言，这就是说（据第二部分命题十三）非就神之具有构成人心的本性的观念而言。所以（据第二部分命题十一绎理）人心不包含有对于组成人体的各部分的正确知识。此证。

命题二十五 人体中任何一个情感或情状的观念不包含对于外界物体的正确知识。

证明 我们已经指出（参看第二部分命题十六）人身的情状的观念包含外界物体的性质，只要这个外界物体是以一定的方式决定着人的身体，但外界的物体是与人身无关联的个体，则其观念或知识必定在神内（据第二部分命题九），就神之被认作另一事物的观念的分殊而言，这个观念（据第二部分命题七）就本性而言乃先于外界物体自身。所以就是神之具有人身的情状的观念而言，不具有外界物体的正确知识，换言之，人身的情状的观念不包含对于外界物体的正确知识。此证。

命题二十六 人心除凭借其身体情状的观念外，不能知觉外界物体，当作现实存在。

证明 假如人身在任何情形下不受外界物体影响，则（据第二部分命题十七）人身的观念，换言之（据第二部分命题十三），人心，将不在任何情形下被该物体存在的观念所激动，也不在任何情形下知觉该外界物体的存在。但是只要人身在任何情形下被外界物体所激动，则（据第二部分命题十六及其绎理）人心便知觉外界物体。此证。

绎理 只要人心想象着一个外界物体，则人心便对它没有正确的知识。

证明 当人心凭借它的身体的情状以考察外界物体时，我便称它是在想象着那物体(参看第二部分命题十七绎理),此外人心(据第二部分命题二十六)便不能在别的方式下想象外界物体当做现实存在。所以(据第二部分命题二十五)只要人心是在想象外界物体,则人心便对它们没有正确知识。此证。

命题二十七 人体的任何一个情状的观念不包含对人体自身的正确知识。

证明 人体的情感或情状的每一个观念皆包含人体的性质,只就人体在某种情形下被激动而言(参看第二部分命题十六)。但只要人体是一个个体能在许多情形下受到激动,则它的观念不包含对人体自身的正确知识。请参看第二部分命题二十五证明。

命题二十八 人体的情感或情状的观念,只要它仅仅与人心有关联,便不是清楚明晰的,而是混淆的。

证明 人体的情感或情状的观念(据第二部分命题十六)包含外界物体以及人体自身的性质,且必然不仅包含人体自身的性质,而且包含人体各部分的性质,因为(据公设三)情状或情感乃是人体各部分,也可以说是人的整个身体被激动而成的状态。但是(据第二部分命题二十四和二十五)对于外界物体和人体各部分的正确知识是在于神内,非就神之作为人心的分殊而言,只就神之作为别的观念的分殊而言。所以人体情状的观念,就其仅仅与人心有关联而言,就恰似无前提的结论,这就是说,(这是自明的)它们是混淆的观念。此证。

附释 构成人心的本性的观念,可用同样方法去证明,单就其本身而论,不是清楚明晰的观念。同样,人心的观念和人身情状的观念之观念,就其仅仅与人心相关联而言,人人都可看出,也不是清楚明晰的观念。

命题二十九　人体的任何情状的观念之观念不包含对人心的正确知识。

证明　人体的情状的观念(据第二部分命题二十七)不包含人体自身的正确知识,换言之,不能正确地表示人体的性质,也可以说(据第二部分命题十三),不能正确地与人心的本性相符合。所以(据第一部分公则六)人体的情状的观念之观念不能正确地表示人心的本性,也不包含对人心的正确知识。此证。

绎理　由此推知,当人心在自然界的共同秩序下认识事物时,则人心对于它自身、它自己的身体,以及外界物体皆无正确知识,但仅有混淆的片断的知识。因为(据第二部分命题二十三)人心除知觉身体情状的观念外,不能认识其自身。而(据第二部分命题十九)人心除了凭借它的身体情状的观念外不能认识它自己的身体,而且人心(据第二部分命题二十六)除了凭借身体的情状的观念外,也不能认识外界物体。所以只要人心具有这种身体情状的观念,则它对于它自身(据第二部分命题二十九),对于它的身体(据第二部分命题二十七),以及对于外界物体(据第二部分命题二十五),都没有正确知识,而(据第二部分命题二十八及其附释)仅有混淆的片断的知识。此证。

附释　我明白地说,人心对于它自身、它的身体,以及外界物体都没有正确知识,而仅有混淆的片断的知识,只要人心常依自然的共同秩序以观认事物,换言之,只要人心常为外界所决定或为偶然的机缘所决定以观认此物或彼物,而非为内在本质所决定以同时观认多数事物而察见其相同、相异和相反之处。因为只要心灵在此种或别种方式下为内在本质所决定，则心灵便能清楚明晰地观认事物，有如下面所指出那样。

命题三十　对于我们身体的绵延我们仅有很不正确的知识。

证明　我们身体的绵延（据第二部分公则一）并不依赖其本质，（据第一部分命题二十一）也不依赖神的绝对本性，而（据第一部分命题二十八）身体的存在和作用皆为一定的原因所决定，而这些原因又为别的原因在一定方式下所决定而存在并起作用，而这别的原因也又为别的原因所决定，如此递进，以至无穷。所以我们身体的绵延是依赖于自然的共同秩序和事物的客观结构。但对于事物结构的情状的正确知识存在于神内，就神具有一切事物的观念而言，非就神仅具有人体的观念而言（据第二部分命题九绎理）；所以就神之仅被认作构成人心的本质而言，便认为关于我们身体的绵延的知识在于神内，实很不正确，这就是说（据第二部分命题十一绎理），这种知识在我们心灵内是很不正确的。此证。

命题三十一　对于在我们以外的个体事物的绵延，我们仅有很不正确的知识。

证明　每一个个体事物，（据第一部分命题二十六）也如人的身体必依一定的方式为另外一个个体事物所决定而存在、而起作用，但是这一个体事物又为另一个体事物所决定，如此递进，以至无穷。而我们在前一命题里已经证明，由个体事物的这种共同特质，我们对于我们的身体仅有很不正确的知识；所以关于个体事物的绵延也可以得到同一结论，这就是说，我们对它仅有很不正确的知识。此证。

绎理　由此推知，所有个体事物都是偶然的，都是要消逝的，因为(据第二部分命题三十一)我们对于个体事物的绵延并无正确知识,而我们所理解的偶然性和可消逝性(据第一部分命题三十三附释)就是这样,(据第一部分命题二十九)此外更没有别的偶然的东西。

命题三十二　一切与神相关联的观念都是真观念。

证明　因为一切在神之内的观念(据第二部分命题七绎理)总是与它们的对象完全符合,所以(据第一部分公则六)它们都是真观念。此证。

命题三十三　在观念中没有任何积极的东西使它们成为错误的。

证明　假如否认这个命题,试想一想,一个积极的思想样式如何可能构成错误或虚妄的形式呢?这种思想的样式(据第二部分命题三十二)不能在神之内;而(据第一部分命题十五)在神之外,则这种样式既不能存在,也不能被理解。所以在观念中没有任何积极的东西使它们成为错误的。此证。

命题三十四　在我们心中,每一个绝对的或正确的、完满的观念都是真观念。

证明　所谓我们心中有一正确的、完满的观念,(据第二部分命题十一绎理)实无异于说一个正确的、完满的观念存在于神之内,就神之构成人的心灵的本质而言。因此(据第二部分命题三十二)也就无异于说这是一个真观念。此证。

命题三十五　错误是由于知识的缺陷(privation cognitionis),而不正确的、片断的和混淆的观念,必定包含知识的缺陷。

证明　观念中(据第二部分命题三十三)没有积极的成分足以

构成错误的形式。但错误不能是知识的绝对缺陷(因为我们仅说心灵犯错误或起幻觉,而不说身体犯错误或起幻觉),也不能是绝对的愚昧,因为愚昧与错误完全是两回事。所以错误是由于知识的缺陷,这种缺陷是对事物的不正确的知识,或不正确和混淆的观念所包含的。此证。

附释　在第二部分命题十七附释里,我已经解释了错误如何包含着知识的缺陷,为了充分解释起见,兹举例如下:人之被欺骗由于他们自以为他们是自由的,而唯一使他们作如是想的原因,即由于他们意识到他们自己的行为,而不知道决定这些行为的原因。所以他们对于自由的观念,其实是由于他们不知道他们自己行为的原因;至于说他们的行为出于他们的意志,这纯是些没有思想的语句。什么是意志,意志如何支配身体,差不多没有一个人知道,而那些自以为知道的人们设想灵魂有一定的位置和住所,又适足以引起别人的冷笑与厌恶。同样,当我们望着太阳,我们想象着以为太阳与我们相距约有二百呎;这错误并不纯在想象,乃起于当我们想象时,我们不知道它的真距离如何,也不知道想象的原因是什么。因为即使我们后来知道太阳与我们的距离,在地球的直径六百倍以上,我们仍然想象着太阳离我们很近,因为这并不由于我们不知道它的真距离,而仍然由于我们的身体自身为太阳所影响,而我们身体的情状即包含有太阳的本质。

命题三十六　不正确的和混淆的观念,正如正确的或清楚明晰的观念,都出于同样的必然性。

证明　一切观念(据第一部分命题十五)都在神内,而且就它们与神相关联而言,它们都是真观念(据第二部分命题三十二)和

(据第二部分命题七)正确的观念。只有就它们与某人的个体心灵相关联而言,才会有不正确的或混淆的观念(参看第二部分命题二十四和二十八)。所以(据第二部分命题六绎理)一切观念,不论正确的或不正确的,都出于同样的必然性。此证。

命题三十七　凡一切事物所共同具有的(参看补则二),且同等存在于部分内和全体内的,并不构成个体事物的本质。

证明　因为如果否认这个命题,试看是否可能,认共同的东西构成个体事物的本质,——譬如说,构成 B 的本质。于是(据第二部分界说二)没有 B 则这些共同的东西既不能存在也不能被认识。但是这与前提相违反。所以共同的东西不属于 B 的本质,也不构成任何个体事物的本质。此证。

命题三十八　只有为一切事物所共同具有的,且同等存在于部分内及全体内的东西才可正确地被认识。

证明　试假设 A 为一切物体所共同具有的,且同等存在于部分内和全体内。我以为,唯有 A 才可以正确地被认识。因为(据第二部分命题七绎理)A 的观念将必然正确地在神之内,就神具有人的身体的观念而言,兼就神具有人的身体情状的观念而言,而(据第二部分命题十六、二十五和二十七)这种情状的观念包含人的身体的性质且又部分地包含外界物体的性质,这就是说(据第二部分命题十二和十三)这种观念将必然在神内,就神之构成人的心灵而言,或就神具有在人的心灵中的观念而言。所以(据第二部分命题十一绎理)人的心灵就其认识其自身,并认识其身体和外界物体而言,必然正确地认识 A;此外没有别的方式可以认识 A。此证。

绎理 由此推知，有些观念或概念，为人人所共同具有的，因为（据补则二）一切物体有其相同之处，而此相同之处（据第二部分命题三十八）必为人人正确地，换言之，清楚明晰地知觉着。

命题三十九 对于人体和通常激动人体的外界物体所共有和所特有的，并且同等存在于部分和全体内的东西，人心中具有正确的观念。

证明 设 A 为人的身体与某种外界物体所共有且特有的东西，设 A 同等存在于人的身体内及那些外界物体内，并设 A 同等存在于每一外界物体的部分和全体。则（据第二部分命题七）A 自身的正确观念将存在于神内，就神具有人的身体的观念和就神具有某种外界物体的观念而言。假设人的身体为它和外界物体共同具有的东西所激动，换言之，为 A 所激动，则（据第二部分命题十六）这种感受或情状的观念将包含 A 的特质，所以（据第二部分命题七绎理）这个情状的观念就其包含 A 的特质而言，将正确地存在于神内，就神之作为人的身体的观念而言，这就是说（据第二部分命题十三）就神构成人的心灵的本性而言。所以（据第二部分命题十一绎理）这个情状的观念也正确地在人的心灵中。此证。

绎理 由此推知，人的身体具有与其他物体共同的东西愈多，则人的心灵能认识的事物也将愈多。

命题四十 凡是由心灵中本身正确的观念推演出来的观念也是正确的。

证明 这是很明白的。因为所谓由人的心灵中本身正确的观念推演出来的观念，（据第二部分命题十一绎理）意思就是说在神的理智中，有一个观念存在，而这个观念以神为原因，不是就神为无限而言，也不是就神之作为众多个体事物的观念而言，而只是就它构成人心的本质而言。

附释一　至此我已说明所谓"共同"概念为我们推理的基础的原因了。这些公则或"共同"概念虽有别的原因可以解释，但是如果用我们的方法去解释，必将更为适用，因为如此则我们可以确知什么概念较其余的更为有用，什么概念全无用处，什么概念是共同的，什么概念仅对于未为成见所囿的人们才是清楚明晰的，并且，最后，什么概念是根据薄弱的。此外并可明白这些叫做"第二概念"，以及这些概念所依据的公则是如何起源的，以及我从前曾经考虑过的许多别的东西。但是我既然已经划出这些问题归于我的另外一种著作*中去讨论，不欲过于冗长致惹厌烦，所以决意在这里不加论述。但是我也不想省略为我们所必须知道的事项，我将简略指出许多叫做"先验"的名词，如"存在"、"事物"，"某物"等所以起源的原因。这些名词的起源乃因人的身体，既是有限，只能够同时明晰地形成一定数目的形象（至于什么是形象我在第二部分命题十七的附释里已经说明）。如果逾越这个限度，则这些形象便会混淆起来。如果将人体所能同时明晰地形成的形象的数量，超过的太多，则所有的形象便将全体相互混同起来。既是如此，则（据第二部分命题十七绎理和命题十八）可以明白见得人体内同时所能够形成的形象数目愈多，则人心所能同时想象的物体也将愈多。因此如果身体内的形象全是混同的，则心灵将混淆地想象着

---

* 这里所谓"另外一种著作"据许多斯宾诺莎注释家如格布哈特、约阿金(Joachim)等考证，就是指他这时尚未完成而打算把它完成的关于方法论和认识论的著作"知性改进论"。——译者注

一切的物体而不能分辨彼此，且将用一个属性，如存在或事物之类，以概括全体。并且这样的混同也可起源于形象间缺乏同样的生动性，或别的类似原因，但无须在这里讨论，而只细究这一个原因就可以满足我们的目的。因为总结起来说，这些名词代表混同到了最高级的观念。所谓"共相"的概念如"人"、"马"、"犬"等也就是在这种情形下起源的。譬如说，人的身体内同时形成许多人的形象，这些形象的数目虽未完全超过想象的限度，但已到了心灵没有能力去想象人们确定数目和每个人彼此间细微的区别（如颜色、身材等）的程度，因此，心灵只能明晰地想象人们所共同的亦即身体被人们所激动的那方面。正因为身体主要地是被人们亦即不断被每一个人所激动；于是心灵便用一"人"字去表示它，并借以概括无数的个人。因为，我已经说过，要心灵想象一定数目的个人，那是不能够的。但是我们必须注意，这些概念之形成，并不是人人相同的，乃依各人身体被激动的常度，和各人的心灵想象或回忆这种情状的难易而各有不同。譬如，凡常常用赞美的态度来观察人们的身材的人，一提到"人"字，将理解为一玉立的身材，而那些习于从别的观点来观察人的人，则将形成别人的共同形象，认人为，譬如，能笑的动物，两足而无羽毛的动物或理性的动物等等。这样每个人都可以按照其自己的身体的情状而形成事物的一般形象。无怪乎一些哲学家仅仅按照事物的形象来解释自然界的事物，便引起了许多争论。

附释二　从上面所说的看来，显然我们知觉许多事物，并且形成许多普遍的观念。

第一，从通过感官片断地、混淆地和不依理智的秩序而呈现给我们的个体事物得来的观念(参看第二部分命题二十九绎理)。因此我常称这样的知觉为从泛泛经验得来的知识。

第二,从记号得来的观念;例如,当我们听得或读到某一些字,便同时回忆起与它们相应的事物,并形成与它们类似的观念,借这些观念来想象事物(参看第二部分命题十八附释)。这两种考察事物的方式,我此后将称为第一种知识、意见或想象。

第三,从对于事物的特质(propria)具有共同概念和正确观念而得来的观念(参看第二部分命题三十八绎理,命题三十九及其绎理和命题四十)。这种认识事物的方式,我将称为理性或第二种知识。

除了这两种知识以外,我将在下面指出,还有第三种知识,我将称之为直观知识(scientia intuitiva)。这种知识是由神的某一属性的形式本质的正确观念出发,进而达到对事物本质的正确知识。

关于这一切,我可以举一个例子来说明。设有三个数于此,要求出第四个数,第四个数与第三个数之比,要等于第二个数与第一个数之比。一个商人将毫不迟疑地以第二个数与第三个数相乘,并以第一个数来除其积。这或者是因为他还没有忘记他从学校教师那里听来而未经证明的公式,或者是因为他由常常计算简单数目的经验得来,或者是因为他根据欧几里得"几何学"第七章第十九命题的证明,懂得比例数的共同特性。但是要计算最简单的数目,这些方法全用不着。譬如,有1,2,3三个数于此,人人都可看出第四个比例数是6,这比任何证明还更明白,因为单凭直观,我们便可看到由第一个数与第二个数的比例,就可以推出第四个数。

命题四十一　只有第一种知识是错误的原因,第二和第三种知识必然是真知识。

证明 在上面的附释里，我们已经说过，凡是混淆的、不正确的观念，都属于第一种知识，所以（据第二部分命题三十五）只有这种知识是错误的原因。并且我又说过，凡是正确的观念，都属于第二种和第三种知识。所以，（据第二部分命题三十四）必然是真知识。

命题四十二 只是第二种和第三种知识，而不是第一种知识，才教导我们辨别真理与错误。

证明 这个命题是自明的。因为凡是知道辨别真理与错误的人，必定具有何为真理与何为错误的正确观念，换言之，（据第二部分命题四十附释二）他必定借第二种和第三种知识来认识真理与错误。

命题四十三 具有真观念的人，必同时知道他具有真观念，他决不能怀疑他所知道的东西的真理性。

证明 在我们心灵内的真观念（据第二部分命题十一绎理）就正是在神内是正确的观念，这只是就人心的本性之表现神而言。所以我们试假设就人心的本性之表现神而言，有一个正确的观念A在神之内，那么，这个观念A的观念（据第二部分命题二十，这个命题的证明是普遍适用的），必然就存在于神内，它和神的联系与它和观念A的联系方式是相同的。但是据假设，观念A和神的联系，是就人心的性质之表现神来说明的。因此观念A的观念也必定以同样的方式与神相联系。这就是说（据第二部分命题十一绎理），观念A的正确观念也将存在于具有正确观念A的心灵自身之内。所以凡具有正确观念的人，换言之，（据第二部分命题三十四）凡真正认识一个事物的人，必同时具有关于它的知识的正确观念或真实知识，这就是说(这是明白的)他必定同时确知他所知道的东西的真理性。此证。

附释 在第二部分命题二十一的附释里，我已经说明什么是观念的观念，但须知前命题是充分自明的。因为凡具有真观念的人无不知道真观念包含最高的确定性。因为具有真观念并没有别的意思，即是最完满、最确定地认识一个对象。其实并没有人会怀疑这点，除非他认为观念乃是呆笨的东西，有如壁上的一张图画，而不是思想的一个形态或理智的自身。现在试问：一个人如果不首先了解一个东西，谁能知道他确定知道那个东西？并且除了真观念外，还有什么更明白更确定的东西足以作真理的标准呢？正如光明之显示其自身并显示黑暗，所以真理即是真理自身的标准，又是错误的标准。说到这里，我相信已经充分答复了下面的疑问，这疑问大略如下：如果真观念与错误观念的区别仅在于真观念与它的对象相符合，像前面所说那样，如此，则真观念岂非并没有高出于错误观念之上的真实性或圆满性吗(因为两者间的区别既仅系于外在的标志)？而且因此那些具有真观念的人岂不是将没有较高于仅具有错误观念的人的实在性或圆满性吗？再则，为什么人会有错误的观念呢？并且一个人何以能确知他具有与对象相符合的观念呢？凡此种种问题，我已说过，我相信我已经回答了。因为说到真观念与错误观念的区别，据第二部分命题三十五看来，已很明白，即前者与后者的关系有如存在与不存在的关系。至于错误的起源，我已于命题十九到三十五及命题三十五附释里很明白地指出了。因此具有真观念的人与仅具有错误观念的人的区别也随之明白了。至于对最后所提出的一点，即一个人何以能够确知他具有与对象相符合的观念的问题，我也已经屡次说过了，即是：他知道他的观念符合它的对象，即因为他具有一个与对象相符合的观念，或因为真理即是真理自身的标准。此外还可以附加一句，我们的心灵，就其能真知事物而言，（据第二部分命题十一绎理）乃是神的无限理智的一部分；因此，心灵中清楚明晰的观念与神的观念有同等的真实。

命题四十四　理性的本性不在于认为事物是偶然的，而在于认为事物是必然的。

证明　理性的本性（据第二部分命题四十一）在于真正地认知事物或（据第一部分公则六）在于认知事物自身，换言之（据第一部分命题二十九）不在于认事物为偶然的，而在于认事物为必然的。此证。

绎理一　由此推知，无论就过去或未来说来，只有凭借想象的力量，我们才把事物认为是偶然的。

附释　至于此事如何发生，我将用很少几句话来解释。我们在上面（第二部分命题十七及其绎理）已经指出，倘使没有使事物不存在的原因发生，则我们的心灵将总是想象事物存在于眼前，纵使这些事物并不存在。又我们也曾经指出（第二部分命题十八），假如人的身体曾经一度同时为两个外界物体所激动，则当人的心灵后来随时想象着其中之一时，也将立即回忆起另一物体；这就是说，心灵将认两个物体并呈于其前，除非有原因发生以阻止事物的先前存在。此外更无人怀疑，我们想象时间乃因为我们想象一些物体在运动，其速度或小于、或大于或相等于别的物体运动的速度。现在试假设一个儿童昨天第一次在清晨看见彼得，正午时，看见保罗，晚间看见西门，而今天早晨又看见彼得。从第二部分命题十八看来，很明显地，当他一看见早晨的阳光，他将想象着太阳在天空中经过的地方与前一天相同；这就是说，他将想象全天，同时彼得在他的想象中与早晨联合，保罗与正午联合，西门与晚间联合。所以当早晨时，他将想象保罗与西门的存在与将来联系；反之，当他晚间看见西门时，则他将以彼得与保罗和过去联合，而想象他们与过去联系。此种想象的联合将愈益坚固，如果他依同一次序看见这三人的次数愈多。但是假如一次偶然有所变动，在另一晚间，他没有看见西门，而看见伊代，及次日早晨当他想着晚间时，他将一时想象到西门，一时又想象到伊代，但不会两人同时想起。因为据假设，他在晚间总是看见二人中之一人，而不是同时看见两人在一起。所以他的想象便将犹移不定，当他想着将来一个晚间，时而他会想到这人，时而又会想到那人。换言之，他对两人皆不能认为确定，而认为两人在将来都是偶然的。这种想象的犹移，将不断地侵入，只要我们用想象去考察事物，将事物纳于过去或将来的关系中来考察。因此，从过去、现在或将来的关系以考察事物，则我们将想象事物是偶然的。

绎理二　理性的本性在于在某种永恒的形式下来考察事物。

证明　理性的本性（据第二部分命题四十四）在于认为事物是必然的，不在于认为事物是偶然的。并且理性对事物的这种必然性（据第二部分命题四十一）具有真知识，或者能够认知事物的自身（据第一部分公则六）。但事物的这种必然性（据第一部分命题十六）乃是神的永恒本性自身的必然性。所以理性的本性在于在这种永恒的形式下来考察事物。并且，理性的基础是（据第二部分命题三十八)表示事物的共同特质的概念,而这些概念(据第二部分命题三十七)并不表示个体事物的本质,因此必须不要从时间的关系去认识,而要在某种永恒的形式下去认识事物。此证。

命题四十五　一个物体或一个现实存在的个体事物的观念必须包含神的永恒无限的本质。

证明　一个现实存在的个体事物的观念(据第二部分命题八绎理)必然包含这个事物的本质和存在。但是(据第一部分命题十五)个别事物没有神就不能被认识,而且(据第二部分命题六)既然个体事物以神为原因,就神之借个体事物作为样式所隶属的属性看来而言,故个体事物的观念(据第一部分公则四)必然包含该属性的概念,换言之(据第一部分界说六)必然包含神的永恒无限的本质。此证。

附释　这里所谓存在并不是指绵延而言,换言之,并不是指从抽象眼光看来或当做某种的量看来的存在而言,而乃指个体事物所固有的存在性质本身而言,因为神的本性之永恒必然性为无限多事物在无限多的方式下所自出(参看第一部分命题十六)。我说我是指个体事物的存在本身只在神以内而言,因为虽然每一个体事物在某种方式下为另一个体事物所决定而存在,但是每一事物借以保持其存在的力量是从神的本性之永恒必然性而出(参看第一部分命题二十四绎理)。

命题四十六　对于每一个观念所包含的神的永恒无限的本质的知识是正确的和完满的。

证明　前一个命题的证明是普遍适用的,并且不论一物被认作部分或全体,这物的观念,不论是部分的或全体的(据前命题),

将必定包含神的永恒无限的本质。因此那能够给我们以神的永恒无限的本质的知识的东西，是万物所共同具有并且同等地在部分或全体之中。所以（据第二部分命题三十八）这种知识必然是正确和完满的。此证。

命题四十七　人的心灵具有神的永恒无限的本质的正确知识。

证明　人的心灵（据第二部分命题二十二）具有观念，借这些观念以认知它自身（据第二部分命题二十三）和它的身体（据第二部分命题十九），以及外界物体（据第二部分命题十六绎理一和命题十七），当做现实的存在。所以（据第二部分命题四十五和四十六）人的心灵具有神的永恒无限的本质的正确知识。此证。

附释　由此可见，神的无限的本质及其永恒性乃是人人所共知的。而且万物既在神内并通过神而被认识，由此可见，我们可以从关于神的知识推论出许多正确的知识，因而形成第二部分命题四十附释里所提到的第三种知识，关于这种知识的价值与效用，将于本书第五部分中讨论。至于我们对于神的知识所以没有像我们所有的共同概念那样明晰，是因为我们不能想象神，像我们想象物体一般，又因为我们附会许多我们习于看见的事物的形象于神的名词上面；这种错误，因为我们的身体既不断地为外界物体所激动，实难于避免。其实，大多数的错误都由于没有将名词正确地应用于事物上。因为假如有人说由圆形的中心到周围所画的直线不是相等的，则他所了解的圆形，至少在当时，与数学家所了解的圆形是另一回事。同样，当人们计算时有了错误，则他们心中的数目必定不是他们写在纸上的数目。因此单就他们的心灵看来，他们其实没有错误，虽然他们好像是算错了，这是因为我们以为他们心中的数目就是纸上所写的数目。如果我们不这样揣想，我们便不会相信他们错误，就好像当我们最近听见一个人大叫他的庭院飞在他的邻居的母鸡身上时，我决不会相信他错误，因为我们充分明了他的真正意思。这就是许多争论所以起源的原因，即不是由于人们没有将他们的思想表达清楚，便是由于对别人的思想有了错误的了解。因为当他们彼此辩争得最剧烈时，究其实，不是他们的思想完全相同，就是他们的思想自始即互不相干，没有争辩的必要，所以他们认为是别人错误而且不通的地方，其实并不是如此。

命题四十八　在心灵中没有绝对的或自由的意志，而心灵之有这个意愿或那个意愿乃是被一个原因所决定，而这个原因又为另一原因所决定，而这个原因又同样为别的原因所决定，如此递进，以至无穷。

证明　心灵（据第二部分命题十一）是思想的某种一定的样式，所以（据第一部分命题十七绎理二）心灵不能是自己的行为的自由因，换言之，心灵没有绝对能力以志愿这样或志愿那样，但是（据第一部分命题二十八）必定为一个原因所决定以有这个意愿，而这一原因又为另一原因所决定，而这个原因又同样为别的原因所决定，如此递进，以至无穷。此证。

附释　用同样的方式可以证明心灵中没有认识、欲求、爱好等等的绝对能力。因此这些能力和类似这些的能力，如其不是纯粹虚构的东西，便是我们所习惯于从个别事物所形成的一些玄学的或一般的东西。因此理智和意志与这个观念和那个观念或这个意愿和那个意愿的关系，就好像石的性质与这块石头或那块石头，又好像人与彼得和保罗的关系一样。至于人何以会想象自己是自由的，其原因我已经在第一部分的附录里说明了。但是在我进行讨论别的以前，我必须附带说明，我认为意志是一种肯定或否定的能力，而不是欲望；我说，意志，是一种能力，一种心灵借以肯定或否定什么是真、什么是错误的能力，而不是心灵借以追求一物或避免一物的欲望。现在我们既然已经证明这些能力是些普遍的概念，与我们由之形成这些普遍概念的个体事物并不能分开，则我们就必须探究这些个别意愿的本身是否是事物的观念以外的别的东西。我说，我们必须探究在心灵内，除了作为观念的观念所包含的以外，是否尚有别的肯定或否定。关于这一点，请参看下一命题及第二部分界说三，便不至于形成图画式的思想，因为，我们谓观念并非指眼睛底里或脑髓中间的形象，而是指思想的概念。

命题四十九　在心灵中除了观念作为观念所包含的意愿或肯定否定以外，没有意愿或肯定与否定。

证明　心灵中(据前命题)没有志愿这样或不志愿那样的绝对能力，只有个别的意愿，即这个肯定和那个肯定，这个否定和那个否定。让我们试设想一个个别意愿，亦即思想的一个样式，借此意愿或思想的样式，心灵肯定三角形三内角之和等于两直角。则这一个肯定包含三角形的观念或概念，换言之，没有三角形的概念，则方才所肯定的便不能被设想。因为，说 A 必定包含 B 的概念，与说没有 B 则 A 不能被设想，完全是相同的说法。并且，如果没有三角形的观念，(据第二部分公则三)这一个肯定就不能存在，因此，没有三角形的观念，则这一个肯定既不能存在也不能被设想。再则，三角形的观念必定包含这一个肯定，即三内角之和等于两直角。所以,反过来说,三角形的观念没有这一肯定也不能存在或被设想。所以(据第二部分界说二)这一肯定属于三角形的观念的本质,除此以外,并没有别的。我们所说关于这个意愿的一切(因为我们是任意举出的例证),都可适用于所有别的意愿,换言之,除观念以外,没有意愿。此证。

绎理 意志与理智是同一的。

证明 意志与理智(据第二部分命题四十八及其附释)不是别的,只是个别的意愿与观念自身。但个别的意愿与观念(据第二部分命题四十九)是同一的,所以意志与理智是同一的。此证。

附释 以上我已经解除普通所认为错误的原因了。并且已经在上面证明了错误仅在于片断的和混淆的观念所包含的缺陷。所以就错误的观念作为错误的观念而言并不包含确定性。因此,当我们说,一个人自安于错误的观念,不加怀疑,我们并没有说他是确定的,但只是说他不怀疑,这就是说,他自安于错误,因为没有充分的原因足以使他的想象动摇。请参看第二部分命题四十四的附释。所以即使一个人坚持错误的观念,我们也决不因此便称他很确定。因为所谓确定性是指某种肯定的东西(参看第二部分命题四十三及其附释),而不只是疑惑的缺乏,反之,所谓缺乏确定性就是错误的意思。

现在为了使前一命题透彻明白,还需补充几句话。此外,关于反对我的学说的论点,必须予以答复;最后为解除对于我的学说的疑惑,我认为有指出此说的一些效用之必要。我说一些效用,因为主要的效用须俟第五部分才更可明了。

兹试从第一点开始,并且我首先要劝告读者,必须仔细注意心灵的观念或概念与由想象形成的事物的形象二者之区别。其次并须注意观念与用来表示观念的名词间之区别。因为即由于许多人对于形象、名词和观念三者，不是完全混淆起来，便是没有充分正确地或充分严密地加以区别，所以他们对于这里所提出的关于意志的学说才会茫然不知，而对于此说的了解，实为哲学的思辨和智慧的生活指导所必不可少。但是所有那些人们认为观念是形象所构成，形象是起于身体与外界物体的接触，大都相信某些东西的观念，如果我们对它们不能形成相似的形象，便不是观念，而只是任意虚构的幻象。因此他们将观念认作壁上死板的图片，而且他们既为这种先入的成见所占据，便不能见到观念之为观念本身即包含肯定与否定。而且凡是那些人们将名词与观念或将名词与观念本身所包含的肯定混淆起来的，大都相信他们能够欲求一些与他们的感觉相反的东西，只要他们能够仅仅在名词上肯定或否定与他们的感觉相反的东西就行了。但是这种成见实很容易扫除，只须注意思想的性质并不丝毫包含形体的概念就够了；这样并可以明白见到观念既是思想的一个样式，决不是任何事物的形象，也不是名词所构成。因为名词和形象的本质乃纯是身体的运动所构成，而身体的运动又绝不包含思想的概念。

以上是促读者注意区别观念、形象、名词三项的一番话，现在姑止于此。现在进一步讨论上面已经提及的反对我的意志说的议论。

第一个反对的理由，即因他们信以为确定无疑：意志的范围较广于理智，因之，意志不同于理智。至于他们所以相信意志的范围较广于理智的根据，即因为，他们说，据经验昭示，我们不需要发现已经具有的更大的承认或肯定和否定的能力以承认我们此时所毫无知觉的无限多的事物,但是我们却不能不需要一个较大的认识能力,以认识我们此时所毫无知觉的无限多事物。因此意志有别于理智,前者是无限的,而后者则是有限的。

第二个可以反对我们的理由,即在于从经验的教训看来,好像最明显不过的是我们可以保留我们的判断,对于所认知的事物可以不作肯定。而且这种说法更可得到强有力的赞助,因为没有人可以说是因知觉一物而被欺骗,却只有因他肯定一物而受欺骗。譬如,一个人想象着一匹有翼的马,但是他并不因此即肯定此有翼之马的存在,换言之,除非他同时承认有翼之马的存在,他并不能说是受了欺骗。所以从经验的教训看来,好像没有较意志或承认的能力是自由的、且与理智的能力有区别的这个事实更为明白无疑了。

第三个可以反对我们的理由,即基于他们认为此一肯定所包含的实在性好像并不较另一肯定为多,这就是说,肯定一真事物为真比较肯定一伪事物为真好像并不需要更大的力量。反之,我们确切见到一个观念可以比另一个观念包含较多的实在性,因为如果一物较他物更有价值,则依同一的比例,该物的观念也较他物的观念为更完满。由此看来,意志与理智间显然大有区别。

可以反对我们的第四个理由是这样:如果人的行为不是出于自由的意志,当他到了一种均衡状态,像布里丹的驴子*那样时,

---

* "布里丹的驴子"(Buridani asina)——布里丹(Johannes Buridan)是西欧十四世纪的唯名论经院哲学家。他曾任巴黎大学校长,且是维也纳大学的两个创办人之一。他于论证意志自由时曾举了驴子作例。他说,假如一个驴子处在同距离的两束青草之间,或处在同距离的食物与饮料之间,而它的饥与渴皆同样强烈。如果这驴子没有自由意志作抉择,老是作不出决定,岂不会饿死?这就是根据均衡状态来论证意志的自由。——译者注

他将怎样办呢？他不会饥饿而死吗？假如这样，我们岂不将他认作泥塑的人或驴子吗？倘若否认此点，那么我们不能承认他能够自决，具有去所要去的地方、作所要作的事情的能力。

除此以外，也许还有别的反对意见，但我并无义务将任何人的梦想一一论列，我仅欲将上面所提及的论点，尽量作短简的答复。

为回答第一个反对的论点，我承认意志的范围较理智为广，如果理智仅仅指清楚明晰的观念而言；但我不承认意志的范围伸展得较知觉或构成概念的能力更广，并且我实在看不出何以意志的能力较感觉的能力更应该说是无限的；因为借同一意志的能力我们可以肯定无限多的事物（但必须一一依次肯定，因为我们不能同时肯定无限多的事物），同样，借同一感觉的能力，我们可以感觉或知觉（一一依次，无限多的物体）。假如有人说，有无限多的事物非我们所能认识，我答道：凡是我们的思想所不能达到的东西，也就是我们的意志所不能达到的东西。但他们又说道：假如上帝要使我们认识这些事物，那么，他必须赐予我们一个较他所已赐予我们的更大的认识能力，但无须赐予我们一个较大的意志能力；这无异于说，假如上帝要使我们认识无限多的其他存在，他必须赐给我们一个比他所已赐给的较大的理智，但无须赐给我们一个存在的较普遍观念，以把握这无限多的存在。因为我们已经指出，意志是一个普遍的东西或观念，可以通过意志来解释一切个别意愿，换言之，意志乃是一切个别意愿所共同的东西。因此，无怪乎那些相信一切意愿之共同的或普遍的观念是一种能力的人，要说意志的范围无限度地超过理智的范围。因为，普遍性是同等地适用于一个、多个或无限多的个体。

对于第二个反驳的答复，我否认我们具有保留判断的自由力量。因为当我们说，某人保留他的判断，我们仅不过说，他知道，他对于那个对象还没有正确的认识。所以判断的保留其实仍然是一种知觉，而不是自由意志。为了使得这点明白了解起见，我们试设想：有一个儿童，想象着一匹有翼的马，此外他毫无所知觉。这一想象(据第二部分命题十七绎理)既包含马的存在，而这个儿童又没有看见别的东西，足以否定马的存在，因此他将必然认为此马，即在目前，而不能怀疑其存在，即使他对于马的存在，并不确定。这是我们天天在梦中常有的经验，我不相信，有人会觉得在梦中他有自由能力以保留他对于梦中事物的判断，或有自由能力以阻止他自己不梦见他在梦中所见着的东西。但在梦中，我们虽也有保留判断之事，只因为我们梦着我们在做梦。我并且还承认没有人因知觉而会受欺骗，换言之，我承认心中的形象就其本身而论并不包含错误(参看第二部分命题十七附释)。但是我否认一个人既有所知觉，而会毫无所肯定。因为，所谓看见一个有翼的马，除了肯定一个马是有翼的之外，还有什么别的呢？因为，如果心灵除了这个有翼的马而外，没有看见别的东西，则它将认为这马即在面前，而不会有别的理由来怀疑其存在，也没有任何力量足以拒绝承认这个有翼的马，除非有翼的马的形象与另外足以否定其存在的观念相联合，或心灵自己认识到它所具有的有翼的马的观念是不正确的。这样，心灵必然会否认或者必然会怀疑这个有翼马的存在。

以上所说我相信也已经充分答复了第三条反对的论点，总结我的意思，意志是一个普遍性的东西，它是一切观念所共有的，并且意志仅表示一切观念之共同点，即是肯定。因此肯定的正确本质，抽象地看来，必定在每一观念之中，即只有在这个意义下，肯定才是同样地在一切观念之中，但非就肯定之被认作构成观念的本质而言，因为个别肯定之互不相同，一如个别观念之互不相同。例如，圆形的观念所包含的肯定不同于三角形的观念所包含的肯定，正如圆的观念是不同于三角形的观念。此外我并且绝对否定我们肯定真实事物为真与肯定虚幻事物为真需要同等强大的思想力量。因为这两种肯定相互间的关系，就其意义看来，实有如存在之与不存在，因为观念中没有肯定的东西足以构成错误的形式（参看第二部分命题三十五及其附释和第二部分命题四十七附释）。因此特别要注意，当我们将普遍与个别、将理性的存在或抽象存在与真实存在混淆起来时，我们是如何容易受骗啊。

至于说到第四条反对的论点，我宣称我完全承认，如果一个人处在那种均衡的状态，并假定他除饥渴外别无知觉，且假定食物和饮料也和他有同样远的距离，则他必会死于饥渴。假如你问我像这样的人究应认为是驴子呢还是认作人？那我只能说，我不知道；同时我也不知道，究竟那悬梁自尽的是否应认为是人，或究竟小孩、愚人、疯人等是否应该认为是人。

现在剩下来必须指出的，就是这一学说的知识对于我们的生活有何效用。这一点我们可以很容易从下面的讨论里看出来：

第一，这种学说的效用在于教导我们，我们的一切行为唯以神的意志为依归，我们愈益知神，我们的行为愈益完善，那么我们参与神性也愈多。所以这个学说不仅足以使心灵随处恬静，且足以指示我们至善或最高幸福唯在于知神，且唯有知神方足以引导我们一切行为都以仁爱和真诚为准。由此可以明白看见，那些希望上帝对于他们的道德、善行，以及艰苦服役，有所表彰与酬劳的人，其去道德的真正价值未免太远，他们好像认为道德和忠诚事神本身并不是至乐和最高自由似的。

第二，这种学说的效用在于教导我们如何应付命运中的事情，或者不在我们力量以内的事情，换言之，即不出于我们本性中的事情。因为这个学说教导我们对于命运中的幸与不幸皆持同样的心情去镇静地对待和忍受。因为我们知道一切事物都依必然的法则出于神之永恒的命令，正如三角之和等于两直角之和必然出于三角形的本质。

第三，这个学说对于我们的社会生活也不无裨益，因为他教人勿怨憎人、勿轻蔑人，勿嘲笑人、勿忿怒人、勿嫉视人。并且这个学说教人各个满足自己，扶助他人，但是又非出于妇人之仁，偏私迷信，而是独依理性的指导，按时势和环境的需要，如我将在第三部分中所要指出的那样。

第四，这个学说对于政治的公共生活也不无小补，因为它足以教导我们依什么方式来治理并指导公民，庶可使人民不为奴隶，而能自由自愿地做最善之事。

至此我已完成打算在这篇附释里讨论的事项，所以第二部分到了这里，也告结束。我相信，就问题的困难看来，我已经算得充分详细地解释明白人的心灵的本性及其特质了。我并且相信我已经提出了一些根本的见解，许多高尚、有用、且必须知道的道理，都可自此推绎而出。试从下面所讨论的看来，就可部分地明白。

第三部分　论情感的起源和性质

序　言

大部分写文章谈论人类的情感和生活方式的人，好像不是在讨论遵守自然界的共同规律的自然事物，而是在讨论超出自然以外的事物似的。他们似乎简直把在自然界中的人认作王国中之王国。因为他们相信：人是破坏自然秩序而不是遵守自然秩序的，是有绝对力量来控制自己的行为的，并且是完全自决而不受外物决定的。于是他们便不把人所以软弱无力和变化无常的原因归结于自然的共同力量，而归结于人性中某种缺陷，对于此种缺陷他们表示悲哀、嘲笑、蔑视，通常甚或加以诅咒。而且谁能够最雄辩地或最犀利地指责人心的弱点，他便被尊为神圣。诚然，有不少著名的人物（对于他们的劳动和业绩我们甚为感激），曾经写了许多优秀的东西来讨论正当的生活方式，并给予人们不少具有充分智慧的箴言，但是就我所知，还没有人曾经规定了人的情感的性质和力量，以及人心如何可以克制情感。诚然，我深知道，那鼎鼎大名的笛卡尔，虽然他也以为人心有绝对力量来控制自己的行为，但是他却曾经设法从人的情感的第一原因去解释人的情感，并且同时指出人心能够获得绝对力量来控制情感的途径。不过至少据我看来，他这些做法，除了表示他的伟大的机智外，并不足以表示别的，这一点我将在适当的地方加以说明。我现在打算回到那些只是一味嘲笑或诅咒而不求理解人的情感和行为的人。从他们这些人看来，像我这样努力用几何方法来研究人们的缺陷和愚昧，并且想要用理性的方式以证明他们所指斥为违反理性、虚幻、荒谬、妄诞的事物，无疑地是最使他们惊异不过的了。但是我的理由是这样的：在自然界中，没有任何东西可以说是起于自然的缺陷，因为自然是永远和到处同一的；自然的力量和作用，亦即万物按照它们而取得存在，并从一些形态变化到另一些形态的自然的规律和法则，也是永远和到处同一的。因此也应该运用同一的方法去理解一切事物的性质，这就是说，应该运用普遍的自然规律和法则去理解一切事物的性质。因此，仇恨、忿怒、嫉妒等情感就其本身看来，正如其他个体事物一样，皆出于自然的同一的必然性和力量。所以它们也有一定的原因，通过这些原因可以了解它们，它们也有一定的特性，值得我们加以认识，正如我考察任何别的事物的特性一样，在单独地考察它们时可以使我们得到快乐。所以，我将采取我在前面两部分中考察神和心灵的同样的方法来考察情感的性质和力量，以及人心征服情感的力量；并且我将要考察人类的行为和欲望，如同我考察线、面和体积一样。

界　说

（一）通过原因可以清楚明晰认知其结果，则这个原因便称为正确原因，反之，仅仅通过原因不能理解其结果，则这个原因便称为不正确的或部分的原因。

（二）当我们内部或外部有什么事情发生，而我们就是这事的正确原因，这样我们便称为主动，这就是说，所谓主动就是当我们内部或外部有什么事情发生，其发生乃出于我们的本性，单是通过我们的本性，对这事便可得到清楚明晰的理解。反之，假如有什么事情在我们内部发生，或者说，有什么事情出于我们的本性，而我们只是这事的部分的原因，这样我们便称为被动。

（三）我把情感理解为身体的感触，这些感触使身体活动的力量增进或减退，顺畅或阻碍，而这些情感或感触的观念同时亦随之增进或减退，顺畅或阻碍。

所以无论对这些感触中的任何一个感触，如果我们能为它的正确原因，那么我便认为它是一个主动的情感，反之，便是一个被动的情感。

公　　设

（一）人的身体可以在某些情状下被激动而增进或减退其活动的力量，而在别的情状下，亦可使其活动的力量不增多也不减少。

这一个公设或公则是根据第二部分命题十三后的公设一补则五与七。

（二）人的身体能够经历许多的变化，但它却仍然能够保持对于客体的印象或迹象（参看第二部分公设五），因此它仍然能够保持对于事物的同样的意象（关于意象的界说请参看第二部分命题十七附释)。

命题一　我们的心灵有时主动,但有时也被动;只要具有正确的观念,它必然主动,只要具有不正确的观念,它必然被动。

证明　在每个人的心灵中,有些观念是正确的,也有些观念是歪曲的、混淆的(据第二部分命题四十附释)。但凡是在任何心灵中是正确的观念,在神中也是正确的,因为神构成这个心灵的本质(据第二部分命题十一绎理);不过在人的心灵中不正确的观念,在神中却仍然是正确的(据同一绎理),因为神在自身中不仅仅包含这一个心灵的本质,而且同时也包含着别的事物的观念*。再则,从任何一个观念,必然有某种结果随之而出(据第一部分命题三十六),而神便是这个结果的正确原因(参看第三部分界说一),并不是因为神是无限的,而是因为神被认为构成该观念的东西(参看第二部分命题九)。但神既是这个结果的原因,因为神构成任何人心中的正确观念,而心灵乃是结果的正确的原因(据第二部分命题十一绎理),因此,我们的心灵(据第二部分界说二),只要具有正确的观念,就必然是主动的。这是须得证明的第一点。再则,凡是必然由神之内的正确观念而出的东西,因为神在自身中不仅包含着一个人的心灵,而且神除此以外更包含着别的事物的观念*,则这个人的心灵(据第二部分命题十一绎理)便不是该物的正确原因,而仅是部分的原因。因此(据第二部分界说二)只要心灵具有不正确的观念,就必然是被动的。这是须得证明的第二点。故我们的心

---

* 这里的"观念"二字,拉丁文本及格布哈特德文译本皆作"心灵",显然有错误,兹根据怀特的英文译本改为"观念"。——译者注

灵有时主动，但有时也被动……等等。此证。

绎理　由此推知，心灵具有不正确的观念愈多，则它便愈受情欲的支配，反之，心灵具有正确的观念愈多，则它便愈能自主。

命题二　身体不能决定心灵，使它思想，心灵也不能决定身体，使它动或静，更不能决定它使它成为任何别的东西，如果有任何别的东西的话。

证明　一切思想的样式(据第二部分命题六)皆以神为原因，这因为神是一个能思想的东西，而不是因为神表现为某种别的属性。所以凡是决定心灵使其思想的，必是一个思想的样式，而不是广延的样式，换言之，(据第二部分界说一)即不是身体。这是须得证明的第一点。又身体的动与静必起于另一个物体，而这一物体的动与静又为另一个物体所决定，并且，一般的讲来，(据第二部分命题六)任何发生在身体方面的，必定起源于神，只就神被认为是构成某种广延的样式的东西，而不是构成某种思想的样式的东西而言，这就是说，凡发生在身体方面的，必不能起源于心灵，而心灵(据第二部分命题十一)乃是思想的一个样式。这是须得证明的第二点。故身体不能决定心灵使其思想，心灵也不能决定身体使其动或静。此证。

附释　从第二部分命题七附释中所说看来，这个命题的意思就可更为明了，即心与身乃是同一的东西，不过有时借思想的属性、有时借广延的属性去理解罢了。不论我们借这个属性或那个属性去认识自然，事物的次序与联系却只是一个，因此我们身体的主动或被动的次序就性质而论，与心灵的主动或被动的次序是同时发生的。这点从我们证明第二部分命题十二的方式看来，也很明白。但是,事实虽然是这样,绝无怀疑的余地,但我却仍很难相信,如果没有一个基于经验的证明,人们便可对于这种说法给以冷静的评价;他们是那样地坚决相信,身体的或动或静,可以完全唯心灵之命令是听,并且相信身体的许多动作只是依赖心灵的意志和思想的力量。其实,身体究竟能做什么事,以前还没有人曾经规定过,这就是说,以前没有人曾经根据经验告诉我们,身体只就它是基于自然的规律而言,而且只就自然之被认作有广延的东西而言,不为心灵所决定,它能做什么事,或不能做什么事,因为没有人能够确切了解身体的结构,可以说明身体的一切功能。暂且不提在没有理性的禽兽那里可以观察到许多远超出人类智能的东西,和那些梦游者可以在睡梦之中做出许多为他们清醒时所不敢做的事情来。这些事实都足以表明身体自身单是按照它自身性质的规律,即可以做出许多事情来,对于这些事情那身体自己的心灵会感到惊讶的。并且又没有人知道用什么方法或采取什么方式,心灵可以使身体动作,或者心灵可以传达多少度的运动于身体,又或者心灵能使身体运动的速度如何。由此可见,如果有人说身体的这一行动或那一行动起源于心灵对肉体的支配,那么,他们就不知道他们所说的是什么,他们的这种说法实无异于用虚夸的话自己承认他们对于这种行为的原因毫无所知,而又对这毫不感到惊异。

但是他们会说道:不管他们知道或不知道心灵用什么方法可以使身体运动,但无论如何,据他们的经验,如果心灵不能思想,则身体便不能运动。并且他们还会说,据他们的经验,只有心灵才有说话、静默或做别的事情的力量,因此他们以为一切行为皆听从心灵的命令。

但就第一点而言，我要问他们，难道经验不是同样昭示我们：正与此相反，当身体静止时，心灵亦随之不能思想？因为只要身体处在沉睡状态，心灵即随之陷于沉睡状态，也就没有能力像清醒时那样地思想。并且我相信，人人都可凭经验知道，心灵并不能永远同等地思想同一对象，而是按照身体能够或多或少地感受到为外物所激起的这一意象或那一意象，因而决定心灵也能够或多或少地考察这一对象或那一对象。但是他们也许会说，仅从自然规律，并且仅就自然是有广延的事物而言，决不能推出建筑、图画或类此事物的原因，因为这些事物乃纯是人为的艺术，而人的身体除了为心灵所决定、所指导外，并不能建筑任何寺院。但我已经指出，他们不知道身体能做什么事，亦不知道仅从考察身体的性质上，可以推出些什么东西来，而且他们依据经验知道许多只是按照自然规律而发生的事物，他们亦以为除了受心灵的指导外，决不可能发生；例如梦游者在沉睡中所做的事，当他自己醒来时也会感到惊讶。到了这里，我还可补充说一句，人的身体的结构本身，就艺术性而言，实远超过人类的技巧所能创造的任何东西，姑且不提我所已经证明过的，无限多的事物，无论我们从哪一属性去观察，都是出于自然的。

再就第二点而论，如果人具有同等的自主力量，要说话就说话，要沉默就沉默，那么一切人事都可以顺遂进行得多了。同时经验已经十分充足地昭示我们，人类最无力控制的莫过于他们的舌头，而最不能够做到的，莫过于节制他们的欲望。因此许多人相信，我们只有做不费气力追求的事情才可感到自由；因为对于这种事情的欲望，由于有常常想起的对另一事物的回忆而容易消减。

反之,我们用热情去追求那些为另一事物的回忆所不能转移的事物,那么我们就不可能感到自由了。但是假如不是因为我们看见,我们有时做了许多事,而后来追悔,或当我们有时为矛盾的情欲所刺激,我们知道什么是善的,而实行什么是恶的,那么,就没有什么东西可以阻止我们相信一切行为都是自由的。这样,那投入母亲怀中的婴儿,亦自信这是出于自由意志,那忿怒的幼童亦相信他想要报仇也是由于自由意志。怯懦的人自以为依照自由意志而开小差,酒醉的人亦相信出于他的心灵的自由命令,他说出些他清醒时所不愿说的话。这样看来,疯人、空谈家、儿童以及其他类此的人,都相信他们的说话是出于心灵的自由命令,而其实是因为他们没有力量去控制他们想说话的冲动。

所以经验也像理性一样明白教导我们,人们相信他们自由,只是因为他们自己意识着自己的行为,而毫不知道决定他们行为的原因。经验又教导我们,心灵的命令不是别的,而是欲望本身,而欲望亦随身体情况之不同而不同。因为每一个人所做的事,都是基于他的情感。凡为相反的情感所激动的人,不知道他们所需要的是什么,而凡不为任何情感所激动的人,每遇着一件小事,都易陷于没有主见,左右摇摆。这一切都足以明白指出,心灵的命令、欲望和身体的决定,在性质上,是同时发生的,或者也可以说是同一的东西,当我们用思想的属性去观察,并且用思想的属性去说明时,便称为命令;当我们用广延的属性去观察,并且从动静的规律去推究时,便称为决定。这点往后还可更为明了,但这里我只想指出一点促使大家注意:即我们不能凭借心灵的命令做任何事情,如果我们对它没有记忆。譬如,如果不能记忆一句话,我们就不能说出那句话，但是能否记忆或忘记一件东西却不在心灵的力量之内。因此有人相信心灵的力量只限于记忆范围内，只有对于我们能够记忆的东西，我们才能凭借心灵的命令说话或不说话。但是，当我们梦着我们在说话时，我们相信我们的说话是出于心灵的自由命令。但实际上，我们却并未说话，即或在梦中说话，这种说话也是身体不依赖于意志的运动的结果。又如，我们梦着我们在隐藏什么东西，而且以为这种行为是出于心灵的命令，正如当我们在清醒时，我们有意不告诉别人我们所知道的事情那样。我们又梦着我们按照心灵的命令做了一些我们在清醒时所不敢做的事。因此，我很愿意知道，心灵中是否有两种命令，一种是虚幻的命令，一种是自由的命令。如果两种命令的说法是很不通的，那么我必须承认我们所信以为自由的心灵的命令与我们的想象或记忆并没有区别，除了作为观念的观念所必定包含的肯定以外，并不是别的东西（参看第二部分命题四十九）。所以心灵的命令之起于心中与现实存在着的事物的观念之发生具有同样的必然性。由此可见，凡相信他们说话、不说话或做别的事情皆出于心灵的自由命令的人，实无异于白日做梦。

命题三　心灵的主动只是起于正确的观念，而心灵的被动则只是基于不正确的观念。

证明　最初构成人心的本质的成分不是别的，（据第二部分命题十一及十三）只是一个现实存在着的身体的观念。这个观念（据第二部分命题十五）由许多别的观念所组成，而这些别的观念（据第二部分命题三十八绎理，及第二部分命题三十九绎理）有的是正确的，有的是不正确的。故任何事物凡以心灵为最近因，并从心灵的性质必然而出的，以及必须凭借心灵方能被理解的，那必然是出于一个正确的观念或一个不正确的观念。但是只要心灵具有不正确的观念(据第三部分命题一)，则心灵必然被动。故心灵的主动只是出于正确的观念，而唯有当心灵具有不正确的观念时，它才是被动的。此证。

附释 由此可见，被动的情感只是与具有某种包含否定性的东西的心灵相联系。换言之，被动的情感只是与这样的心灵相联系，这心灵被认作自然的一部分，单就其自身，不与别的部分联系起来，便不能清楚明晰地被感知。用同一方式，我可以指出被动的情感与个体事物的关系也和它与心灵的关系一样，而且不是通过别的方式可以被感知的。但我的目的只在于讨论人心。

命题四 一物如果没有外因，是不能被消灭的。

证明 这一命题是自明的，因为任何物的界说都肯定该物的本质而不否定该物的本质。这就是说，它的界说建立它的本质，而不取消它的本质。所以只要我们单注意一物的本身，而不涉及它的外因，我们将决不能在其中发现有可以消灭其自身的东西。此证。

命题五 只要一物能消灭他物，则它们便具有相反的性质；这就是说，它们不能存在于同一主体之中。

证明 如果两物既可互相协调或同时并存于同一主体之中，而在这个主体中仍然有某种东西能够毁灭它，(据第三部分命题四)此实不通。所以只要一物能毁灭他物，则它们便具有相反的性质，这就是说，它们不能存在于同一主体之中。此证。

命题六 每一个自在的事物莫不努力保持其存在。

证明　因为个体事物(据第一部分命题二十五绎理)是由某种一定的形式来表示神的属性的样式,这就是说(据第一部分命题三十六)个体事物乃是由某种一定的形式来表示神之所以为神的力量的事物。且(据第三部分命题四)没有东西具有自己毁灭自己或自己取消自己的存在之理。反之,(据前一命题)一切事物莫不反抗凡足以取消其存在的东西。因此凡物只要它能够,并且只要它是自在的,便莫不努力保持其存在。此证。

命题七　一物竭力保持其存在的努力不是别的,即是那物的现实本质。

证明　从每一事物的某种本质,必然有某种结果产生(据第一部分命题三十六),并且,任何事物除了按照其一定的本性所必然产生的结果外,亦不能做出别的东西(据第一部分命题二十九)。故一物活动的力量,或被迫而不得不做某事的努力,不论出于自己或是出于与他物合作——这就是说,(据第三部分命题六)一物竭力保持自己的存在的力量或努力不是别的,即是那物自身的某种本质或现实的本质。此证。

命题八　一物竭力保持其存在的努力,并不包含任何确定的时间,而是包含不确定的时间。

证明　如果一物保持其存在的努力包含着任何有限的时间,则这有限的时间将要决定这物的绵延,于是,单是从一物借以保持其存在的努力即可以推知,这物经过一定限度的时间之后,即须消灭,不能存在。但是(据第三部分命题四)这实不通。故一物赖以存在的努力,并不包含任何确定的时间,反之,(同样据第三部分命题四)如果这物不为某种外因所消灭,它将赖它此时借以存在的同一力量，而永远继续存在。故一物赖以保持其存在的努力自身包含不确定的时间。此证。

命题九 心灵具有清楚明晰的观念，或者具有混淆的观念，都努力在不确定的时间中保持其自身的存在，并且自己意识着它的这种努力。

证明 心的本质是正确观念与不正确观念所组成，（正如第三部分命题三所指出那样），所以（据第三部分命题七）只要具有前者或后者，必努力保持其存在，并且在不确定的时间内保持其存在（据第三部分命题八），但既然（据第二部分命题二十三）心灵通过身体的感触的观念，必然意识着它自身，所以（据第三部分命题七）它也意识着自己的这种努力。此证。

附释 这种努力，当其单独与心灵相关联时，便叫做意志。当其与心灵及身体同时相关联时，便称为冲动。所以冲动不是别的，即是人的本质之自身，从人的本质本身必然产生足以保持他自己的东西，因而他就被决定去做那些事情。其次冲动与欲望之间只有一个差别，即欲望一般单是指人对它的冲动有了自觉而言，所以欲望可以界说为我们意识着的冲动。从以上所说就很明白，即对于任何事物并不是我们追求它、愿望它、寻求它或欲求它，因为我们以为它是好的，而是，正与此相反，我们判定某种东西是好的，因为我们追求它、愿望它、寻求它、欲求它。

命题十 我们心灵中不能有排斥我们身体的存在的观念，因为这样的观念是违反心灵的本质的。

证明 我们身体中决不能具有任何可以消灭身体的东西（据第三部分命题五），因为神具有身体的观念，所以这种东西的观念，也不能在神内存在(据第二部分命题九绎理),这就是说,(据第二部分命题十一及十三)我们心中决不会有这种东西的观念,但反之,既然(据第二部分命题十一及十三)构成心灵的本质的最初成分就是一个现实存在的身体的观念,所以我们心灵的首要的、基本的努力就是(据第三部分命题七)要肯定我们身体存在的,因此否定我们身体存在的观念是违反心灵的本质的。此证。

命题十一　如果一物增加或减少,促进或阻碍我们身体的活动力量,则这物的观念就会增加或减少,促进或阻碍我们心灵的思想力量。

证明　这一命题从第二部分命题七及第二部分命题十四看来是很明白的。

附释　这样我们可以看见,心灵可感受很大的变化,一时可以过渡到较大的完满,一时也可以过渡到较小的完满;这种感受的情状可以说明给我们什么是快乐与痛苦的感情。所以本书此后将认快乐为心灵过渡到较大完满的感情;另一方面,将认痛苦为心灵过渡到较小完满的感情。而快乐的情绪如果同时与身体和心灵都有联系,便叫做欢乐或高兴。但是假如痛苦的情绪同时与身体和心灵都有联系,便叫做忧愁或烦闷。但须注意,当我们感到欢乐与忧愁时,只有身体的心灵的一部分较其余部分受激动得特别多,反之,当我们感到高兴或烦闷时,身体和心灵各部分都同样受激动。至于什么是欲望,我已于第三部分命题九的附释里解释过了;除开这三种情绪——痛苦、快乐、欲望——我不承认还有别的基本情绪。别的情绪都是从这三种情绪出发,像下面所要指出那样。但在进行这点以前,我愿意更充分解释第三部分命题十的意思,这样我们就更可明白了解一个观念如何与别一个观念相反对。

在第二部分命题十七的附释里，我们已经指出，构成心灵的本质的观念，只要身体存在，必包含身体的观念。再则，据第二部分命题八的绎理及其附释，可以推知我们的心灵的当前存在完全依赖于心灵必包含身体的现实存在这一点上。最后我们还已经指出过心灵所以有想象事物和记忆事物的能力，也完全依赖于心灵必包含身体的存在这一点（参看第二部分命题十七、十八及附释）。从此可以推出，只要心灵停止肯定身体的当前存在，那么心灵的当前存在和心灵的想象能力也就立刻被取消了。但心灵停止肯定身体存在的原因决不能是心灵自身（据第三部分命题四），也不能由于身体自己停止存在；（因为据第二部分命题六）心灵所以肯定身体存在的原因，并不在于身体开始存在；基于同样的理由，心灵也不会因为身体停止存在，便从而停止肯定身体的存在。但是由于（据第二部分命题八*）有另外一个观念排斥我们身体的当前存在，结果遂因而排斥我们心灵的存在，这样这个观念就与构成我们心灵的本质的观念正相反对。

命题十二　心灵总是尽可能努力去想象足以增加或助长身体的活动力量的东西。

证明　只要人的身体处于包含外界物体的性质的状态下，那么人的心灵将把这个外界物体看做即在面前的东西（据第二部分命题十七）*，所以只要人的心灵把任何外界物体看做即在面前的

---

*　按这里各种版本略有出入。格布哈特拉丁文本作“命题八”，德文译本及人人丛书英文译本皆作“据第二部分命题六”，怀特英文译本作“据第二部分命题十七”。从上下文看来，似以怀特的译文较为正确。斯宾诺莎选集的俄文译本正与怀特相同。——译者注

东西(据第二部分命题七),这就是说,(据第二部分命题十七附释)人的心灵想象外界事物,则人的身体也将处于包含外界物体的性质的状态下。所以只要心灵想象到足以增加或促进我们身体的活动力量的东西,则我们的身体将处于一种足以增加或促进这种力量的状态下(参看第三部分公设一)。所以(据第三部分命题十一)心灵的思想力量亦将随之而增加或促进。故(据第三部分命题六与命题九)心灵总是尽可能努力想象这种东西。此证。

命题十三　当心灵想象到足以减少或阻碍身体活动的力量的某种东西时,那么它将尽可能努力回忆那足以排除这种东西的存在的东西。

证明　只要人心一想象到这类东西,则身体与心灵的力量都会受到减少或阻碍(像前一命题所指出那样)。但是同时心灵将仍然继续想象这类的东西(据第二部分命题十七)直至它能想象到足以排除它们当前的存在的某种别的东西时为止。这就是说,像我刚才所指出那样,心灵与身体的力量将受减削或受限制,直至心灵想象到一些足以排除这类事物存在的东西时为止。所以心灵(据第三部分命题九)将尽可能努力去想象或回忆足以排除减少或阻碍身体与心灵的活动力的事物存在的东西。此证。

绎理　由此可以推知,心灵总是不愿去想象足以减少或阻碍其自身的力量和身体的力量的东西。

附释　从上面所说的,我们可以明白看出,什么是爱、什么是恨了:爱不是别的,乃是为一个外在的原因的观念所伴随着的快乐。恨不是别的,乃是为一个外在的原因的观念所伴随着的痛苦。

我们又可以看出，凡爱一物的人，必然努力使那物能在他的面前，并努力保持那物，反之，凡恨一物的人，必然努力设法去排斥那物，消灭那物。关于这点，我将在下面更加详细讨论。

命题十四　假如心灵曾一度同时为两种情感所激动，那么此后当心灵被其中之一的情感所激动时，将复被那另外一个情感所激动。

证明　假如人的身体曾一度同时为两个物体所激动，那么后来当心灵想象着其中之一的物体时，（据第二部分命题十八）亦将立即回忆起另外一个物体。但心灵的想象（据第二部分命题十六绎理二）表示我们身体的情况较多于表示外物的性质；所以人身，因之人心，（参看第三部分界说三）如果曾一度同时为两种情感所激动，那么此后当心灵被其中之一的情感所激动时，将复被那另外一个情感所激动。此证。

命题十五　任何事物均可偶然地为快乐、痛苦或欲望的原因。

证明　假设心灵同时为两种情感所激动，而心灵的活动力量并不因其中之一的情感有所增加或减少，但却为那另外一个情感所增加或减少（参看第三部分公设一）。据前一命题可以明白，当心灵后来为前一个情感的真正原因所激动，而这个真正原因本身（据假设）既不增加亦不减少人心思想的力量时，则心灵将同时为其另外一个情感所激动，这个情感将增加或者减少心灵的思想力量，这就是说，（据第三部分命题十一附释）心灵将会感受到快乐或痛苦；因此可见，这一事物成为引起快乐或者痛苦的原因，并不是由于它本身的性质，而是由于偶然性。同样的道理，很容易表明何以同一事物可以偶然地为引起欲望的原因。此证。

绎理　单就我们对于某种事物曾经根据快乐或痛苦的情感去加以考察的事实看来，虽则那物并不是引起快乐或痛苦的致动因，我们也就能够爱那物或恨那物。

证明　这事之所以可能，（据第三部分命题十四）乃由于当心灵后来想象着某物时，曾引起了快乐或痛苦的情感，这就是说，（据第三部分命题十一附释）心灵或身体的力量曾有所增加或减少，因此（据第三部分命题十二）心灵乐意想象那物，或者（据第三部分命题十三绎理）不愿想象那物，这就是说，（据第三部分命题十三附释）心灵爱那物或恨那物。此证。

附释　现在我们可以明了，为什么我们会爱或恨某种东西，而我们不知道为何原因，仅是出于普通所谓"同情"或"反感"。此外有许多东西，其引起我们快乐或痛苦，完全因为它们与平时常常引起我们快乐或痛苦的感情的东西有一些相似，亦应归入此类，像下面一个命题所将指出那样。固然，我知道那些最初引用"同情"、"反感"等字的作者，意思在于借以表示事物之某种潜伏的性质，但是我却相信，我们可以应用这些名词来表示尽人皆知、显而易见的性质。

命题十六　假如我们想象着某物具有与平常引起心灵快乐或痛苦的对象相似的性质，虽则某物与此对象相似的性质，并不是这些情感的致动因，而我们将仍然会仅仅由于这些性质相似之故，而对那物发生爱或恨的情感。

证明　某物的性质相似于（据假设）平常引起我们痛苦或快乐的对象，因此（据第三部分命题十四）无论何时只要心灵受了这种性质的意象的激动，则心灵也将立刻会发生痛苦或快乐的情绪，而我们所看见的具有这种性质的东西,(据第三部分命题十五)将偶然地为快乐或痛苦的原因,所以(据前命题的绎理)那物与某一对象相似的性质虽说不是那些情感的致动因,而我们将仍然对该物发生爱或恨的情感。此证。

命题十七 若我们想象着一个常常引起我们痛苦情绪的东西,与一个常常同等地引起我们大快乐的情绪的对象有相似之处,则我们对于那物将同时既恨且爱。

证明 这物(据假定)本身就是我们痛苦的原因,并且(据第三部分命题十三)只要我们想象着它能引起痛苦时,我们总是恨它;但就我们想象着它与一个常常引起大快乐的情绪的对象有相似之处时,那么我们就会(据第三部分命题十六)同样以很大的快乐去爱它。因此我们将同时既爱它,复恨它。此证。

附释 这种为两种矛盾的情绪所引起的心灵状态就叫做心情的波动。这种心情波动与情感的关系,一如疑惑与想象的关系(参看第二部分命题四十四附释),而且两者间的差别只是程度上的差别。

还须注意:在前一命题里我曾根据一个是由于本身性质引起某一情感的原因,另一个是由于偶然性引起另一情感的原因,以推出这种心情的波动。我之所以这样做,因为从上述各命题,比较易于推出这种情感,并不是因为我否认这种心情波动大部分起源于作为快乐和痛苦两种情感的致动因的对象。因为人的身体(据第二部分公设一)乃是许多性质不同的个体所组成,所以(据第二部分命题十三后补则三之第一公则)它可以受同一物体的很多种不同方式的激动。反之,同一对象亦可以在许多不同的情况下受到激动，从而可以用许多不同的方式激动一个身体的同一部分。因此很容易看出，同一对象怎样可以成为引起许多相反的情绪的原因。

命题十八　一个人为一个过去或将来的东西的意象所引起的快乐或痛苦的情绪，与为一个现在的东西的意象所引起的情绪是一样的。

证明　一个人无论为任何事物的意象所激动，即使那物并不存在，（据第二部分命题十七及绎理）他也会认为它即在眼前，并且只有当那物的形象与过去或将来的时间的意象联结在一起时，他才会想象那物是在过去或将来（参看第二部分命题四十四附释）。所以单就一物的意象的本身而论，不论和过去、将来或现在的时间相联系，它总是一样的。这就是说，（据第二部分命题十六绎理二）不论这意象是属于过去、将来或现在的事物，它所引起的情绪或身体的情况是一样的。故不论这意象是属于过去、将来或现在的事物，它所引起的快乐或痛苦的情绪是一样的。此证。

附释一　我这里称一物为过去或将来，乃指我过去曾经或以后将要被那物激动而言。例如，我曾经看见一物，或将要看见一物，系指那物曾经增加我们的力量，或将要增加我们的力量，曾经伤害我们，或将要伤害我们而言。因为只要我们这样想象那物，我们便肯定它的存在，这就是说，凡我们感觉着不存在之物，决不会引起身体上任何情感。所以（据第二部分命题十七）一物的意象引起身体上的感触与那物即在当前，其效力是一样的。但是因为每每具有许多经验的人，当他们一想到一物在过去或将来时，总是摇摆不定，对于那物所能引起的结果便大感怀疑（参看第二部分命题四十四附释）。因此，这种东西的意象所引起的情感，并不十分稳定，而且大都为其他事物的意象所扰乱，除非到了我们对于这物的结果更加确知，则情感便不能稳定。

附释二　从上面所说，我们可以了解希望、恐惧、信心、失望、愉快、悔恨的性质。希望不是别的，仅不过是一种为将来或过去的事物的意象所引起的不稳定的愉快，而对于这一事物的结果，我们还在怀疑中。反之，恐惧乃是一种可疑的事物的意象所引起的不稳定的痛苦。如果将怀疑之感从这两种情绪中取消，则希望会变成信心，恐惧会变成失望。这就是说，变成我们所希望的或恐惧的事物的意象所引起的愉快或痛苦。欣慰乃是一种为过去的事物的意象所引起的快乐，而对于那一事物的前途，我们曾经加以怀疑。悔恨是与欣慰相反的一种痛苦。

命题十九　当一个人想象着他所爱的对象被消灭时，他将感到愁苦，反之，如果他想象着他所爱的对象尚保存着时，则他将感觉快乐。

证明　心灵总是尽可能努力去想象足以增加或助长身体的活动力量的东西（据第三部分命题十二），这就是说，（据第三部分命题十三附释）心灵总是尽可能努力去想象它所爱的东西。但是（据第二部分命题十七）肯定对象的存在的意象可以增进想象力，而否定对象的存在的意象可以减少想象力。所以凡肯定所爱的对象存在的东西的形象能够助长心灵的努力去想象所爱之物，这就是说，（据第三部分命题十一附释）这种意象能够引起心灵快乐。反之，凡排斥所爱的对象存在的意象，便能阻碍心灵努力去想象所爱之物，这就是说，（据第三部分命题十一附释）这种意象能够引起心灵痛苦。所以当一个人想象着他所爱的对象被消灭时，他将感到痛苦，反之，如果他想象着他所爱的对象尚保存着时，他将感觉快乐。此证。

命题二十　当一个人想象着他所恨的对象被消灭时，他将感觉快乐。

证明　心灵(据第三部分命题十三)努力想象那些足以排除减少或阻碍身体活动力量的事物的存在的东西，这就是说(据第三部分命题十三附释)心灵努力想象那些足以排除它所恨的对象的存在的东西；所以一个足以排除心灵所恨的对象的事物的意象能够促进心灵的这种努力，这就是说，(据第三部分命题十一附释)这种意象足以引起心灵快乐。所以当一个人想象着他所恨的东西被消灭时，他将感觉快乐。此证。

命题二十一　当一个人想象着他所爱的对象感到快乐或痛苦时，他也将随之感到快乐或愁苦；爱者所感快乐或痛苦之大小和被爱的对象所感到的快乐或痛苦的大小是一样的。

证明　肯定所爱的对象存在的事物，其形象(据第三部分命题十九)足以促进心灵想象[或想念]所爱的对象的努力。但快乐足以肯定引起快乐的东西的存在，而且快乐愈大则它肯定后者的存在亦愈多，因为(据第三部分命题十一附释)快乐是达到一个更大的圆满的过渡。因此爱者对于所爱的对象感到快乐的意象足以促进他的心灵去想象[或想念]其所爱，这就是说，(据第三部分命题十一附释)足以引起爱者的快乐，而且所爱的对象感到的快乐愈大，则爱者所感到的快乐亦愈大。这是须得证明的第一点。再则，只要一个对象感觉痛苦，则它便算是被消灭，而且这个对象(据第三部分命题十一附释）所感之痛苦愈大，则其被消灭也愈甚。故（据第三部分命题十九）当一个人想象着他所爱的对象感觉痛苦时，他亦将随之感觉痛苦。被爱者所感到的痛苦愈大，则爱者所感到的痛苦亦随之愈大。此证。

命题二十二　假如我们想象着某人对于我们所爱之物感觉快乐，则我们对他将有一种爱的情绪。反之，假如我们想象着他对于我们所爱之物感觉痛苦，则我们对他又将有一种恨的情绪。

证明　只要我们想象着我们所爱的对象有了快乐或痛苦的情绪，（据第三部分命题二十一）那么当有人对于我们所爱的对象感觉快乐或痛苦时，亦将使我们随之感觉快乐或痛苦。但据假定，这种快乐或痛苦之存在于我们心中是为一个外在的原因所伴随着的。所以（据第三部分命题十三附释）假如我们想象着有人对于我们所爱之物感觉着快乐或痛苦，则我们对他将发生爱或恨的情绪。此证。

附释　命题二十一已说明什么是同情或怜悯（commiserato）了。我们可以将同情界说为由他人的不幸所引起的痛苦。至于由他人的幸福所引起的快乐应该叫什么名字，我不知道。对于曾经做善事帮助别人的人表示爱，可称为嘉许（favorem），而对于曾经做恶事损害别人的人表示恨，可称为义愤（indignationem）。但必须注意的，就是，我们不仅如命题二十一所说，只是对于所爱的对象表示同情，而且对于我们平日并无感情的对象我们亦一样表示同情，这就是因为我们认为那物与我们是同类的（这点下面我将发挥）；所以对于曾经做善事帮助与我们同类的对象的人，我们将予以嘉许，反之，对于曾经做恶事损害与我们相同的对象的人，我们将表示愤恨。

命题二十三　当一个人想象着他所恨的对象感到痛苦时，他将感觉快乐；反之，如果他想象着他所恨的对象感到快乐时，则他将感觉痛苦。而他所感觉的快乐或痛苦的情绪之大小，将依他所恨的对象所感到的相反的情绪之大小为准。

证明　只要被恨的对象感觉痛苦，则它便是被毁灭，而且（据第三部分命题十一附释）痛苦愈大，则毁灭亦愈大。所以当一个人（据第三部分命题二十）想象着他所恨的对象感觉痛苦时，他将反而感觉快乐，如果他想象着他所恨的对象感到的痛苦愈大，则他感觉到的快乐亦将愈大。这是须得证明的第一点。再则（据第三部分命题十一附释）快乐之感将肯定感到快乐之物的存在，如果快乐之感愈大，则它肯定后者的存在将愈甚。所以假如一个人想象着他所恨的人感到快乐，则这个想象（据第三部分命题十三）将阻碍他自己寻求快乐的努力，这就是说，（据第三部分命题十一附释）他将感觉痛苦。假如他想象着他所恨的人感到快乐愈大，那么他感觉的痛苦亦将愈大。此证。

附释　这种快乐很难持久而没有任何心情的冲突。因为正如我即将在下面命题二十七所指出那样，当我们想象着我们的同类感到痛苦时，我们必将感到痛苦，反之，假如我们想象着我们的同类感到快乐，则我们亦必定喜欢，但这里所讨论的仅限于恨的情绪。

命题二十四　假如我们想象着某人对于我们所恨的对象感觉快乐，我们将因此恨他。反之，假如我们想象着他对于我们所恨的对象感觉痛苦，则我们将因此爱他。

证明　证明这个命题的方式与第三部分命题二十二相同，请参看。

附释　这种以及其他类似这种关于恨的情绪皆属于嫉妒之情。因此嫉妒不是别的，乃是恨之表现于对他人的坏事感觉快乐，对他人的好事感觉痛苦的情绪罢了。

命题二十五　我们想象着有任何东西能够引起我们或我们所爱的对象快乐，则我们将努力对它加以肯定。反之，按照我们的想象凡足以引起我们和我们所爱的人的痛苦的任何东西，我们将努力加以否定。

证明　凡我们想象一切足以引起我们所爱的对象快乐或痛苦的东西（据第三部分命题二十一）亦将令我们感觉快乐或痛苦。但是（据第三部分命题十二）心灵总是尽可能努力去想象足以引起我们快乐的东西，这就是说，（据第二部分命题十七及其绎理）把它看做即在当前。反之（据第三部分命题十三）心灵努力排斥凡足以引起我们痛苦的东西的存在。所以我们想象着有任何东西能够引起我们和我们所爱的对象快乐，则我们将努力对它加以肯定，反之亦然。此证。

命题二十六　当我们恨一个东西，我们想象着凡足以引起它痛苦的一切事物，我们都努力加以肯定。反之，凡我们想象着足以引起它快乐的一切事物，便加以否定。

证明　这个命题是从命题二十三推出，正如前一命题是从命题二十一推出一样。

附释　由此可见，一个人如何会很容易陷于对于他自己或他所爱的人评价过高，而对于他所恨的人，贬抑太甚。一个人自视太高，此种想象叫做“骄傲”，这可以说是一种疯狂症，因为他张开眼睛做梦，仿佛他能够做出他想象中所能做到的一切事情，因而认这些事情为真实，并且引以为快乐，因为他不能想象出任何事物足以排斥它们的存在并限制其活动的力量。所以骄傲乃是由于一个人自视过高而引起的快乐，其次由对于他人评价太高而引起的快乐叫做“过许”，最后，由于低视他人而引起的快乐便叫做“轻蔑”。

命题二十七　一个和我们相同之物，我们虽然对它并没有感情，但是当我们想象它有着某种情绪时，我们亦将随之引起同样的情绪。

证明　事物的意象乃是人体内的感触（据第二部分命题十七附释），而这些感触的观念表示被当做即在目前的外在物体。这就是说，（据第二部分命题十六）这些观念包含我们身体的性质，同时又包含外在物体的现在性质。如果外界物体的性质与我们身体的性质相似，那么我们所想象的外界物体的观念将包含我们身体的感触与外界物体的情况相似。所以假如我们想象着与我们相似的任何人有了某种情感，则这种想象将表示出我们身体的一种感触，与他的情感相同，因为我们想象着与我们相同的对象有了相同的情感。反之，假如我们恨一个与我们相同的对象，那么（据第三部分命题二十三）我们所发生的情感，将与它所感到的情感，相反而不相同。此证。

附释　这种情感模仿作用，就其关于痛苦之感而言，便称为“同情”（参看第三部分命题二十二附释），就其关于欲望的模仿而言，则称为“好胜”（拉丁文 aemulatio，德文 wetteifer），好胜不是别的，就是我们所发生对于一物的欲望，其起因乃由于我们想象着其他与我同类的人,也具有同样的欲望。

绎理一 如果我们想象一个我们对他没有感情的人,对于与我们相同的对象感觉快乐,那么我们将会爱他。反之,如果我们想象他对于与我们相同的对象感觉痛苦,那么我们将会恨他。

证明 这一绎理是从前一命题推出,正如第三部分命题二十二是从第三部分命题二十一推出。

绎理二 假如我们怜悯一物,虽这物的不幸引起我们痛苦,但并不因此就使得我们恨它。

证明 如果我们因此而恨它的话,那么(据第三部分命题二十三)我们将因他的痛苦而感觉快乐,这显然违反假设的原意。

绎理三 假如我们怜悯一物,我们将尽可能努力使它脱离不幸。

证明 凡引起我们所怜悯的对象的痛苦的东西,(据第三部分命题二十七)也会引起我们同样的痛苦;所以(据第三部分命题十三)我们将努力设法去解除或消灭那引起痛苦的原因的存在。这就是说(据第三部分命题九附释)我们将力求消灭它,或者将决定要消灭它;所以我们将努力使我们所怜悯之物脱离不幸。此证。

附释 这个做善事的愿望或冲动起于我们对所欲帮助的对象的怜悯,便叫做仁爱(benevolence)。所以仁爱不是别的,只是由同情引起的欲望。关于对我们所想象的和我们相同的对象作善或作恶的人表示爱或恨一层,请参看第三部分命题二十二附释。

命题二十八 凡我们想象着足以增进快乐的东西,我们将努力实现它,反之凡我们想象着违反快乐或者足以引起痛苦的东西,我们将努力祛除它或者消灭它。

证明　我们尽可能努力去想象（据第三部分命题十二）凡我们以为足以增进快乐的东西，这就是说，（据第二部分命题十七）我们尽可能努力把它认作即在目前，或者认它为真正存在。但心灵的努力或思维力量与身体的努力或行动力量是同样大的，而且两者就性质说是同时的（正如从第二部分命题七绎理及第二部分命题十一绎理所明白推出那样）。所以凡是足以引起快乐的，我们总是努力使它存在，这就是说，（据第三部分命题九附释）我们总是努力去追求它，指望它。这是须得证明的第一点。再则，假如我们想象一物足以使我们痛苦，这就是说，（据第三部分命题十三附释）凡我们所恨的如果被摧毁，则（据第三部分命题二十）我们将感觉快乐，所以（据本证明的前部分）我们将努力去消灭它或（据第三部分命题十三）设法排除它，使远离我们，这样我们就不致以为它即在目前。这是须得证明的第二点。所以凡我们想象着足以增进快乐的东西，我们将努力实现它，反之亦然。此证。

命题二十九　我们将努力作一切我们想象着人们（人们在此处以及下面，都是指我们对于他们并无特殊感情的人而言。斯氏原注。）将用快乐的眼光注视的事情，反之，我们将避免做任何我们想象着人们所厌恶的事情。

证明　若我们想象着人们爱或恨一物（据第三部分命题二十七）我们也将随之爱或恨那物，这就是说，（据第三部分命题十三附释）如此物在我们面前，我们将感觉快乐或痛苦，因此（据第三部分命题二十八）凡我们想象着人们所爱或以快乐的眼光注视的事情，我们将努力去做，反之亦然。此证。

附释　这种做一事与不做一事，完全因为我们欲取悦他人，便叫做“野心”(ambitio)*,特别是当我们率然取悦一般人的欲望是那样的强烈,以致我们做某事或不做某事,会导致损害自己或损害他人的后果。否则,这种行为通常都称为“通人情”(humanitas)。又当我们想象着他人的行为,其目的在取悦我们时,所感到的快乐,便叫做“称赞”(laudem);反之,当我们避免他人与此相反的行为时,所感到的痛苦,便叫做责备。

命题三十 假如某人曾做一事,他想象着这事将引起他人快乐,则他也将感觉快乐,而且意识着他自己是快乐的原因,这就是说,他将反省自己,感觉快乐。反之,假如他曾做一事,而他想象着这事将引起他人痛苦,则他反省自己,也将感到痛苦。

证明 凡一个人想象他引起别人的快乐或痛苦(据第三部分命题二十七),他也将必然感觉快乐或痛苦。但人既然是凭借足以决定他去行动的身体的情况,才意识到他自己的(据第二部分命题十九及二十三),所以凡一个人曾做一事,他想着这事将引起他人快乐,则他亦将感觉快乐,且意识着他自己是这种快乐的原因,这就是说,他将反省自己,觉得快乐。反面准此。此证。

附释 既然(据第三部分命题十三附释)爱是为一个外在原因的观念所伴随着的快乐,恨是为一个外在原因的观念所伴随着的痛苦,则这命题内所提到的快乐和痛苦,也是爱与恨的一种。但是因为爱与恨既然与外在对象相关联,所以我们这里将提出不同的名词,以称谓本命题所论及的各种情感。我们将称这种为外在原因的观念所伴随着的快乐为“荣”(gloria),与此正相反对的痛苦,

* ambitio 在这里也可译作“虚荣心”。——译者注

我们将称为“辱”(pudor)。读者须知，荣辱即是指快乐和痛苦的发生由于一个人相信他是被称赞或是被责备的情形而言，在别的情形下，我将称这种为外在原因的观念伴随着的快乐为满足，与此正相反的痛苦为“懊悔”。又既然(据第二部分命题十七绎理)也许一个人想象着他引起别人的快乐乃是想象的，并且既然(据第三部分命题二十五)凡人总是努力想象一切他认为足以引起他快乐的东西，也许很容易使得那感觉“荣”的人变成骄傲，误以为当他触犯他人的时候，便是取悦他人的时候。

命题三十一　假如我们想象着有人对于我们所爱、所恨或所欲之物亦爱、亦恨或亦欲，我们便因而对于此物之爱、恨或欲求将更坚持下去。反之，假如我们想象着有人爱我之所恨，恨我之所爱，那么我们就会感受到心情的波动。

证明　假如我们想象着有人爱某物，(据第三部分命题二十七)我们便因而也将爱那物。但是现在假定我们先独立爱一物，继而想象着他人也同样爱那物，于是我们对那物的爱，又加上一个新原因，而我们对那物的爱因而也就加强了，因此我们对所爱的对象的爱情也就愈能坚持。再则，假如我们想象着有人讨厌某物(据第三部分命题二十七)，因而我们也将避免某物，但是现在假定我们同时也爱那物，那么我们将既爱它又讨厌它，换言之，(据第三部分命题十七附释)我们将感受到心情的波动或摇摆不定。此证。

绎理　从这一命题及第三部分命题二十八可以推出，每个人总是尽可能努力使他人爱其所爱，恨其所恨。因此诗人说：

“对于相爱的人，愿希望与恐惧相同；

那必是铁石心肠的人罢，才爱别人所厌弃的。”

(见 Ovid, Amores, Lib. 2, eleg. 19)

附释　这种使人人赞同我所爱或所恨的东西的努力，其实就是"野心"(ambitio)(参看第三部分命题二十九附释)。所以我们可以看出，每个人生性总是想要别人依照他的意思而生活；但如果人人都同样如此做，那么人人都同样会互相阻碍，并且如果人人都想要被所有其他的人所称赞所爱悦，那么所有的人都会陷于互相仇恨。

命题三十二　假如我们想象着，只有一个人能够单独占有之物，为某人所享受，则我们将尽力使他不能占有那物。

证明　假如我们想象有人享受一物，则(据第三部分命题二十七及其绎理)我们就会因而爱好那物并且愿意享受那物。但是现在(据假设)我们想象他人享受那物对于我们的快乐是一种障碍，所以(据第三部分命题二十八)我们将努力使他不能占有那物。此证。

附释　由此可见，人性大都同情失意者而嫉妒得意者。并且(据前命题)如果他愈爱他想象别人占有之物，则他由嫉妒而生之恨将愈大。我们又看出，人性中的同一特性，这特性是人们彼此互相怜悯的同情心所自出，也是他们的嫉妒和野心所自出。最后如果我们想要从经验中去吸取教训，我们将可发现，经验所昭示的教训正足以赞助这种说法，特别当我们注意我们早年的经验的时候。因为儿童的身体好似处在平衡状态之中，他们笑或哭完全因为他们看见别人也在笑或哭。此外，只要他们看见别人做什么事，他们立刻就要去摹仿。凡他们想象中认为他人感到快乐的任何东西，他们也都想去追求。这因为，像我们已经说过那样，事物的意象即是人体自身的感触，或者因为人体受外界原因的激动而渐倾向于做这事或做那事的状态。

命题三十三　假如我们爱一个与我们相同的对象，则我们将尽可能努力使他也反转来爱我们。

证明　我们尽可能努力去想象（据第三部分命题十二）我们所爱的对象，胜于任何他物。假如这个对象与我们相同，那么（据第三部分命题二十九）我们将努力设法使他快乐，胜于任何他物，这就是说，我们将尽可能努力使所爱的对象感觉快乐，并且为我们自身的观念所伴随，换言之，（据第三部分命题十三附释）我们将努力使他也反转来爱我们。此证。

命题三十四　假如我们想象着所爱的对象，引起我们快乐的情感愈大，则我们所感觉到的尊荣也愈大。

证明　我们将尽可能努力（据第三部分命题三十三）使我们所爱的对象爱我们，这就是说（据第三部分命题十三附释），使它感觉快乐，这种快乐为我们自身的观念所伴随着。所以假如我们想象着我们所爱的对象所感到的快乐愈大而我们又是这种快乐的原因，那么我们的努力将愈为增进，这就是说（据第三部分命题十一及附释）我们所感到的快乐将愈大。我们感到快乐既然因为我们使得与我们相同的别人感到快乐（据第三部分命题三十），则我们将回顾自己，觉得快乐。所以我们想象着所爱的对象引起我们快乐的情绪愈大，则我们反省自己所感觉的快乐也愈大，这就是说（据第三部分命题三十附释），我们感觉到的尊荣也愈大。此证。

命题三十五　假如有人想象着他所爱的对象与另一个人结有相同或更亲密的交谊，胜过他前此独自与他所结的友谊，那么他将恨他所爱的对象，并且嫉妒那另一个人。

证明　一个人想象着他所爱的对象（据第三部分命题三十四）对于他的爱愈大，则他所感觉到的光荣将愈大。这就是说，（据第三部分命题三十附释）他所感到的快乐亦将愈大。因此（据第三部分命题二十八）他将尽可能努力去想象那所爱之物与他联结得异常亲密。而且（据第三部分命题三十一）如果他想象着别人亦欲获得同一之物，则他与那物亲密联结的努力或欲望将更加强。但是现在假设这种努力或欲望为所爱的对象的形象，和伴随着与它联结着的另一个人的形象所妨碍，所以（据第三部分命题十一附释）他将因而感觉痛苦，伴随着以所爱的对象的观念和另一个人的形象为其原因；这就是说，（据第三部分命题十三附释）他对于所爱的对象将发生恨的情感，并且同时对那另一个人（据第三部分命题十五绎理）他将发生嫉妒的情感，因为（据第三部分命题二十三），那人享受了他所爱的对象。此证。

附释　这种与嫉妒相伴随的对于所爱的对象的恨便叫做猜忌。故猜忌不是别的，乃是心情的波动，这种心情的波动是起于同时感觉着爱与恨，并且伴随着我们所嫉妒的另一个人的观念。而且，他对于所爱的对象的恨与所嫉妒之人平日与他所爱对象之间相互爱情所引起的快乐成比例，并且与他平日对于他所想象着同他所爱的对象联结的那人的感情如何成比例。因此如果他原来就恨那人，他将（据第三部分命题二十四）因而恨他所爱的对象，因为他想象着它对于他所恨的人感到快乐，又因为（据第三部分命题十五绎理）他不能不把他所爱的对象的形象与他所恨的人的形象联结在一起。这种情感之激起大都由于这种爱是对于女人的爱。实际上当一个人想象着他所爱的女人失身于他人，他不仅会感觉烦恼，因为他的欲望是被阻碍着，而且他还要讨厌她，因为他不能不将他所爱的对象的形象和另一个人的生殖器及排泄物的形象联想在一起。此外还因嫉妒的人今后不能从他所爱的人那里得到从前所享受的同样的恩宠，这是求爱的人感到痛苦的又一原因，这点下面我就要指出。

命题三十六　当一个人回忆他往日曾经一度享受过的对象，他必定想要在他初次享受那物时的同样情形下占有那物。

证明　无论何物，只要一个人与曾令他快乐的对象同时看见过，则（据第三部分命题十五）那物便可偶然地成为使他快乐的原因；所以（据第三部分命题二十八）他愿意保有这一切，以及那曾令他愉快的对象。这就是说，他想要在当他初次享受那物时的同样情形下再度占有那物。此证。

绎理　所以，如果他发现在这情形中缺少了一件，那么他就会感觉痛苦。

证明　因为如果他一发现在这情形中缺少某种东西，则他将想象有某种事物排斥他所爱的存在。但是既然（据第三部分命题三十六）他想要得到那对象或者和那对象一起的种种情形，是基于爱情，因此只要他一想象与那对象一起的情形有所缺少（据第三部分命题十九），他就会感觉痛苦。此证。

附释　这种由于我们所爱的对象的不在而引起的痛苦，就叫做“渴望”。

命题三十七　由痛苦或快乐，由恨或爱而引起的欲望之大小，以情绪之大小为准。

证明　痛苦减少或阻碍人的活动的力量(据第三部分命题十一附释),这就是说,(据第三部分命题七)痛苦减少或阻碍人保存自己存在的努力,故(据第三部分命题五)痛苦与自我保存的努力是相反对的;因此如果有人感觉痛苦,他首先必力求去掉痛苦;但是(据痛苦的界说)痛苦愈大,则它需要用来反抗痛苦的活动力量亦必愈大,所以他努力以求去掉痛苦所需要的活动力量,亦必愈大。这就是说,(据第三部分命题九附释)他努力以求去掉痛苦的欲望或冲动将愈大。再者,既然(据第三部分命题十一附释)快乐增加或促进人的活动力量,用同样的方法就容易证明,一个感觉快乐的人除了亟欲保持快乐外,没有别的欲望,而且他的欲望之大小与他享受快乐之大小,成正比例。最后,既然因为恨与爱的本身就是表示痛苦或快乐的情绪,由此可以推知,恨或爱愈大,则由恨或爱而起之努力、欲望或冲动同样也愈大。此证。

命题三十八　假如一个人开始恨他所爱的对象,于是他对它的爱便完全消逝了。那么由于同样的原因,他将因此愈是恨它,比如果他从来没有爱过它还要厉害些,并且他从前对它的爱愈大,则他对它的恨也将愈大。

证明　假如一个人开始恨他所爱的某一对象,这对于他的冲动的阻碍反较他从未爱过它还更厉害些。因为爱是一种快乐(据第三部分命题十三附释),人总是尽可能努力去保持它(据第三部分命题二十八),或借认为这个所爱的对象即在当前(据第三部分命题十三附释),或借尽可能努力以引起它快乐的办法(据第三部分命题二十一)去保持它。他对于它的爱愈大(据第三部分命题三十七),则他保持他从爱中所得到的快乐的努力也随之愈大(据第三部分命题三十三)。但是这些努力(据第三部分命题十三附释及命题二十三)为对所爱的对象的恨所阻碍着;所以爱者(据第三部分命题十一附释)由于这个原因亦将感觉痛苦,如果他的爱愈大则他所感到的痛苦也愈大;这就是说,除了由恨而起的痛苦外,再加上因为他曾经爱过那对象所引起的新的痛苦;因此他将以更大之痛苦的情感去想念他所爱之物,这就是说(据第三部分命题十三附释),他将愈是恨它,比如果他从来没有爱过它还要厉害些,并且他从前对它的爱愈大,则他对它的恨也将愈大。此证。

命题三十九　假如一个人恨另一个人,他将努力设法损害他,除非他害怕将因此对他会有更大的危害;反之,假如一个人爱另一个人,他将依同样定则努力设法为后者谋幸福。

证明　所谓恨一个人(据第三部分命题十三附释)即是想象那人为自己痛苦的原因,因此(据第三部分命题二十八)凡恨某人的人将努力设法排除他或消灭他。但是如果他害怕由此会产生一个更大的痛苦,或有更大的危害落在他身上,并认为如果不去害他,他便可以避免这个更大的危害,那么他是很愿意不去害他的(据第三部分命题二十八);而他此刻不去害他的愿望较之前此存心去害他的愿望更为强大,可以胜过它(据第三部分命题三十七)。以上是对这一命题第一部分的证明。第二部分可用同样的方法去证明。所以假如一个人恨另一个人,他将努力设法害他,除非他害怕将因此对他会有更大的危害。反之亦然。此证。

附释　所谓善是指一切的快乐,和一切足以增进快乐的东西而言,特别是指能够满足愿望的任何东西而言。所谓恶是指一切痛苦,特别是一切足以阻碍愿望的东西而言。因为在上面(据第三部分命题九附释）我们已经指出，我们并不是因为判定一物是好的，然后我们才去欲求它，反之，乃是因为我们欲求一物，我们才说它是好的。因此凡我们厌恶的一切事物，我们都叫做是恶的。所以每一个人都是依据他的情感来判断或估量，什么是善，什么是恶，什么是较善，什么是较恶，什么是最善，什么是最恶。所以那贪婪的人，认为金钱富足为最善，金钱缺乏为最恶。那虚荣心重的人，所欲求的东西，无过于荣誉，所畏惧的东西，无过于羞辱。而在那嫉妒心重的人看来，没有比他人的不幸更能令他快乐，亦没有比他人的幸福，更能令他不安。也就像这样，每一个人总是全凭他的情感来判断一物的善或不善，有用或无用。

再则，人的这样的情感，即不敢要他所想要的东西，或只敢要他所不想要的东西，这种情感便叫做懦弱。"懦弱"可界说为一种恐惧，这种恐惧可以使人宁受较小灾害，以避免将来的大灾害（据第三部分命题二十八）。如果所害怕的灾害为羞耻，则这种恐惧便叫做"害羞"。如果避免将来的灾害的欲望，被害怕另一个灾害所阻挠，这样，这人并不知道他所最企求的是什么，那么这种恐惧便叫做惶惑，特别是当所恐惧的两种灾害都是很大的时候。

命题四十　假如一个人想象着有人恨他，并且相信他没有可以引起那人恨他的原因，那么他也将恨那人。

证明　假如一个人想象着别人有怀恨的感情，则（据第三部分命题二十七）他也将发生怀恨的感情；这就是说，（据第三部分命题十三附释）他将感到为一个外在原因的观念所伴随着的痛苦。但是（据假定）除了恨他的那人外，他想象不出引起他痛苦的任何其他原因，所以因为他想象别人恨他，他将感到为恨他的那人的观念伴随着的痛苦；这就是说，（据第三部分命题十三附释）他将恨那人。此证。

附释 但假如他想象着别人恨他实具有正当理由，则（据第三部分命题三十及其附释）他将感觉羞愧。但这种情形（据第三部分命题二十五）是很少有的。又两个彼此间的互恨的起因（据第三部分命题三十九）亦基于因恨而努力设法去害那所恨的人。所以假如一个人想象着有人恨他，那么他将想象那人为他的痛苦或祸害的原因，因此他将感觉痛苦或恐惧，伴随着以那人是这种恐惧的原因的观念而来；这就是说，有如上面所说，他将用恨去报复那人。

绎理一 假如一个人想象着他所爱的人对他怀恨，他将同时为爱和恨这两种情感所烦扰。因为就他想象着有人恨他而言，（据第三部分命题四十）他决定拿恨去报复他，但（据假设）他仍然爱他，所以他将同时为爱和恨这两种情感所烦扰。

绎理二 假如一个人想象着一个和他素来没有恩怨的人，由于恨他而做一些事来害他，那么他将立即努力用同样的手段去报复那人。

证明 假如一个人想象着有人恨他（据第三部分命题四十），他也将恨那人。并且（据第三部分命题二十六）他将努力设法，悬想一切足以使那人感受痛苦的事情，并且（据第三部分命题三十九）努力做出那些事情来害他。但是（据假设）第一件他可以悬想足以致那人痛苦的事情，就是那人会做来害他的那样的事情；所以他将立即努力用同样的手段去报复那人。此证。

附释 加害于我们所恨的人的努力，叫做忿怒，但对于我们所感受的危害，而去加以报复的努力，便叫做复仇。

命题四十一　假如一个人想象着有人爱他，而他并不相信他有引起那人爱他的原因（这事据第三部分命题十五绎理及第三部分命题十六是可能的），则他也将爱那人。

证明　证明本命题的方式与前命题相同，请参看前命题的附释。

附释　假如一个人相信他有正当的原因足以引起别人的爱，则（据第三部分命题三十及其附释）他将以此为荣。而这种情形之发生（据第三部分命题二十五），较它的反面，次数还要多些，而反面情形的发生，有如前面所说，就是当他想象有人恨他的时候（参看第三部分命题四十附释）。这种相互的爱，换言之，（据第三部分命题三十九）就是替爱我们的人（同样据第三部分命题三十九）或者为我们谋幸福的人谋幸福的努力，便叫做感谢或谢忱。由此可见，人们是怎样地急于报复仇恨而缓于报答恩惠了。

绎理　假如一个人想象着他所恨的人爱他，则他将同时为爱恨两种情感所烦扰。证明本绎理的方式与证明前一命题的第一绎理的方式相同。

附释　假如恨占了上风，则他将努力加害于爱他的那人。这种情感便叫做"残忍"，特别是假如他相信爱他的那人并无任何足以引起他恨他的普通理由，尤其算是残忍。

命题四十二　当一个人因由于爱或由于荣誉的希望而给予他人以恩惠时，如果他看他的恩惠得到忘恩负义的报答，则他将感到痛苦。

证明　当一个人爱一个与他相同的对象，（据第三部分命题三十三）则他将尽可能努力使那人以爱去报答他。所以假如他因由于爱而给予任何一个人以恩惠，那么他这样做，乃具有一种希图别人以爱去报答他的愿望。这就是说，(据第三部分命题三十四)他抱有一种求荣誉的希望或者(据第三部分命题三十附释)抱有一种求快乐的希望；所以(据第三部分命题十二)他将尽可能努力去想象这荣誉的原因，或认之为即现实存在于目前。但是(据假设)他想象一些别的足以排斥这种原因的存在的东西；所以结果他将(据第三部分命题十九)因此感觉痛苦。此证。

命题四十三　恨由于互相的恨而增加，但可为爱所消灭。

证明　假如一个人想象着他所恨的那人也以恨去报复他(据第三部分命题四十)，他就会因而发生一种新恨，而(据假设)旧恨仍保持如故。反之，假如他想象着他所恨的那人，反而以爱来报答他，那么只要他那样想象着(据第三部分命题三十)，他将自己感觉到快乐，并且(据第三部分命题二十九)他将努力去取悦那人；这就是说，(据第三部分命题四十一)他将不再努力去恨他，亦不再设法使他感受痛苦。他这种爱的努力之大小将按照引起爱的情感之大小为准(据第三部分命题三十七)。所以假如引起爱的情感大于引起恨的情感，或者(据第三部分命题二十六)大于他欲努力令他所恨的对象感受痛苦的恨，那么爱就会胜过恨，可以扫去心中的恨。此证。

命题四十四　为爱所完全征服的恨，将变成爱，而这种爱将比前此未曾经历过恨时为更大。

证明　对于这一命题的证明与第三部分命题三十八的证明相同。因为假如一个人开始去爱他所恨之物或他素来一见即感不快之物，他就会因爱而感觉快乐，并且在这种与爱俱来的快乐(参看

第三部分命题十三附释爱的界说）之上，又加上一种新的快乐，这种新快乐起于解除与恨相伴随的痛苦的努力（正如第三部分命题三十七所指出那样），随着他恨那人的观念成为快乐的原因而大为增长。

附释　事情虽说是这个命题所说那样，但决没有人愿意先去恨一物或愿意感受痛苦，以便后来可以享受更多的快乐，这就是说，没有人愿意使自己受损失，而希望补偿损失后的快乐，或愿意得病而希望恢复健康后的快乐。因为人人莫不努力以保持其存在，并莫不尽可能努力解除他的痛苦。假如我们可以想象先恨一个人以便日后可以爱他更多是可能的话，那么我们必定会永远愿意继续恨下去。既然恨愈大则爱愈大，因而我们必定会永远希望恨之愈益增多。根据同样原则，我们也会愿意我们的病痛继续增加，以便我们的疾病痊愈后可以感受更大的快乐，因此我们将永远愿意病，但是（据第三部分命题六）这实属不通。

命题四十五　假如一个人想象着另一个与他相同的人，对他所爱的与他相同的对象怀有恨心，那么他就会恨那人。

证明　所爱的那对象（据第三部分命题四十）既恨那恨它*的人，则爱它的人想象着有人恨它，同时必定又会想象着它也怀恨，换言之，（据第三部分命题十三附释）它也感受痛苦，因此（据第三部分命题二十一）他也将感觉痛苦，而他的痛苦伴随恨他所爱的对象那人的观念以俱来，而那人的观念便成为他的痛苦的原因，这就

---

* 按这一部分中常常出现的“所爱的对象”一词，原文直译应作“所爱的东西”（rem amatam），但实际意义又是指被爱的人，而不是指东西。所以这里字面上虽是用的指物的“它”字，而实际意义是指有爱、恨感情的人。——译者注

是说，他将恨那人。此证。

命题四十六　假如一个人被任何一个属于与他不同的阶级或国家的人引起快乐痛苦，并且假如他的快乐或痛苦，伴随着那人的观念，隶属在他的阶级与国籍的共同名目之下，以它作为原因，那么，他将不仅是爱那人或恨那人而已，且将扩大来爱或恨那人所隶属的整个阶级或国家。

证明　证明这一命题的方式与第三部分命题十六相同。

命题四十七　从我们想象着我们所恨的对象被消灭或受损害而引起的快乐，并不是没有为某种痛苦的情感所伴随着的。

证明　从第三部分命题二十七看来，这个命题是很明白的，因为只要我们想象着一个与我们相同的对象感受痛苦，则我们也将感觉痛苦。

附释　这个命题还可根据第二部分命题十七的绎理加以证明。因为我们常常回忆一些事物，虽说此时已不再是现实存在，而把它们认作即在目前，因而我们的身体亦同样受到感触。所以只要关于一物的记忆尚活跃着，我们就会被决定一想着它就感痛苦，只要这物的记忆尚继续着，则它决定我们感受痛苦的能力，虽可因回忆一些足以排除这物的存在的事物，而略为减少，但亦不能完全去掉。所以我们感觉愉快，只在于它决定我们感受痛苦的能力略为减少。因此，只要我们所恨的对象一有不幸的事故发生，就会引起我们的快乐，我们每一回忆所恨的东西一次，则我们便重新感到一次快乐。因为，我已经说过，无论何时，只要关于那所恨的东西的想象一经激起，并且想象着那物现实存在，则我们必被决定一想着它即感到同样的痛苦，一如当它现实存在时，我们每每一想着它便感到痛苦一样。但是，因为我们既已将关于它的形象，与足以排斥它的存在的东西的形象，联想在一起，则它决定我们感受痛苦的能力即立见减少，而我们也重新感到快乐，且此种联想每复现一次，我们便重感到一次快乐。这就是为什么我们常常喜欢回忆任何已经过去的不幸的原因，也就是为什么我们乐意将我们已经逃脱的危险的故事诉说给人听的原因。因为我们每一想象着危险，总是认为祸在眉睫，便被决定感到恐惧，但是这种决定能力，却受脱险的观念所阻碍。我们既已脱险，我们便将危险的观念与脱险的观念联在一起，而这脱险的观念重新使得我们摆脱恐惧，所以我们又感觉到快乐。

命题四十八　对于任何人，例如对于彼得的爱与恨将会消灭，如果爱所包含的快乐与恨所包含的痛苦和另一原因的观念联在一起；并且两种情绪都将会减少，只要我们想象着彼得不是任何一种情绪的唯一原因。

证明　对于这一命题的证明，只消从爱与恨的界说看来，即可明白(参看第三部分命题十三附释)。所以说快乐是对彼得的爱，说痛苦是对彼得的恨，只因为彼得被认为这一情感或那一情感的唯一原因。因此只要彼得作为引起某种情感的原因完全地或部分地被取消，那么对于他的那种情感也就会完全地或部分地减少或被取消。此证。

命题四十九　对于一个我们想象以为自由的东西的爱和恨，按照同样的原因，必较大于对于一个必然的东西的爱和恨。

证明　我们想象以为自由的东西(据第一部分界说七)必是通过自身而不假借他物而被认知的东西。所以如果我们想象着这种自由的东西是快乐或痛苦的原因，那么我们将因此（据第三部分命题十三附释）爱它或恨它，并且（据第三部分命题四十八）将以从那一种情感所能产生的最大的爱或恨去爱它或恨它。反之，如果我们想象着引起情感的原因是一个必然的东西，那么（据第一部分界说七）我们将想象着它不是引起某种情感的唯一原因，而是与别的东西联在一起为这种情感的原因。所以（据第三部分命题四十八）我们对它的爱或恨将会较少些。此证。

附释　由此可以推知，人类相互间的爱或恨必大于对别的东西的爱或恨，因为他们自己认为他们是自由的。此外我们必须考虑到情绪的模做作用，关于这点请参看第三部分命题二十七、三十四、四十和四十三。

命题五十　每一个东西都可以偶然地成为希望或恐惧的原因。

证明　证明这个命题的方式与第三部分命题十五相同，同时还可以参看第三部分命题十八附释二。

附释　凡可偶然地成为希望或恐惧的原因的东西，便叫做好的或坏的预兆。预兆既然可以成为希望或恐惧的原因（据第三部分命题十八附释关于希望和恐惧的界说），那么它同时又可成为快乐或痛苦的原因，因此（据第三部分命题十五绎理）我们就要对于这些预兆或爱或恨，并且（据第三部分命题二十八）要努力利用这些预兆作为获得我们所希望的东西或排除足以成为障碍或恐惧的原因的东西的工具。又从第三部分命题二十五还可推出，人的本性总是容易相信我们所希望的东西，而难于相信我们所恐惧的东西，每每不是把它过于看重，就是把它过于看轻。各式各样的到处惑乱人心的迷信,就是这样发生的。

我想这里我用不着再去详细解释由希望和恐惧所引起的心情上的扰攘不安,因为只是从这些情绪的界说即可推知,没有无恐惧的希望,也没有无希望的恐惧(这点我将于适当地方详细解释)。再则,因为只要对于某种东西有所希望或恐惧,也必定对它有所爱或恨,所以前面所说关于爱和恨的每一句话,都可以很容易地应用来讨论希望和恐惧。

命题五十一 同一对象,对于不同的人,可以引起不同的情感;同一对象对于同一个人,在不同的时间内,可以引起不同的情感。

证明 人的身体(据第二部分公设三)感受外界物体多种多样的刺激或感触。所以两人在同一时间内,可以有不同的感触;并且(据第二部分命题十三附见的补则三后的公则一)甚至同一的对象可以引起他们不同的感触。又(据第二部分公设三)人的身体可以时而有这种感触,时而有那种感触,因此(据同一公则)同一对象在不同的时间内可以引起它不同的情感或感触。此证。

附释 由此我们可以看出,何以这人所爱会为那人所恨,这人所恐惧的会是那人所不恐惧的,并且何以同一个人现在会爱从前之所恨,现时敢为昔时之所畏。又因为既然各人判断什么是善,什么是恶,什么是好,什么是坏,皆以他自己的情感为准(据第三部分命题三十九附释),由此可以推知,人们意见之不同,正如他们情感之各异[原注:这是可能之事,虽然人心是神的理智之一部分,有如第二部分命题十一绎理所昭示那样]。因此如果我们要比较人与人的异同;亦只能以他们情感的不同来辨别,称一些人为勇敢,称另一些人为怯懦，更以种种别的名字去称另外的一些人。例如，假如一个人对于我平时所畏惧的祸害漫不介意，则我便称他为胆大；除此以外，如果我注意到他害他所恨的人或利他所爱的人之愿望并不因畏惧我平时见而却步的祸害而退缩的事实，则我将称他为勇敢。反之，假如一人对于我平时漫不介意的祸害，恐惧特甚，我便觉得他胆小，除此以外，我注意到他的愿望，因畏惧某种尚不致使我退缩的祸害之故，而不敢施展，则我称他为怯懦。人们之判断他人的行为，大都是采取这种方式。因为人有了这种性质和变化无常的判断，所以世人大都仅凭自己的情感来判断事物，他们相信以为足以令他们快乐或痛苦的事物（据第三部分命题二十八），因而尽力以求实现或加以排除的，都常常是纯粹出于想象，且不说本书第二部分里所证明的事物的无常性。由此可以容易看出，一个人常常会为他自己的痛苦或快乐的原因，换言之，常常会感到痛苦或快乐，而伴以他自己的观念为其原因。所以我们容易了解什么是“自悔”，什么是“自得”了。“自悔”是为自己的观念相伴随为其原因的痛苦，“自得”是为自己的观念相伴随为其原因的快乐，而这些情感，因为人们自己认为他们是自由的，所以特别来得强烈（参考第三部分命题四十九）。

命题五十二　一个我们从前曾经看见过总是与别的东西在一起的对象，或一个我们想象着除了具有与别的东西相同的性质外便毫无所有的对象，则我们将不会认为它是我们想象着本身具有某种特殊性质的东西。

证明　每当我们想象着一个曾经与别的东西在一起看见过的对象时，（据第二部分命题十八及附释）我们立刻便回忆起那些别的东西，因此我们想到这一个东西立刻便会联想到那另一个东西。当我们想象着一个除了具有与别的东西相同的性质外，便毫无所有的对象时，我们也会发生同样的心理作用。因为我们总是以为凡我们从前在别的东西内没有看见过的成分，决不会在它里面观察出来。反之，假如我们想象着一个对象具有我们从来没有看见过的特点，这就无异于说，当心灵观察那物时，并没有别的东西在怀，可以由思想前者而联想到后者，因此心灵被决定只能观察那对象。所以一个我们从前看见过总是与别的东西在一起的对象……。此证。

附释　这种心灵的情绪或这种关于特殊事物的想象，就其单独占据心灵而言，便叫做"惊异"(admiratio)。如果这种惊异是被我们所畏惧的东西所引起，便叫做惊骇(consternatio)。因为对于祸害之猝然来临的惊异，使我们的心灵完全为这种祸害所占据，不能更想它物，借以避免祸害。反之，假如我们感觉惊异的是人的智慧、勤勉或类似的东西，只要我们认为具有这种特殊品质的人远远超过了我们自己，那么这种惊异便叫做敬畏(veneratio)。又如惊异的对象是人的忿怒、嫉妒或类似的东西，便叫做恐怖(horror)。又如果我们对一个所爱的人的智慧、勤勉表示惊异，而我们对他的爱(据第三部分命题十二)因而愈益增大，这种与惊异或敬畏联在一起的爱，便叫做敬爱(devotio)。同样我们还可设想出恨、希望、信心，及别的情绪与惊异联合，而推演出更多的情绪，超出通常应用的文字所能表示。由此可以明白，情绪的名称都是由通常应用的语言习惯所创造出来的，而不是基于对情绪的性质有严密的知识。

与惊异相反的情绪为轻蔑，但轻蔑的起因大都由于我们最初惊异、爱慕或畏惧一个对象，或者是因为我们看见别人也惊异、爱慕或畏惧这同一的对象，或者是因为初看起来，它与我们所惊异、爱慕或畏惧的别的对象，有相似之处（据第三部分命题十五及绎理与第三部分命题二十七）。但是当那物到了眼前，加以仔细观察，使我们不能不否认那物有什么足以引起我们惊异、爱慕或畏惧的原因，于是因那物即在眼前，心灵只得被决定去思想它之所无，而不去思想它之所有，虽则在通常情形下，心灵对于在眼前的对象，总是习于去思想它之所有。再则，正如忠爱是起于对我们所爱的对象的惊异，所以同样，嘲笑（irrisio）是起于对我们所恨或所畏惧的对象的轻视。同时正如敬畏是起于对于智慧的惊异，所以同样侮慢（dedignatio）是起于对愚昧的轻蔑。末了，我们也可以设想出爱、希望、荣誉或别的情绪与轻蔑联合，而推演出许多别的情绪来，对于这些情绪，我们通常也不能用特殊的名词加以辨别。

命题五十三　当心灵观察它自身和它的活动力量时，它将感觉愉快，假如它想象它自身和它的活动力量愈为明晰，则它便愈为愉快。

证明　人认识他自己（据第二部分命题十九和二十三）只有通过他的身体的感触和这些感触的观念。所以，如果心灵能够自己观察自己时，那么心灵已算是达到一个较大的圆满。这就是说，（据第三部分命题十一附释），心灵已感到一种愉快，并且如果心灵想象它自身和它的活动力量愈为明晰，则它所感觉的愉快便愈大。此证。

绎理　当一个人愈是想象着他被别人称赞，则他的愉快便愈为增进。因为一个人愈是想象着他被别人称赞，则他将愈觉得他能引起别人的快乐（据第三部分命题二十九附释），而这种快乐是伴随着他自己的观念作为原因。所以（据第三部分命题二十七）他自己也会感到更大的快乐，这快乐为他自己的观念所伴随着。此证。

命题五十四 心灵只努力去想象那些足以肯定它的活动力量的东西。

证明 心灵的努力或力量（据第三部分命题七）就是心灵的本质，但心灵的本质只确认心灵所有与心灵所能的东西（这是自明的），而不确认心灵所没有的东西与心灵所不能做的事情，所以心灵只努力去想象足以确认或肯定它的活动力量的东西。此证。

命题五十五 假如心灵想象它自己的无能，它公然会因此感受痛苦。

证明 心灵的本质（据第三部分命题五十四）只确认心灵所有与心灵所能的东西，换言之，心灵的性质在于只想象那足以肯定它的活动力量的东西。所以，假如我们说，当心灵自己观察自己时，它去想象它自己的无能，这无异于说，心灵想象足以肯定它自己的活动力量的东西的努力，是受了阻碍，换言之，（据第三部分命题十一附释）心灵便感受痛苦。此证。

绎理 这种痛苦将愈益增加，如果心灵想象着它是受别人的责备。证明这条绎理的方式与证明第三部分命题五十三的绎理相同。

附释 这种伴随着我们自身软弱的观念而起的痛苦叫做卑谦。由观察自己而起的快乐叫做自爱，或自得。因为每当一个人观察他自己的德行或他自己活动的力量时，这种自爱或自得的乐趣，常常复现，所以每人总是乐于向人宣传他自己的功绩，并吹嘘他自己身体和心灵的力量；由于这个原因，人们每每相互使得对方厌烦。由此可见，人又是生性嫉妒的（参看第三部分命题二十四附释及命题三十二附释），换言之，人总是以同辈的无能而感到快乐，以同辈的才能而感到痛苦。因为一个人只要一想象他自己的行为（据第三部分命题五十三），便会感觉快乐，而且如果他想象着他的行为愈能表示圆满，或者如果他想象他的行为愈是清楚明晰，换言之（据第二部分命题四十附释所说），如果他愈能将他自己的行为同别人的行为分开，而当做个体事物去观赏，则他将愈是感觉快乐。当一个人观赏着他自己所独有而为他人所无的东西时，则他由观赏自己所得的快乐将最大。但如果他将他所肯定他自己的一切，认作属于人或动物的一般观念，则他将不会感到多么快乐。反之，如果他想象着当他的行为与别人的行为比较时，反较他们的行为更软弱，那么他将感觉痛苦，这种痛苦他将（据第三部分命题二十八）借误解同辈的行为，或尽可能大肆夸张他自己的行为，努力以求解除。由此可见，人类的生性就倾向于恨与嫉妒，而他们的教育也有足以助长这种倾向的地方：因为当父母的总是习于以荣誉与嫉妒的引诱，去激励子女遵从德行。

说到这里，也许有人提出异议说，我们亦未尝不尊敬他人，赞美他人的德行。为解除这种驳议，他将加入下面一条绎理：

绎理　没有人会嫉妒那不是他的同辈（或不与他势位相等）的人的德行。

证明　嫉妒只是一种恨（见第三部分命题二十四附释）或痛苦

(据第三部分命题十三附释),这就是说,(据第三部分命题十一)是妨害一个人的努力或活动能力的情绪。但(据第三部分命题九附释),一个人除了从他的本性发出的事物外,既不努力做任何事,亦不欲求得任何物。所以他必不欲肯定他自己任何活动的力量,或换句话说,他决不欲肯定他自己任何异于他的本性而为别人所持有的德行,因为他的欲望并不因而受妨害,这就是说,(据第三部分命题十一附释)他不会由此感觉痛苦,因为他认为德行乃属于与他完全不相同的另一人,所以他不会嫉妒那人,但他只嫉妒一个地位与他相等,性质与他相同的人。此证。

附释 在第三部分命题五十二附释里,我已经说过,我们尊敬一个人,因为我们对于他的智慧、勇敢等表示惊异,这是因为:(正如命题五十二本身所昭示那样)我们想象着,这些德行只为他一个人所特有,而非我们的本性所同有。所以我们决不会嫉妒他,正如我们不会嫉妒树木的高或狮子的勇猛等等。

命题五十六 刺激我们的对象有多少种类,它们所引起的情绪便有多少种类:快乐、痛苦、欲望,和一切由这三种情绪组合而成的情绪(如心情的波动),以及从这三种情绪派生出来的情绪(如爱、恨、希望、恐惧等)。

证明 快乐、痛苦以及由它们组合而成或从它们派生出来的情绪,(据第三部分命题十一附释)乃是激动的感情。但(据第三部分命题一)只要我们一有了不正确的观念,我们便必然被动;并且(据第三部分命题三)只因为我们有了不正确的观念,我们才必然被动,这就是说,(参看第二部分命题四十附释)只要我们仅仅知道想象事物,或者(参看第二部分命题十七及附释)只要我们受感触而起某种情感，这种情感包含我们身体的性质和外界物体的性质时，那么我们必然被动。因此要解释任何一个被动的情感的性质，必须能表示出那刺激起我们的被动情感的对象的性质。例如，为对象 A 所引起的快乐，必包含对象 A 的性质，而为对象 B 所引起的快乐，必包含对象 B 的性质；所以这两种快乐的情绪，其性质是不同的。因为它们是由于不同性质的原因而产生的。同样，为这一对象所引起的痛苦，与为另一原因所引起的痛苦，性质也是各不相同的。此外关于爱、恨、希望、恐惧、心情波动等情绪，均可依此类推。所以刺激我们的对象有多少种类，它们所引起的欲望，以及快乐、痛苦、爱等等便必然恰好有多少种类。

但是欲望乃是一个人的本质或本性的本身，就此种性质被认作为他的某种情况所决定而发出的行为而言（参看第三部分命题九附释）；因为一个人为外界的原因而引起这种或那种快乐、痛苦、爱、恨等情绪，这就是说，因为他的性质被决定而呈这种或那种情况，所以他的欲望也必定变迁无常，而且因为不同的欲望所从出的情绪不同，所以这一欲望的性质与另一欲望的性质，也必定不相同。所以有多少种类的快乐、痛苦、爱、恨等情绪，便会有多少种类的欲望，因此（正如上面所证明那样）有多少种类刺激我们的对象，便会引起我们多少种类的欲望。此证。

附释　就许多不同种类的情绪（据前一命题）中，最主要的为：好吃，酗酒，淫欲，贪婪和虚荣；这些情绪不外是爱或欲望的概念，根据这两个概念通过与这两种情绪有关的对象，以解释这两种情绪的性质。因为所谓好吃、酗酒、淫欲、贪婪和虚荣，除了指对于美味、对于醇酒、对于性交、对于资财、对于荣誉之漫无节制的爱好或欲望外，没有别的了。再则，我们既单就与这些情绪相关联的对象来区别它们的性质，我们看不出有和它们相反的情绪。因为，我们通常提出来反对好吃、好酒和好色的节制、清醒和贞操，并不是情感，也不是被动的情感；而是表示心灵克制这些情感的力量。

其余各种情绪，我不能一一在这里加以解释（因为它们的数目之大与对象的种类之多相当）。即使我能加以解释，也无此必要。因为我们现时的目的只在于决定情感的力量，和心灵克制情感的能力，只须对于每一种情感下一个一般的界说，也就足够了。我说，只须能了解心灵和情感的共同特质，以便我们可以决定心灵的力量有多大，并且如何可以克制并控制情感，便已足够。所以，虽然此种的爱、恨或欲望与别种的爱、恨或欲望之间，有很大的区别，例如，对于小孩的爱与对于妻子的爱，但我们也用不着去分辨这些区别，或更进而去研究这些情感的性质和起源了。

命题五十七　只要这一个个体的本质与那一个个体的本质不同，那么这一个个体的情感与那一个个体的情感便不相同。

证明　这个命题据第二部分命题十三附释后补则三后面的公则一看来，是明白的。但我将仍然从三个原始情绪的界说，加以证明。

一切情绪都和欲望、快乐和痛苦相关联，像我们对于这三种情绪的界说所指出那样。但欲望既是人的本质或本性之自身（参看第三部分命题九附释关于欲望的界说），所以只要一个人的本质或本性与另一人的本质或本性不同，则这人的欲望与那人的欲望便不相同。而快乐与痛苦（据第三部分命题十一及其附释）乃是足以增加或减少、助长或妨碍一个人保持他自己的存在的力量或努力的情感。但所谓保持他自己的存在的努力，就其同时与心灵和身体相关联而言，即是冲动和欲望（参看第三部分命题九附释）。所以快乐与痛苦即是指为外因所决定而增加或减少、助长或限制的冲动与欲望而言；这就是说（据同条附释），快乐与痛苦即是一个人的本性的自身。因此只要这人的本质或本性异于那人的本质，那么这人的快乐或痛苦便与那人的快乐或痛苦不相同。因此这人的情感也就与那人的情感不相同，此证。

附释　据此可以推知，禽兽的本性既是与人的本性不同，所以动物的情感就叫做无理性的情感（因为我们既已明了心灵的起源，我们决不能怀疑禽兽有情感），也就与人的情感不同。譬如，马与人一样，同为延嗣的欲望所驱迫，但马为马的欲望所驱迫，而人则为人的欲望所驱迫。同例，昆虫鱼鸟的欲望与冲动，也必定各不相同。所以虽然每一个体莫不适其性、乐其生，但其所乐之生、自适之性不是别的，正是那一个个体的观念或灵魂。所以只要一个个体的本质与那一个个体的本质不同，则它们的快乐，其性质也随之不同。最后，从上一命题还可以推知，譬如使一个醉汉沉溺其中的快乐，必显著地与一个哲学家所获得的快乐不相同。这是我要在这里附带提一下的。

以上所论，都是关于人的一些情感，就人是被动的而言。此后，我还要简略地讨论一些关于人的情感，就人是主动的而言。

命题五十八　除快乐与欲望是被动的情感外，就我们是主动的而言，属于我们的还有别的快乐与欲望的情感。

证明　当心灵认知它自身和它的活动力量时，它将感觉愉快（据第三部分命题五十三）。但当心灵具有一个真的观念或正确的观念时(据第二部分命题四十三),将必然观察它自身。但(据第二部分命题四十附释二)心灵实具有一些正确的观念。所以就心灵具有正确观念而言,换言之,(据第三部分命题一)就心灵是主动的而言,它必感觉愉快。再则,不论心灵具有清楚明晰的观念,或者具有混淆不清的观念(据第三部分命题九),它总是要努力以保持自己的存在。但这种保持自己存在的努力,(据第三部分命题九附释)我们认为就是欲望。所以就我们是能认识的而言,或者(据第三部分命题一)就我们是主动的而言,也有与我们相关联的欲望。此证。

命题五十九 就心灵是主动的而言,在所有与心灵相关联的一切情绪中,没有一个情绪不是与快乐或欲望相关联的。

证明 所有一切情绪都与欲望、快乐或痛苦相关联,正如这些情绪的界说所指出那样。但是痛苦(据第三部分命题十一及其附释)乃是表示心灵的活动力量之被减少或被限制的情绪,所以只要心灵感受痛苦,则它的思想的力量,这就是说(据第三部分命题一),它的活动的力量便被减少或受到限制。所以就心灵是主动的而言,没有痛苦的情绪会与它相关联,但唯有快乐和欲望的情绪,(据前一命题)才能与它相关联。如证。

附释 从与能认识的心灵相关联的情绪而出的一切主动的行为,都可以称为精神的力量。精神的力量(Seelenstärke)可分为意志力与仁爱力二种。所谓意志力是指每个人基于理性的命令努力以保持自己的存在的欲望而言。所谓仁爱力是指每个人基于理性的命令,努力以扶助他人,赢得他们对他的友谊的欲望而言。故凡一切行为,其目的只在为行为的当事者谋利益,便属于意志力,凡一切行为，其目的在于为他人谋利益，便属于仁爱力。故节制、严整、行为机警等，乃属于意志力一类，反之，谦恭，慈惠等乃属于仁爱力一类。

现在我相信我已经将由欲望、快乐、痛苦三个原始情绪组合而成的许多最主要的情绪和心情的波动解释明白，并且已从它们的第一因加以说明。从我上面的叙述，可以知道，我们在许多情形下，为外界的原因所扰攘，我们徘徊动摇，不知我们的前途与命运，有如海洋中的波浪，为相反的风力所动荡。但我已经说过，我只能解释主要的心灵矛盾，不能解释所有一切心灵矛盾。因为根据我们上面所采取的同样方法，很容易指出，爱与悔、轻蔑、羞耻等相联合是什么情形。但是我相信，我已经解释清楚，使人人明白，情感可以有许多方式的配合，在这些配合的方式中，有许多不同的种类，而这些不同的种类的数目是没有限度的。为了要适合我的目的，只须将重要的情绪一一列举，加以考察就够了；其余的我没有提到的情绪，虽可满足博雅者好奇的兴趣，但无关宏旨，不必缕述了。但关于爱有一种常常出现的特点，我们尚须特别指出，就是当我们享受着我们所欲求的东西时，我们的身体将因此种享受而呈现一种新的状态，此种新状态将给予身体以特殊影响，而在身体中激动起别的东西的形象，而且心灵亦将立即开始想象别的东西，并欲求别的东西。譬如，当我们想象着一种常常引起我们的快感的美味，我们便想要享受它、吃它。但当我们享受美味时，肠胃过于饱满，身体的状态当然也就有了变化。但当身体既已呈现不同的状态，而关于美味的形象，以及对于吃此美味的要求或欲望仍然保持不变，这身体的新状态就会对于美味的要求或欲望感觉厌恶。

因此我们前此所要求的美味，到了现在，我们便觉得它可厌。这就是我们所说的厌恶或厌倦。

此外关于身体外在的感受，有如在战栗、失色、啜泣、大笑等情感可以观察出来的状态，我都省略未提，因为这些状态都只是属于身体的感受，与心灵无关。

最后，关于情绪的界说，我还须补充几点。我将依次将各个情绪的界说，重述一遍。于必要时，我将附以说明。

情绪的界说

1. 欲望是人的本质自身，就人的本质被认作为人的任何一个情感所决定而发出某种行为而言。

说明 在上面第三部分命题九的附释里，我们已经说过，欲望是意识着的冲动，而冲动是人的本质自身，就这本质被决定而发出有利于保存自己的行为而言。但在同一附释里，我也曾经提到，我实在不承认人的冲动和欲望间有什么区别。因为不论一个人意识到他的冲动与否，其为冲动还是一样的。所以为了避免同语反复起见，我并没有用冲动去解释欲望，不过曾经设法给欲望下一个界说，以便欲望的意义可以把人性中一切努力，即我们称为冲动、意志、欲望或本能等总括在一起。因为，我本来也可以说，欲望是人的本质自身，就本质被认作被决定而发出某种行为而言；但根据这个界说，不能推出（据第二部分命题二十三）心灵能够意识到它的欲望或冲动。所以为了足以包括这种意识的原因起见，必须加上（据同一命题）“就本质之被认作为人的任何一个情感所决定而发出某种行为而言”。因为所谓人的本质的情感乃是泛指本质的任何状态而言，不论它是出于天赋，抑或出于后得，或者不论它仅仅是通过思想这一属性而被认知，抑或仅仅通过广延这一属性而被认知，抑或与两个属性同时相关联。所以欲望一字，我认为是指人的一切努力、本能、冲动，意愿等情绪，这些情绪随人的身体的状态的变化而变化，甚至常常是互相反对的，而人却被它们拖曳着时而这里，时而那里，不知道他应该朝着什么方向前进。

2. 快乐是一个人从较小的圆满到较大的圆满的过渡。

3. 痛苦是一个人从较大的圆满到较小的圆满的过渡。

说明　我说过渡，因为快乐并不是圆满本身。如果一个人生来就赋有他必须经过过渡才能达到的圆满性，那么当他具有圆满时，他将不会感到快乐。如果从与快乐正相反对的痛苦这一情绪去看，这个道理将会更显得明白。没有人能够否认痛苦是到较小圆满的过渡，而不就是较小圆满的本身，因为既然一个人具有某种圆满，他就不会感觉痛苦了。而且我们也不能说痛苦包含着较大圆满的缺乏，因为缺乏即是没有。而痛苦的情绪乃是一个事实。所以痛苦必是过渡到较小的圆满的事实，这就是说，一个人的活动能力被减削或受阻碍的事实(参看第三部分命题十一附释)。

至于高兴、快感、烦闷、疼痛的界说，我只好省略了，因为它们主要乃是关于身体的情绪，只不过是快乐或痛苦中之另一种类罢了。

4. 惊异是心灵凝注于一个对象的想象，因为这个特殊的想象与别的想象没有联系。参看第三部分命题五十二及其附释。

说明　在第二部分命题十八的附释里，我们曾经指出，心灵于看见一物而立即过渡到对于他物的思想的原因，是由于这些事物的形象是彼此联系着的，而且这一物的形象随着他物的形象，是按照次序排列着的。不过如果对于一物的形象是新奇的，便不会有这种相互的连系和按照次序排列的过程，因为心灵将持续着凝注于那个新奇的对象，直到别的原因决定心灵使其思想其他事物时为止。所以这种关于新奇事物的想象，就其本身而论，与其他的想象，性质本身是相同的。因此我不将惊异列入情绪之内，我也寻不出原因，为什么我应将惊异列入情绪之内。因为像惊异中所表现的心灵的这种抽象作用，并非起于心灵从别种事物抽象出来的一种积极的原因，而仅是起于心灵缺乏一种原因，缺乏一种由观察一物立即被决定而思想他物的原因。所以我只承认(像第三部分命题十一附释里所提到的那样)三个原始的或基本的情绪，即快乐、痛苦和欲望。我所以提到惊异的唯一原因，即由于每当从那三个原始情绪派生出来的一些情绪，与我们所惊异的对象相关联时，人们总是习于给予它们以别的名称。同样的原因又使得我在这里加上对“轻蔑”的界说。

5. 轻蔑是对于心灵上觉得无关轻重之物的想象，当此物呈现在面前时，心灵总是趋于想象此物所缺乏的性质，而不去想象此物所具有的性质(参看第三部分命题五十二附释)。

敬畏和侮慢的界说兹亦从略，因为据我所知，没有任何情绪是从它们那里取得它的称号。

6. 爱是为一个外在原因的观念所伴随着的快乐。

说明　这个界说说明爱的本质已经充分明白。有些著作家对爱所下的界说，谓爱为爱者要求被爱者合而为一的意志，这只是表示爱的特质之一。未能说出爱的本质。因为他们对于爱的本质既未充分认识清楚，对于爱的特质也不能有一个明晰的概念，所以许多人都认为那些作家的界说甚为费解。但当我说爱者要求和被爱者合而为一的意志是爱的特质时，我必须声明，我并不认为意志是心灵的同意或深思熟虑，亦即自由的决定（因为这是一种幻想，我已于第二部分命题四十八证明），也不认为爱是当被爱的人不在时，爱者要求和被爱者合而为一的欲望，更不认为爱是当被爱的人在前面时，爱者要求继续在他所爱的人的前面的欲望，因为，即使没有上述的任何一种欲望，我们仍然可以设想爱的性质。而我所谓意志是指被爱的对象在爱者的面前时所引起他的满足而言。有了这种满足，那爱者的快乐便加强了，或至少被促进了。

7. 恨是为一个外在原因的观念所伴随着的痛苦。

说明　根据前一界说的说明，此处所须说的，即可易于看出。此外请参看第三部分命题十三附释。

8. 偏好是为偶然引起快乐的对象的观念所伴随着的快乐。

9. 厌恶是为偶然引起痛苦的对象的观念所伴随着的痛苦（参看第三部分命题十五附释）。

10. 敬爱是对于令我们惊异的对象的爱。

说明　在第三部分命题五十二的附释里，我已经指出惊异是起于对象的新奇。因此假如我们常常想象着我们素表惊异之物，我们后来就会对它停止表示惊异，这样我们便可以看出敬爱的情绪很容易转变成单纯的爱。

11. 嘲笑（irrisio）是由于想象着我们所恨之物有可以轻视之处而发生的快乐。

说明　只要我们一轻视所恨之物，则我们便因而否认它的存在(参看第三部分命题五十二附释),也可感觉快乐(据第三部分命题二十)。但是我们既然假定一个人恨他所嘲笑之物,便可以推知这种快乐并不是持久的快乐。请参看第三部分命题四十七附释。

12. 希望是一种不稳定的快乐,此种快乐起于关于将来或过去某一事物的观念,而对于那一事物的前途,我们还有一些怀疑(参看第三部分命题十八,附释二)。

13. 恐惧是一种不稳定的痛苦,此种痛苦起于关于将来或过去某一事物的观念,而对于那一事物的前途,我们还有一些怀疑。请参看第三部分命题十八附释二。

说明 从这些界说可以推知,没有只有希望而无恐惧,也没有只有恐惧而无希望的事。因为当一个人徘徊于希望中,并怀疑某一事物的前途时,总是想象某种足以排斥那未来的事物的存在的东西,所以在这样情形下,(据第三部分命题十九)他不免感觉痛苦。所以当他徘徊于希望中时,他恐惧着他所想望的事物不会实现。反之,如果一个人恐惧或怀疑他所恨的事物的前途,则他必想象一种足以排斥他所恨的事物的存在的东西,因此(据第三部分命题二十)他将感到愉快,所以在这种情形下,他希望他所恨的事物不会实现。

14. 信心是起于一种无可置疑的过去或将来之物的观念的快乐。

15. 失望是起于一种无可置疑的过去或将来之物的观念的痛苦。

说明 由此可见,信心起于希望,失望起于恐惧,当希望或恐惧的对象的前途已是无可置疑之时。希望或恐惧之发生,或者因为我们把一个过去或将来的东西想象着即在目前，并认它为现实存在。或者因为我们想象某种别的东西，足以排除令我们怀疑之物的存在。因为我们对于个体事物的前途虽然决不能确定（据第二部分命题二十一绎理），但事实上有时我们对于它的前途亦可毫不怀疑。因为我们前面曾经说过（参看第二部分命题四十九附释），不怀疑是一回事，具有确定性又另是一回事，所以从对于一个过去或将来的事物的形象，我们可以感到同样的快乐或痛苦的情绪，如像我们从一个当前的事物的形象所可感到的快乐或痛苦的情绪一样。这点我已于第三部分命题十八里加以证明，请读者参看，并参看那命题的附释。

16. 欣慰是为一件意外发生的过去的事的观念所伴随着的快乐。

17. 惋惜是为一件意外发生的过去的事的观念所伴随着的痛苦。

18. 同情是为我们想象着我们同类中别的人受灾难的观念所伴随着的痛苦。参看第三部分命题二十二附释及命题二十七附释。

说明　同情与怜悯间好像没有什么区别。不过同情大约是指个别情绪而言，而怜悯则是指倾向同情情绪的精神状态而言。

19. 对于曾做有利于他人之事的人表示爱，便叫做嘉奖。

20. 对于曾做有害于他人之事的人表示恨，便叫做义愤。

说明　我深知道，这些名词在日常用语中，具有别的意义。但是我的目的不在于解释名词的意义，而在于解释事物的性质，用一些名词来表示这些事物，我应用这些名词的意义，与这些名词在日常用语中的意义,并不十分违反。我相信只消这样提示一下就够了(关于这些情绪的原因,可参看第三部分命题二十七的绎理一,及命题二十二的附释)。

21. 因爱一个人而对他估量过高便叫做过奖。

22. 因恨一个人而将他看得太低便叫做轻视。

说明 由此可见,过奖或轻视,乃是爱或恨的结果或特质。所以过奖可以界说为一种为爱所蔽而对于所爱之物估量太高的爱,反之,轻视可以界说为一种为恨所蔽而对于所惧之物看得太低的恨(请参看第三部分命题二十六附释)。

23. 嫉妒是一种恨,此种恨使人对他人的幸福感到痛苦,对他人的灾殃感到快乐。

说明 与嫉妒相反的情绪,普通说来,就是同情。同情,也许与这字通常的意义有出入,可界说如下:

24. 同情是一种爱,此种爱使人对他人的幸福感到快乐,对他人的不幸感到痛苦。

说明 关于嫉妒的别的特质,可参看第三部分命题二十四附释,及命题三十二附释。这便是为一外在事物的观念所伴随着而引起的快乐和痛苦的情绪,而这外在事物的观念或者是引起这些情绪的本质的原因,或者是引起这些情绪的偶然原因。现在我将进而讨论为我们内心事物的观念所伴随着作为原因的别的情绪。

25. 自满是由于一个人省察他自己和他的活动力量而引起的快乐。

26. 卑谦是由于一个人省察他的无能或软弱无力而引起的痛苦。

说明　就自满是我们想到我们的活动力量而引起的快乐而言，自满便和卑谦相反。但是就自满是我们相信出于心灵的自由命令而做的事情的观念所伴随着而引起的快乐而言，自满便和懊悔相反。懊悔可界说如下：

27. 懊悔是为我们相信出于心灵的自由命令而做的事情的观念所伴随着而引起的痛苦。

说明　在第三部分命题五十一的附释里，及第三部分命题五十三、五十四和命题五十五及其附释里，我已经指出什么是引起这些情绪的原因。关于心灵的自由命令，可参看第二部分命题三十五附释。但这里我还须指出，举凡世俗习惯所谓恶行，必有痛苦相随，而所谓一切善行，必有快乐相随，实毫不足怪。但据我们前面所说看来，这大部分是取决于教育，亦显而易见。实际上，当父母的人，总是指斥恶行，一旦子女犯了过失，则严加责罚，同时复怂恿和劝告子女去做善事，若子女有所善行表现，则盛加赞许。这样便使痛苦的情绪与恶行相联，快乐的情绪与善行相联。这也是经验可以证明的。因为习惯和宗教，各处并不相同。反之，此处的人认为神圣的东西，他处的人或许认为猥亵，此处的人当做荣誉的事，他处的人或许以为可耻。所以唯有教育可以决定，人对于某种行为，究竟将采取懊悔的态度呢，抑或采取夸耀的态度。

28. 由于爱自己而将自己看得太高就是骄傲。

说明　由此可见，骄傲与过奖有区别，过奖是指把一个外在对象估量太高而言，而骄傲乃是指一个人自己把自己看得太高而言。因为过奖是爱别人的结果或特质，所以骄傲便是爱自己的结果或特质。故骄傲可界说为由自爱或自满而使得一个人自视太高的情绪(参看第三部分命题二十六附释)。就此点而论,骄傲却没有反面,因为没有由于自己恨自己而将自己看得太低的人,即使一个人有时想象他自己不能做这事或那事,他也不会把他自己看得太低。因为当他想象着他所不能做的什么事,他想象这是必然的。他将受他这种想象的影响,而真正地不能做他所想象着他不能做的事。因此只要他想象着他自己不能做这事或那事,他便没有被决定去做那事,结果要他去做那事,是不可能的。但是如果我们试纯就意见去看,则我们便可以设想,一个人把自己看得太低是可能的事,因为那是很可能的事,有时一个人痛苦地省视他自己的软弱,他会想象着别人都在轻视他,虽则别的人心中再也没有存着轻视他的意思。此外一个人还可以将他自己看得太低,如果在现时,他否认与他有关而他并不确知的事于将来。譬如,若是他宣称他不能设想任何确定的事物,或除了卑鄙邪恶的事外,他更不能有别的欲望,或做别的事务之类。我们亦可以说,一个人是看轻他自己,如果我们看见他因为过于怕羞,拒绝做"与他"同等的别的人敢于去做的事。所以我们可以提出这个情绪作为骄傲的反面,而称之为自卑心。正如自满之出于骄傲,所以自卑便出于卑谦,故可加以这样的界说:

29. 由于痛苦而将自己看得太低就是自卑。

说明　我们通常总以为骄傲与卑谦正相反对,但这只是注重这两种情感的效果而不是注重它们的本质的看法。因为我们习于称一个人骄傲,若是他自己矜夸太甚(据第三部分命题三十附释),除了夸张他自己的才德和指斥别人的缺点外,不谈别的,他总是想出人头地,他高视阔步,衣饰阔绰,生活习惯俨如地位远比他高的人一样;反之,我们称一个人卑谦,如果他常常面赤耳热,他承认自己的缺陷,称道别人的德行,凡事让人,走路时低着头,不注意仪表。像这种卑谦与自卑的情绪是很少见的。因为人性的本身,总是趋于尽量反对这些情绪(参看第三部分命题十三和命题五十四),因此有许多以卑谦退让著名的人,每每是异常嫉妒、异常有野心的人。

30. 荣誉是为我们想象着我们的某种行为受人称赞的观念所伴随着的快乐。

31. 耻辱是为我们想象着我们的某种行为受人指责的观念所伴随着的痛苦。

说明　关于这些情绪,请参看第三部分命题三十附释。但这里我们还必须提一提耻辱与害羞间的区别。耻辱是从我们感觉羞耻的行为产生的一种痛苦。害羞是畏惧或害怕耻辱的情绪,这种情绪可以阻止人不去犯某些卑鄙的行为。一般人总常以无耻与害羞对立,其实无耻并不是一种情绪,在适当的地方,我将要指出这点。但我已经说过,情绪的名词大都基于习用,而不足以表示情绪的性质。

至此我便结束了我所提出来的解释快乐和痛苦的情绪的工作。所以我现在要进而讨论属于欲望的情绪。

32. 渴望是想要占有某种东西的欲望或愿望,这种欲望由于对那物的回忆而加强,但同时由于对别的足以排斥那所欲的对象的东西的回忆而被阻碍。

说明　我已屡次说过,当我们回忆一物,我们总是趋于用同样的情绪,把它当做即在目前似的去怀想它。但是这种趋势或努力,只要我们是清醒的，总是被我们所回忆着的足以排斥那物的存在的意象所阻碍。所以当我们回忆一个足以引起我们任何一种快乐的事物时，我们总是趋于用同样的情绪，把它当做即在目前似的去怀想它。但这种努力立刻即被关于足以排斥那物存在的东西的回忆所阻碍。故渴望实在是与因所恨之物的不在而起的快乐相反的痛苦。关于这点可参看第三部分命题四十七附释。但因渴望这个名称似与欲望相关连，所以我认为他是属于欲望的情感。

33. 好胜是对于一物的欲望，这种欲望之发生是由于我们想象着别的人有同样的欲望。

说明　一个人逃跑，因为他看见别人逃跑，一个人害怕，因为他看见别人害怕，或者甚至于一个人偶尔看见他人烧着手，因而立即缩回他的手，移动他的身体，好像他的手也被烧着似的，像这种情形便可以说，是模仿他人的情绪，但不能说是与别人争胜。这并不是我们承认好胜起于一个原因，模仿起于另一个原因，但只是因为我们总是习于称一个人好胜，如果他模仿我们所认为高尚的、有用的或快乐的事（关于好胜的原因，参看第三部分命题二十七及其附释。关于嫉妒何以通常与好胜相关联的原因，参看第三部分命题三十二及其附释）。

34. 感恩或谢忱是基于爱的欲望或努力，努力以恩德去报答那曾经基于同样的爱的情绪，以恩德施诸我们的人（参看第三部分命题三十九及命题四十附释）。

35. 仁慈是施恩惠给我们所怜悯的人的欲望（参看第三部分命题二十七附释）。

36. 忿怒是我们因恨被激动而欲伤害所恨的人的欲望（参看

第三部分命题三十九)。

37. 复仇是我们被相互的恨所激动而欲伤害那基于同样的情绪曾经伤害过我们的人的欲望(参看第三部分命题四十绎理二及其附释)。

38. 残忍或凶狠是一个人被激动而伤害他所爱或他所怜悯的人的欲望。

说明　与残忍正相反的为慈善。慈善不是被动的情感,而是一个人克制他的忿怒和复仇的心灵力量。

39. 懦弱是宁肯忍受较小的祸害而避免所畏惧的较大的祸害的欲望(参看第三部分命题三十九附释)。

40. 勇敢是一个人被激动而做同辈的人所不敢做的危险之事的欲望。

41. 一个人可以说是胆小,如果他因为害怕同辈的人都敢于承当的危险而压制他自己的欲望。

说明　所以胆小不是别的,只是对于多数人通常并不感到恐惧的祸害表示恐惧,因此我不将胆小算做欲望的情绪。但我亦愿在这里加以解释,因为就欲望而论,胆小实在是与勇敢正相反对。

42. 一个人可以说是陷于惊惶失措,如果他避免祸害的欲望,因对他所恐惧的祸害表示惊异,而被阻碍。

说明　由此可见,惊惶失措乃是一种胆小。但是因为惊惶失措是起于双重的恐惧,故可更恰当地界说为一种使人痴呆惶惑,而不知如何解除祸害的恐惧。就人因惊异而阻碍其消除祸害的欲望而言,故叫做痴呆。就他避免祸害的欲望为对另一种使他受苦痛的祸害的恐惧所阻碍,因此他对于两种祸害,不知避免哪一种是好而言，又可叫做惶惑（参看第三部分命题三十九及第三部分命题五十二附释关于怯懦和勇敢，参看第三部分命题五十一附释）。

43. 和蔼或谦逊是只做使人喜悦之事而不做使人不快之事的欲望。

44. 好名是追求名誉没有节制的欲望。

说明　好名（据第三部分命题二十七和三十一）是助长并加强一切情绪的欲望，因此好名的情绪几乎是不能克制的。因为只要一个人具有欲望，他必然具有好名之心。西赛罗说过："伟大的人物都是受好名之心的支配。即使有许多哲学家，当他们著书教人蔑视荣誉时，仍然将他们的姓名写在封面上。"（见对阿基亚人演说辞）。

45. 好吃是对于美味无节制的欲望或爱好。

46. 酗酒是对于醇酒无节制的欲望和爱好。

47. 贪婪是对于资财无节制的欲望和爱好。

48. 淫欲是对于性交无节制的欲望和爱好。

说明　对于要求性交的欲望通常都叫做淫欲，不论有节度与否。

再则，上面这五种情绪（正如第三部分命题五十六附释所指出）都没有反面的情绪。因为谦逊乃是好名心的一种，于第三部分命题二十九附释里即可看见。而且我已经指出，节制、清醒和贞操只表示心灵的力量而不是被动的情感。即使我们试假定一个贪婪的、好名的或怯懦的人，停止过度的食美味、饮美酒和男女性交，但贪婪、好名和怯懦并不是好吃、酗酒和淫欲的反面。因为贪婪的人大都愿意尽量食肉饮酒，只要这些酒肉属于他人，不要自己费钱。

同样，好名的人只要他希望他的劣迹能保持秘密，他也将决不加以节制，如果他同贪酒好色之徒相处，正因为他好名之故，他愈是要倾向于附合他们去作恶。而怯懦的人每每做他所不愿做的事，虽然为求免于一死起见，他可以将他的财物抛诸海中，但他仍然是贪婪的。并且即使一个好色的人，因不能满足色情而感愁苦，亦不失其为好色的人。所以，概括讲来，这些情绪并不关涉于饮食男女的行为，而是关涉于欲望及爱好的本身。因此除了灵魂的高洁和心灵的力量外，没有别的东西与这些情绪正相反对。我们此后将更可明白见到。

关于嫉妒的界说和其余的心情的波动，我将省略不提，一则因为它们是我们已经加以界说的许多情绪的复合体，二则因为许多这样的情绪还没有特殊的名字。这个事实足以昭示我们为生活的方便起见，只须知道一些主要的情绪即已足够。而且从那些已经解释明白的情绪的界说里，即已表明所有一切情绪皆从欲望、快乐或痛苦派生出来，也可以说，除了这三种情绪之外，没有别的情绪，所有一切不同的情绪，仅不过是用来表示这三种原始情绪间的关系和外在迹象的变迁之不同的名称而已。

如果我们注意这些原始的情绪，以及上面所说关于心灵的性质，那么我们便可单就情绪与心灵的关系而论，给情绪加以这样的界说：

情绪的总界说

情绪，所谓心灵的被动，乃是一个混淆的观念，通过这种观念心灵肯定其身体或身体的一部分，具有比前此较大或较小的存在力量，而且由于有了这种混淆的观念，心灵便被决定而更多地思想此物，而不思想他物。

说明　首先我说心中的情绪或被动的情感是一个混淆的观念。因为我曾经证明（参看第三部分命题三），只要有了不正确的或混淆的观念，心灵便是被动的。其次我又说，通过这种观念，心灵肯定其身体或身体的一部分，具有比从前较大或较小的存在力量。因为我们所具有的一切关于身体的观念（据第二部分命题十六绎理二），正所以表示我们的身体的现实情状，而不表示外在物体的性质。但是这个构成情绪的形式或实质的观念，必然要表示或表明身体的情状，或身体的某一部分的情状。身体或身体任何一部分所以具有这种情状，乃由于身体的活动力量或存在力量的增加或减削、助长或受限制。但必须注意，我所谓具有比从前较大或较小的存在力量，我的意思并不是说心灵把现在的情状与过去的情状比较，而是说构成情绪的形式的观念肯定身体有某种情状，此情状实际包含比从前较多或较少的实在性。因为心灵的本质（据第二部分命题十一和十三）在于肯定身体的实际存在，并且因为所谓圆满性即是一物的本质，由此可以推知，当心灵能肯定于其身体或身体的某一部分的某种东西具有比从前较大或较小的实在性时，那么心灵便是过渡到一个较大或较小的圆满性。所以当我说心灵的思想力量之增加或减少时，我的意思总是在说，心灵形成了关于身体或身体的某一部分的观念，此观念比它前此所肯定于其身体的情状，表示较大或较小的实在性。观念的优越性和思想的实际力量，是以对象的优越性为衡量的标准。

最后我还要补充说，“有了这种观念，心灵便被决定更多地去思想此物而不思想他物”，如是，除了在这个界说的前一部分解释了快乐和痛苦的性质之外，我又表明了欲望的性质。

第四部分　论人的奴役或情感的力量

序　言

我把人在控制和克制情感上的软弱无力称为奴役。因为一个人为情感所支配，行为便没有自主之权，而受命运的宰割。在命运的控制之下，有时他虽明知什么对他是善，但往往被迫而偏去做恶事。这到底是什么原因，情感的善恶何在，便是本篇中所要阐明的。但在没有开始讨论以前，且让我对于圆满和不圆满，以及善和恶的性质简单说几句话。

如果有人打算做一件事，并且业已完成*这事，则他的工作，便被称为圆满*，不仅他自己，只要任何人确实知道，或相信自己知道，做那事的人的主意和目的，都会称他的工作为圆满。例如，我们看见一件工程（假定这工程尚未完成），如果我们知道主持这工程的人的目的是在建筑一所房子，则我们就会说这所房子不圆满或尚未完成。反之，只要我们看见这所房子已经依照主持者的

---

* 按拉丁文原文 perficere 有完成和圆满或完善两重意义，这里主要是用“完成”的意思来说明一般人所了解的有关善恶评价方面的“圆满”或完善。——译者注

计划，建筑完竣，则我们便会称这所房子为圆满，但是假如我们看见一个从来没有见过的工程，并且假如我们也不知道那工程师的主意，于是我们就不能断言这件工程是圆满或不圆满的了。这似乎就是圆满和不圆满两个名词的原意。但是后来人们逐渐形成一般的观念，想出一些房屋、楼台、宫殿等模型，并且喜好某些类型的事物而厌弃别种类型的事物。因此每一个人称一物为圆满，只要这物符合他对于那类事物所形成的一般观念，反之，他将称一物为不圆满，如果这物并不十分符合他对于那类事物所预先形成的模型，虽说按照制造者的本意，这物已经是圆满的完成了的。这似乎就是圆满和不圆满两概念何以常常会被应用于不经人手制造的自然事物上面的唯一原因。因为人对于自然和人为的事物，总有习于构成一般的观念，并且即认这种观念为事物的模型，他们而且又以为自然（他们相信自然无论创造什么东西，都是有目的的）。本身即意识到这些模型，而且把它们提出来作为事物的型式。所以当人们看见一件自然事物，不完全符合他们对于那类事物所构成的型式，他们便以为自然本身有了缺陷或过失，致使得那物不圆满或未完成。由此足见应用圆满和不圆满等概念于自然事物的习惯，乃起于人们的成见，而不是基于对于自然事物的真知。因为在本书第一部分的附录里，我已经指出自然的运动并不依照目的，因为那个永恒无限的本质即我们所称为神或自然，它的动作都是基于它所赖以存在的必然性；像我所指出的那样（据第一部分命题十六）神的动作正如神的存在皆基于同样的自然的必然性。所以神或自然所以动作的原因或根据和它所以存在的原因或根据是一样的。既然神不为目的而存在，所以神也不为目的而动作。神的存在既然不依据擘划或目的，所以神的动作也不依据擘划或目的。因此所谓目的因不是别的，乃即是人的意欲，就意欲被认为是支配事物的原则或原因而言。譬如，当我们说供人居住是这一所房子或那一所房子的目的因，我们的意思只是说，因为一个人想象着家庭生活的舒适和便利，有了建筑一所房子的欲望罢了。所以就造一所房子来居住之被认作目的因而言，只是一个特殊的欲望，这个欲望实际上是建筑房子的致动因，至于这个致动因之所以被认作第一因，乃由于人们通常总是不知道他们的欲望的原因。因为正如我常常说过的那样，人们虽然意识到他们的行为和欲望，但是却不知道决定他们去追求某种东西的原因。至于认为自然有时似乎有缺陷或过失，或创造不圆满的事物等世俗之见，应该列入第一部分附录里所提到的那些想象之中。

所以圆满和不圆满其实只是思想的样式，这就是说，只是我们习于将同种的或同类的个体事物，彼此加以比较，而形成的概念。由于这个原因，所以在第二部分界说六里我把实在性和圆满性理解为同一的东西。因为我们习于将自然中的一切个体事物，归在一个总类之下，这个总类便被叫做最一般的东西，换言之，即归在"存在"这一概念之下。这个存在的概念一般地包括自然中所有一切个体事物在内。因此只要我们将自然中一切个体事物归在这个总类之下，将它们彼此加以比较，而发现有一些事物比另一些事物所具有的实在性或圆满性较多，于是我们便说某一些事物比较另一些事物更圆满。只要我们对于那些被认作比较不圆满的事物，加给一些包含否定性的名词，如界限、终结、薄弱等等，则我们便说它们为不圆满，因为它们感动我们的心灵，没有被我们称为圆满的事物那样强烈，但这并不是因为它们本质上有什么缺陷，也不是因为自然犯了过失。因为未有不从自然的致动因的必然性而出，而可以构成任何事物的本性的，而且无论任何事物只要是从自然的致动因之必然性而出的，就必然会发生。

就善恶两个名词而论，也并不表示事物本身的积极性质，亦不过是思想的样式，或者是我们比较事物而形成的概念罢了。因为同一事物可以同时既善又恶，或不善不恶。譬如，音乐对于愁闷的人是善，对于哀痛的人是恶，而对于耳聋的人则不善不恶。但事实虽然如此，对于这些名词，我们必须保持。因为既然我们要为我们自己构成一个人的观念，以作人性（或人格）的模型，那么在我上面所提到的意义下，保持这些名词，也不无益处。因此在下文里所谓善是指我们所确知的任何事物足以成为帮助我们愈益接近我们所建立的人性模型的工具而言。反之，所谓恶是指我们所确知的足以阻碍我们达到这个模型的一切事物而言。再则，我判断人的圆满或不圆满，完全以那人较多或较少接近这个模型的程度为准。因此必须特别注意的就是，当我说一个人从较小的圆满过渡到较大的圆满，或者从较大的圆满过渡到较小的圆满，我的意思并不是认为他从一种本质或型式，转变成另一种本质或型式，（因为譬如一匹马无论变成人也好，变成昆虫也好，它的本质都是同样地遭到毁灭了。）而乃是指被了解作为它的本性的活动力量之增加或减少而言。最后，一般地说来，正如我前面所说，圆满性就是实在性。换言之，圆满性就是任何事物的本质，只就那物是按一定的方式而存在和动作的而言，而不管那物在时间中存在的久暂。因为没有一个事物因其曾在时间中维持较长久的存在，便可说是更圆满。

况且事物存在的久暂，不是由它的本质所决定。而事物的本质也不包含某种确定的存在时间。任何事物，不论其圆满的程度如何，总是永远能够具有那物开始存在时同样的力量以保持其存在。所以就此点而论，万物莫不同等。

界说

（一）所谓善是指我们确知对我们有用的东西而言。

（二）反之，所谓恶是指我们确知那阻碍我们占有任何善的东西而言。

（关于这两个界说，请参看前面序言的末段。）

（三）我称个体事物为偶然的，是指当我们单独考察它的本质时，我们不能发现任何东西必然肯定它的存在，或者必然排斥它的存在而言。

（四）我称同一个体事物为可能的，是指当我们考察产生这些事物的原因时，我们并不知道这些原因是否被决定而产生这些事物而言。

（在第一部分命题三十三的附释里，我对于可能与偶然，未曾加以区别，因为那里实用不着将二者加以严密的区别。）

（五）在下文里所谓相反的情感是指虽同属于一类，但是以引诱人们到不同的方向的情感而言。有如贪食与贪财，皆同是爱之一种，按本性看来两者并不是相反，而只是偶然地相反。

（六）对于将来，现在和过去之物的情感的性质，我已在第三部分命题十八附释一及附释二里加以说明，请参考。

（但这里必须注意的，就是我们对于空间的距离正如对于时间的距离一样，只有在一定限度内可以有相当清楚的想象。这就是说，一切事物只要与我们的距离超出二百呎以上，或与我们所在地的距离超出所能明晰想象的程度以外，总觉得与我们的距离好像是同等的，好像全在相同的平面上。同样道理，一切事物，只要它们存在的时间隔现在有了很长的距离，超出我们所能明晰想象的程度，我们便总觉得它们与现在的距离好像是相等的，于是总是把它们全都算做在某一时段之内。）

（七）所谓目的，（为着这个目的我们有所作为），就是指欲望而言。

（八）德性与力量我理解为同一的东西。换言之（据第三部分命题七），就人的德性而言，就是指人的本质或本性，或人所具有的可以产生一些只有根据他的本性的法则才可理解的行为的力量。

公　　则

天地间没有任何个体事物不会被别的更强而有力的事物所超过。对任何一物来说，总必有另一个更强而有力之物可以将它毁灭。

命题一　一个错误的观念所包含的积极成分，不是仅仅凭借单纯的真观念的出现所能取消。

证明　错误（据第二部分命题三十五）纯是起于知识的缺陷，而知识的缺陷即包含在不正确的观念之内，而不正确的观念（据第二部分命题三十三）并未具有任何肯定成分，据此可以称为错误。

反之,就这些观念与神相联系而言,(据第二部分命题三十二)它们还可称为真的观念。所以假如一个错误观念所包含的积极成分,只是凭借单纯的真观念的出现可以取消,那么真观念将会自己取消自己,(据第三部分命题四)此实不通。所以一个错误的观念所包含的积极成分,不是仅仅凭借单纯的真观念的出现所能取消。此证。

附释　根据第二部分命题十六的绎理二看来,这一命题更可明白了解。因为一个想象就是一个观念,这观念正所以表示人的身体现时的情状,而不表示外界物体的性质,并且表示得模糊而不明晰。因此人们便说,心灵陷于错误了。譬如,当我们望见太阳时,我们总想象着太阳距离我们大约有二百呎远,只要我们不知道太阳与我们的真距离,我们将仍然会被这种幻觉所骗。当我们知道了太阳的真距离后,错误可以说是被扫除了,但是想象却并未被取消。这就是说,按照我们身体的感触去说明太阳的性质所产生的观念,却并未被取消。所以我们虽明知太阳的真距离,但我们仍然想象太阳距我们很近。因为正如我在第二部分命题三十五附释里所指出那样,我们所以想象太阳距我们那样近,并不是因为我们不知道太阳的真距离,而是因为心灵只凭身体的感触,去想象太阳的大小。所以当日光照射在水面上,又由那儿反射到我们眼里时,我们明知太阳真正的所在处,但我们却仍然想象着太阳是在水里面。不论这些想象表示身体的自然情状也好,增加或减少身体的活动能力也好,它们并不违反真理,而且即使认识真理后,它们也并不因而消灭。诚然,有时我们因为毫无根据地害怕一种祸害,当我们一得真确消息时,恐惧立即消散。但反之,有时我们害怕一种快要临头的祸害，当我们听得一个虚假的消息，我们的恐惧也同样地消散。由此可见想象并不只是由于单纯的真理的出现而消散，但是必须因为有了更强而有力的想象，才可以排除我们现时所想象的对象的存在，像第二部分命题十七所指出那样。

命题二　只要我们是自然的一部分，是自然中不能离开的别的事物而可单独设想的一部分，我们便是被动的。

证明　如果有什么事情发生在我们之中，而我们仅是这事的部分的原因（据第三部分界说二）换言之（据第三部分界说一），这事不能单独从我们自己本性的法则里推究出来，那么我们便可以说是被动的。所以只要我们是自然的一部分，是自然中不能离开别的事物而可单独设想的一部分，我们便是被动的。此证。

命题三　人借以保持其存在的力量是有限制的，而且无限地为外部原因的力量所超过。

证明　从第四部分的公则看来，这是很明白的。因为假如有人在此，必更有他物在此，例如甲，比他更强而有力；假如有了甲在此，必另有他物在此，例如乙，较甲又更强而有力，如此递推，以至无穷。因此人的力量总是为别的事物的力量所限制，而且无限地为外部原因的力量所超过。此证。

命题四　要一个人不会是自然的一部分，要他不被动地感受变化，反之，要他一切动作都可单独从他自己的本性去理解，且都以他自己为正确的原因，这是不可能的。

证明　个体事物（人当然也在内）借以保持其存在的力量（据第一部分命题二十四绎理）就是神或自然的力量，不是就此力量是无限的而言（据第三部分命题七），而是就此力量可以通过人的现实本质而得到说明而言。所以人的力量，就其可以通过他的现实本质得到说明而言，就是神或自然的无限力量的一部分。这就是说（据第一部分命题三十四），就是神或自然的本质的一部分。这是必须证明的第一点。再则，如果一个人除了仅仅感受可以单独从他自己固有的本性去理解的变化之外，决不会被动地感受任何别的变化，则（据第三部分命题四和命题六）推来，他将不会死灭，反之，他必然会永远存在。而且这个必然的存在所赖以产生的原因，其力量不是有限的，必是无限的：换言之，他所以能必然存在的原因不是纯出于他自己的力量，以排除一切别的由于外在的原因而产生的变化，必是出于自然的无限力量，借此力量以指导一切个体事物，使它们产生除了足以保持其自我存在的动作外，不致被动地感受任何变化。但前一层，（据前一命题——这一命题的证明是有普遍性的，可以应用于所有一切个体事物）是不通的。但是假如一个人除了纯可从自己本性去理解的动作之外，不被动地感受任何变化，是可能的话，那么（正如我所指出的那样），他将永远必然存在，而他的必然存在又是出于神的无限力量。所以从神性之必然（据第一部分命题十六）就神性之分化为任何一个人的观念而言，整个自然的秩序，就自然之通过思想与广延的属性而得到理解而言，将可从此推出。由此应当推出（据第一部分命题二十一）人将是无限的。（据此证明的前一部分）这是不通的。所以要一个人不被动地感受变化，反之，要他一切动作都以他自己为正确原因，是不可能的。此证。

绎理　由此可以推知，人必然常常受制于感情，顺从并遵守自然的共同秩序，并且使他自己尽可能适应事物的本性的要求。

命题五　任何情感的力量和增长以及情感的存在的保持不是受我们努力保持存在的力量所决定，而是受外在的原因的力量与我们自己的力量相比较所决定。

证明　情感的本质（据第三部分界说一和二）不能仅用我们的本质去解释。这就是说（据第三部分命题七），情感的力量不能为我们努力保持存在的力量所决定，但（正如第二部分命题十六所指出那样）必然为外在原因的力量与我们自己的力量相比较所决定。此证。

命题六　人的某一个情欲或情感的力量可以那样地超过他的一切别的行为或力量，致使他牢固地为这个情感所束缚住。

证明　任何情感的力量和增长以及其存在的保持（据第四部分命题五）是受一个外在的原因的力量与我们自己的力量相比较所决定，所以（据第四部分命题三）它可以那样地超过人的力量等等。此证。

命题七　一个情感只有通过一个和它相反的，较强的情感才能克制或消灭。

证明　一个情感，就其与心灵相关联而言，乃是心灵借以肯定它的身体具有比前此较大或较小的存在力量的一个观念（据第三部分篇末情绪的总界说）。所以无论何时只要心灵受到任何情感的刺激，而身体也同时受到一种感触，这感触使得身体的活动力量有所增加或减少。再则，这种身体的感触（据第四部分命题五）从它自己的原因得到一种力量以保持自己的存在，因此，除非有别的身体的原因（据第二部分命题六）以一个与前一个情感相反的（据第三部分命题五），并且较强烈的情感（据第四部分公则一）刺激那身体外，不能加以克制或取消。于是心灵（据第二部分命题十二）便可感到一种情绪的观念，这观念相反于并且较强于前一种情感。这就是说（据情感的总界说），心灵将感到一种与前一种相反的并且较强的情感，而这较强的情感可以排斥或消灭别种情感的存在。所以，一个情感，只有通过一个和它相反的较强的情感，才能克制或消灭。此证。

绎理 一个情感，就它与心相关联而言，只有通过一个与我们所被动地感受着的情感相反的较强的身体的感触的观念，才能加以克制或消灭。因为我们所被动地感受着的情感（据第四部分命题七）只有通过一个相反而较强的情感，才能克制或消灭；这就是说（据情感的总界说），那个情感只有通过一个身体的感触的观念，这观念相反于并且较强于我们所被动地感受着的情感，才能克制或消灭。

命题八 善与恶的知识不是别的，只是我们所意识到的快乐与痛苦的情感。

证明 所谓善或恶（据第四部分界说一与界说二）是指对于我们的存在的保持有补益或有妨碍之物而言，这就是说（据第三部分命题七）是指对于我们的活动力量足以增加或减少，助长或阻碍之物而言。因此只要我们感觉到（据快乐和痛苦的界说，见第三部分命题十一的附释）任何事物使得我们快乐或痛苦，我们便称那物为善或为恶。所以善与恶不是别的，只是自快乐与痛苦的情感必然而出的（据第二部分命题二十二）快乐与痛苦的观念而已。但是这种观念（据第二部分命题二十一）与情绪联合的情形，正如心灵与身体联合的情形一样。这就是说（像第二部分命题二十一的附释所指出那样)，这种观念与情感自身的区别，或(据情感的总界说)这种观念与关于身体感触的观念的区别，其实只是概念上的区别。因此对于善和恶的知识不是别的，只是我们所意识到的情感的自身。此证。

命题九　假如我们想象一个情感的原因即在我们前面，那么这个情感比起我们想象一个原因不在我们前面的情感，必更为强烈。

证明　想象是心灵借以观察一个对象，认为它即在目前的观念(参看第二部分命题十七附释关于想象的界说)，但是这种观念(据第二部分命题十六绎理二)表示人的身体的情况较多于表示外界事物的性质。所以情感(据情感的总界说)只是一种想象，就想象表示人的身体的情况而言。但是一个想象将愈益生动(据第二部分命题十七)，倘若我们不想象他物去排斥那当前存在的外在事物。因此假如我们想象着一个情感的原因即在我们前面，那么这个情感比起我们想象着一个原因不在我们前面的情感，必更为生动或强烈。此证。

附释　当我们在前面第三部分命题十八说，一个人被将来或过去的事物的想象所引起的情感与一个我们想象着即在前面的事物所引起的情感是一样的时，我曾经明白提到过，只有单注意事物的意象时，这话才是真的；因为不论我们想象一物以为它即在当前与否，意象的性质是一样的。但同时我并没有否认，当我们想象到别的事物以为即在前面以排斥将来事物的当前存在时，则那物的意象可变成薄弱无力。我当时未曾补明此点，因为我的意思是要在这里讨论情感的力量时才加以论列。

绎理 一个将来或过去事物的意象，这就是说，当我们想象着一物以为它在将来或在过去，而排斥其即在当前时，一切其他情形相等，必定比较对于当前事物的意象更为淡薄无力。所以，假定其他一切情形相等，对于将来或过去事物的情感比起对于现在事物的情感，必更淡薄。

命题十 一个未来的事物，而我们想象着那物行将到来。所能引起我们的情感，比起我们想象着那物发生的时间与现在相距很远，当更为活跃。同样，对于一个刚才消逝的事物的记忆，所能引起我们的情感，比起对于我们想象着在很久以前即已消逝的事物的情感，也当更为活跃。

证明 只要我们想象着一物快要到来或刚消逝不久，则我们想象着足以排斥那物的存在的事物，必较少于当我们想象着那物远在过去或将来，与现在相距遥远（这是自明的），因此（据第四部分命题九）那物所能引起我们的情感亦更为活跃。此证。

附释 从第四部分界说六所说看来，一切为超过想象的力量所能决定的长时间的距离与现在隔绝开的事物，其足以引起我们的情感都是同样的淡薄，虽说我们明明知道这些事物彼此间尚有长时间的距离隔绝着。

命题十一 假定其他情形相等，对于一个我们想象着是必然的事物的情感，比起对于一个我们想象着是可能的、偶然的或无必然性的事物的情感，必定更为强烈。

证明 只要我们想象着任何事物是必然的，则我们便肯定其存在，反之（据第一部分命题三十三附释一），只要我们想象着一物是无必然性的，则我们便否认其存在。所以假定其他一切情形相等，一个我们想象着是必然的事物，比起一个我们想象着是无必然性的事物，所能引起我们的情感必定更为强烈。此证。

命题十二　假定其他一切情形相等，对于一个我们知道现时不存在而我们想象着是可能的事物的情感，比起对于一个偶然的事物的情感，必定更为强烈。

证明　只要我们想象着一物是偶然的（据第四部分界说三），便不会有别的足以肯定那物的存在的事物的意象可以引起我们的情感，反之（据假设）我们还会想象一些别的事物去排斥那物现时的存在。但是只要我们想象着任何一个将来的事物是可能的，则（据第四部分界说四）我们将必想象一些足以肯定那物的存在的事物，这就是说（据第三部分命题十八附释二*），我们将必想象一些足以助长希望或恐惧的事物。因此对于一个可能的事物的情感，比起对于一个偶然的事物的情感，将必定更为强烈。此证。

绎理　对于一个我们知道现时不存在，而我们想象着是偶然的事物的情感，比起我们想象着那物即在当前时的情感，当必更为淡薄得多。

证明　对于我们想象着现时存在的事物的情感（据第四部分命题九绎理）比起对于我们想象着还在将来的事物的情感，更为活跃，且比起对于我们想象着距现在异常遥远的将来事物的情感，必定尤其更为强烈。因此对于我们想象着在长久时间内不会存在的事物，比起我们想象着即在当前的事物的情感，当必更为淡薄得

---

* 按拉丁文原本及德文译本都没有“附释二”等字，而怀特英文译本却有“附释二”等字。但考察内容应以补入“附释二”较好。——译者注

多。但无论如何(据前一命题),对于未来事物的情感,比起对于偶然的事物的情感,总是要更活跃些。所以对于偶然的事物的情感,比起对于我们想象着即在当前的事物的情感,必定更为淡薄得多。此证。

命题十三 假定其他一切情形相等,对于一个我们知道现时不存在的偶然事物的情感,比起对于一个过去事物的情感,必定更为淡薄。

证明 只要我们想象着一物是偶然的,(据第四部分界说三)我们便不会被别的足以肯定那物的存在的事物的意象所激动,反之,(据假设)我们还会想象一些别的事物去排斥那物现时的存在。但是只要我们想象那物与过去的时间相关联,那便假定了,我们想象着一些足以令人回溯到记忆,或足以唤起那物的形象的事物(参看第二部分命题十八及其附释),因此(据第二部分命题十七绎理)那物能使得我们将它当做即在当前来考察。所以(据第四部分命题九)假定其他一切情形相等,对于一个我们知道现时不存在的偶然的事物的情感,比起对于一个过去事物的情感,将必定更为淡薄。此证。

命题十四 就善恶的真知识作为仅仅的真知识而言,决不能克制情感,唯有就善恶的真知识被认作一种情感而言,才能克制情感。

证明 一种情感乃是心灵借以肯定它的身体具有比前此较大或较小的存在力量的一个观念(据情绪的总界说)。所以(据第四部分命题一)这个情感所包含的积极成分,非只是凭借真理的出现,所能取消。因此,对于善恶的真知识,就其为仅仅的真的知识而言，不能克制情感。反之，就真知识作为情感而言（参看第四部分命题八），而且唯有就真知识是较强烈于它所要克制的情感的情感而言，才能克制这个情感。此证。

命题十五　从善恶的真知识所发生的欲望，可以为许多别的由刺激我们的情感而发生的欲望所压制或克制。

证明　从善恶的真知识，就这种真知识作为一种情感而言（据第四部分命题八），必然会产生欲望（据第三部分情绪界说一），而且欲望之大小以其所自出的情绪之大小为准（据第三部分命题三十七）。但因这种欲望（据假设）之发生，即由于我们有了真知识可以说是从我们主动的自己发出（据第三部分命题一）。因此这种欲望（据第三部分界说二）必须单就我们的本质去理解，而且其力量的大小，其增长的限度（据第三部分命题七），皆完全为人的力量所决定。这样，刺激我们的情感愈强烈，则所发生的欲望亦愈强烈。因此（据第四部分命题五）这种欲望之力量的大小，增长的限度，必为外在原因的力量所决定。这种基于外在原因的力量（据第四部分命题三），如果拿来同我们自己的力量相比较，实无限地超过我们自己的力量。所以从这样的情感所产生的欲望，比起从善恶的真知识而产生的欲望，必更强烈，因而（据第四部分命题七）前者可以压制或克制后者。此证。

命题十六　由善恶的知识所引起的欲望，特别是这种知识只是和将来相关联，较容易被对当前甜蜜的东西的欲望所压制或克制。

证明　对于我们想象着在将来的事物的情感，（据第四部分命题九绎理）比起对于即在当前的事物的情感，更为淡薄。但从善恶的真知识所引起的欲望，即使这知识的对象，在现时也是善的事物，（据前一命题，且该命题的证明是有普遍性的），也可被一时偶发的欲望所压制或克制。所以由善恶的知识所发生的欲望，特别是这种知识只和将来相关联，较容易被压制或克制。此证。

命题十七 由善恶的真知识所引起的欲望，特别是这种知识只和偶然的事物相关联，尤其更容易为对于当前事物的欲望所压制或克制。

证明 这一命题可以根据第四部分命题十二绎理和前命题一样加以证明。

附释 到了这里我相信，我已经指出为什么人们受自己的意见支配的时候多，受理性指导的时候少，并且为什么对于善恶的真知识，足以引起心灵的冲突，而且每每为种种情欲所降服。所以诗人感叹道：

我目望正道兮，心知其善，

每择恶而行兮，无以自辩。[①]

当宣教的人说："知识愈增，则痛苦愈多"[②]一语时，他的意思也许与此相同。但我说这一番话的意思，并不是要下一个结论，说无知比有知为好，我是说，就克制情欲而论，智人与愚人间没有高下分别，而我的真意所在，乃以为了解人性的刚强有力处与了解人性的薄弱无力处，有同等的必要，这样我们就可以决定，对于克制情感，什么是理性可以为力的，什么是理性无能为力的。但我们已

---

① 参看：罗马诗人阿维德："Metamorphoses"（变态），第七章，第二十节以下。

② 见旧约传道书，第一章，第十八节。

经说过，本篇只限于考察人的薄弱无力处，至于理性克制情欲的力量须待别篇讨论。

命题十八　假如其他情形相等，起于快乐的欲望，比起于痛苦的欲望，更为强烈。

证明　欲望（据第三部分情绪界说一）即是人的本质之自身，这就是说（据第三部分命题七），亦即人竭力保持其存在的努力。因此凡起于快乐的欲望，（据第三部分命题十一附释关于快乐的界说）人即通过快乐情绪的本身而得到助长或增进，反之，凡起于痛苦的欲望，（据同条附释）即由于痛苦情绪的本身而受到压制或阻挠。所以起于快乐的欲望的力量，必同时受人的力量和外界原因的力量所决定，反之，起于痛苦的欲望的力量，则仅为人的力量所决定。故前者较后者更为强烈。此证。

附释　在这几个命题里，我已经说明了人的软弱无力和动摇不定，以及为什么人们不遵守理性的命令的原因。现在我还须指出的，就是什么是理性给我们规定的，哪些情绪符合理性的规律，哪些情绪违反理性的规律。但在我还没有开始依照详密的几何程序证明这几点以前，我愿意先简单地在这里说明理性的命令的性质，使我的意思可以易于为每一个人所明了。理性既然不要求任何违反自然的事物，所以理性所真正要求的，在于每个人都爱他自己，都寻求自己的利益——寻求对自己真正有利益的东西，并且人人都力求一切足以引导人达到较大圆满性的东西。并且一般讲来每个人都尽最大的努力保持他自己的存在。这些全是有必然性的真理，正如全体大于部分这一命题是必然性的真理一样（参看第三部分命题六）。又既然德性（据第四部分界说八）不是别的，只是依自己本性的法则而行的意思，既然每一个人（据第三部分命题七）唯有依照他自己的本性的法则而行，才能努力保持他的存在，因此可以推知：

第一，德性的基础即在于保持自我存在的努力，而一个人的幸福即在于他能够保持他自己的存在。

第二，追求德性即以德性是自身目的。除德性外，天地间没有更有价值、对我们更有益的东西，足以成为追求德性所欲达到的目的。

第三，凡自杀的人都是心灵薄弱的人，都是完全为违反他们的本性的外界原因所征服的人。

此外从第二部分公设四复可推出，为了保持自我存在起见，我们决不能对外界毫无所需，我们决不能与外界事物完全断绝往来而孤立生存。姑且单就心灵来说，如果我们的心灵完全孤立着，除自己外，毫无所知，则我们的知性，便决不会这样完善。所以，在我们外面，实在有不少的对我们有益的东西，是我们所须寻求的。其中尤以完全与我们的本性相符合的存在，为最有价值。譬如，假如有两个本性完全相同的个人联合在一起，则他们将构成一个个体，比较各人单独孤立，必是加倍的强而有力。所以除了人外，没有别的东西对于人更为有益。因此我说，人要保持他的存在，最有价值之事，莫过于力求所有的人都和谐一致，使所有人的心灵与身体都好像是一个人的心灵与身体一样，人人都团结一致，尽可能努力去保持他们的存在，人人都追求全体的公共福利。由此可见，凡受理性指导的人，亦即以理性作指针而寻求自己的利益的人，他们所追求的东西，也即是他们为别人而追求的东西。所以他们都公正、忠诚而高尚。

这就是我在没有按照严密的几何次序证明以前，想要简单陈述的一些理性的命令。这样我就或许可以赢得那些相信“人人莫不各自寻求自己利益”这一原则为祸乱的根源而不是道德与信义的基础的人的注意。现在我既已简略地证明了他们的信念恰好与事实相反，我就可以继续按照前此所采用的方法来证明我的说法。

命题十九　依照他自己本性的法则，每一个人必然追求他所认为是善的，而避免他所认为是恶的。

证明　善恶的知识（据第四部分命题八）就是我们所意识到的快乐和痛苦的情绪的自身。所以（据第三部分命题二十八）每一个人必然追求他所认为是善的，避免他所认为是恶的。但这种追求或欲望（据第三部分命题九附释关于冲动的界说和第三部分情绪的界说一）不是别的，即是人的本质或本性的自身。所以单独依照他自己本性的法则，每一个人必然追求他所认为是善的，避免他所认为是恶的。此证。

命题二十　一个人愈努力并且愈能够寻求他自己的利益或保持他自己的存在，则他便愈具有德性，反之，只要一个人忽略他自己的利益或忽略他自己存在的保持，则他便算是软弱无能。

证明　德性（据第四部分界说八）即是人的力量的自身，此种力量只是为人的本性所决定，换言之（据第三部分命题七），只为人努力保持其存在的努力所决定。所以一个人愈努力并且愈能够保持他的存在，则他便愈具有德性，而且（据第三部分命题四与六）只要他忽略了保持他自己的存在，他便是软弱无力。此证。

附释　由此可见除了为外界的原因，和为违反他自己的本性的原因所征服的人以外，绝没有人会忽视追求他自己的利益或保持他自己的存在。我看，没有人出于他自己本性的必然性而愿意拒绝饮食或自杀，除非是由于外界的原因所逼迫而不得已。像这类被迫而自杀，可以有种种不同的方式。一个人可以被迫而自杀，如果他的右手，偶然执着一刀，被别人扭转过来，向着他自己的胸膛刺去；或者，一个暴虐的君主可以下命令，强迫他的臣子，自己割开他的血管，如像塞内卡(Seneca)的情形，因为，这样一来，他可以忍受较小的祸害，避免较大的祸害。又如许多潜伏的外在原因，可以支配人的想象，感动人的身体，使得他另具一副违反原有的本性的性质，这种性质的观念(据第三部分命题十)在心灵中本来是没有的。任何人只要稍费一点思索，即可看出，要一个人，依照他本性之必然，去努力取消他的存在，或将自己改变成别一种形式，实无异于无中生有，那是不可能的。

命题二十一 没有一个人可以有要求快乐、要求良好行为和良好生活的欲望，而不同时有要求生命，行为和生活，亦即要求真实存在的欲望。

证明 关于这个命题的证明，或这个命题的本身可以说是自明的，且从欲望的界说看来，也就是自明的。因为欲望，不论是要求良好行为的欲望或要求快乐生活的欲望，(据第三部分情绪界说一)即是人的本质，换言之(据第三部分命题七)，亦即人竭力保持他自己存在的努力。所以没有一个人可以有要求快乐等等的欲望，而不同时要求真实存在的。此证。

命题二十二 我们不能设想任何先于保存自我的努力的德性。

证明　保存自我的努力(据第三部分命题七)即是事物自身的本质。因此假如我们能够设想一个先于自我保存的努力的德性,那么我们应当可以设想(据第四部分界说八)事物的本质先于事物的本身。这显然是不通的。所以我们不能设想任何先于保存自我的努力的德性。此证。

绎理　保存自我的努力乃是德性的首先的唯一的基础。因为(据第四部分命题二十二)先于这个原则,我们不能设想别的基础,而没有这个原则(据第四部分命题二十一)我们又不能设想任何德性。

命题二十三　一个人,只要他由于被不正确的观念所决定而有某种行动,决不能完全说是遵循德性而行。唯有他的行为是被他的理解所决定,方可说是遵循德性而行。

证明　只要一个人因为有了不正确的观念,被决定而有某种行为(据第三部分命题一),则他便是被动的,这就是说(据第三部分界说一与界说二),他做了一件事,而此事不能单独从他的本质得到理解,或者(据第四部分界说八)此事不是从他的德性发出的。但只要他的行为是为他的理解所决定,(据第三部分命题一)他便是主动的,这就是说(据第三部分界说二)他做了一件事,此事可以单独从他的本质得到理解,或者(据第四部分命题八)此事是正确地从他的德性发出的。此证。

命题二十四　绝对遵循德性而行,在我们看来,不是别的,即是在寻求自己的利益的基础上,以理性为指导,而行动、生活、保持自我的存在(此三者意义相同)。

证明　绝对遵循德性而行,(据第四部分界说八)不是别的,只是依照我们固有本性的法则而行。但(据第三部分命题三)唯有当我们能理解时,我们才能主动。所以遵循德性而行不是别的,即是以理性为指导而行动、生活、保持自己的存在,而且(据第四部分命题二十二绎理)这样做是建立在寻求自己的利益的基础上的。此证。

命题二十五　没有一个人努力保持他自己的存在,而其目的是为了别的东西。

证明　一物竭力保持自己的存在的努力,(据第三部分命题七)只是为那物自身的本质所决定,而且这种努力必然地是只出于那种物的本质之自身,而不是出于他物的本质(据第三部分命题六)。此外,这个命题如果根据第四命题二十二的绎理看来,也很明白。因为假如一个人努力保持他自己的存在,而他的目的是为了别的东西,则这个别的东西将成为他的德性的首先的基础(这是自明的),但(据方才所引的绎理)这是不通的。所以没有一个人努力保持他自己的存在,而其目的是为了别的东西。此证。

命题二十六　凡一切基于理性的努力,除了企求理解之外,不企求别的;而且当心灵运用理性时,除了按照它的判断,认为能促进理解的东西是有利益的之外,不承认别的。

证明　保存自我的努力(据第三部分命题七)不是别的,即是一物的本质之自身,此物既有存在,即被认为有力量以保持其存在(据第三部分命题六)且做自其所具有的性质必然而出之事(参看第三部分命题九附释欲望的界说)。但是理性的本质除了心灵能清楚明晰地理解外,不是别的(参看第二部分命题四十附释二关于清楚明晰的理解的界说)。所以(据第二部分命题四十)一切基于理性的努力除了指向理解之外，不指向别的。再则，这种运用理性来思考的心灵复努力保持其存在，而心灵的这种努力既然不是别的，只是指向理解的努力（据本证明前一部分），由此推知（据第四部分命题二十二绎理），这种指向理解的努力乃是德性之首先的唯一的基础，并且我们努力理解事物并非为着任何目的（据第四部分命题二十五），反之，就心灵运用理性的思考而言，除了认能促进理解的东西为善外，不能设想别的善物（据第四部分界说一）。此证。

命题二十七　除了那真正能促进理解或能阻碍我们理解的东西以外，我们不确定地知道什么是善或者什么是恶。

证明　运用理性来思考的心灵除了企求理解以外，没有别的欲望，除了认能促进理解的东西为有利益以外，也不承认别的善物（据第四部分命题二十六）。但是心灵唯有具有正确的观念（据第二部分命题四十一及四十三，并请参看其附释），或者（同样的意思，据第二部分命题四十附释）心灵只有能运用理性来思考时，才具有确定性。所以除了真正能促进理解的东西以外，我们不确定地知道什么是善，反之，除了阻碍我们理解的东西以外，我们也不确定地知道什么是恶。此证。

命题二十八　心灵的最高的善是对神的知识，心灵的最高的德性是认识神。

证明　心灵所能理解的最高的东西就是神，亦即（据第一部分界说六）绝对无限的存在，没有神（据第一部分命题十五）就没有东西可以存在，也没有东西可以被认知。因此（据第四部分命题二十六及二十七）最有益于心灵，或（据第四部分界说一）心灵的最高善是对神的知识。再则唯有就心灵能理解而言（据第三部分命题一与三)，它才是主动的，也唯有就心灵能理解而言(据第四部分命题二十三)，我们才可以无条件地说，它是遵循德性而行动。所以心灵的绝对德性就是理解。但是我们既已证明，心灵所能理解的最高的东西是神，所以心灵的最高的德性就是理解神或认识神。此证。

命题二十九　凡性质与我们完全不同的个体事物，既不能增进我们的活动力量，也不能阻碍我们的活动力量；一般地说来，凡是与我们没有任何共同之点的东西，对我们既不能是善的，亦不能是恶的。

证明　一个个体事物的力量，(据第二部分命题十绎理)亦即人所借以存在和行动的力量，只可为(据第一部分命题二十八)别一个体事物所决定，但是要理解这个个体事物的性质(据第二部分命题六)必须与理解人的性质凭借同一属性。因此无论从哪方面去看，我们活动的力量，可以为别一个具有和我们相同性质的个体事物的力量所决定，亦即为其所助长或阻碍，而不能为一个性质和我们完全不相同的事物的力量所决定。但一物之被称为善或恶，既然是由于那物(据第四部分命题八)是快乐或痛苦的原因，换言之(据第三部分命题十一附释)，既然是由于那物增加或减少，助长或阻碍我们的活动力量，所以一个性质与我们完全不同的事物，对我们既不能是善的，也不能是恶的。此证。

命题三十　一物决不能通过它与我们的本性相同之点对我们是恶的，反之，唯有因为它违反我们的本性，才能对我们是恶的。

证明　如果一物是引起痛苦的原因(据第四部分命题八)，换言之，(据第三部分命题十一附释痛苦的界说)如果一物减少或阻碍我们的活动力量，则我们便说它是恶的。因此假定一物通过它所具有的和我们本性相同之点，对我们是恶的，那么它将会减少或阻碍它与我们本性的共同点，(据第三部分命题四)这是不通的。所以一物决不能通过它与我们所同具的共同点，对我们是恶的。反之唯有因为它与我们相反(据第三部分命题五)，才能对我们是恶的，换言之(正如我们所指出的那样)才能减少或阻碍我们的活动力量。此证。

命题三十一　凡符合我们的本性之物必然是善的。

证明　任何符合我们本性之物(据第四部分命题三十)决不能对我们是恶的。所以此物必然或者是善的，或者是不善不恶的。今试假定此物为中性或不善不恶，则(据第一部分公则三及第四部分界说一)从它的本性里推不出任何于保持我们的本性有补之物，这就是说(据假设)，推不出任何于保持它自己的本性有补之物。但这(据第三部分命题六)是不通的。所以只要一物符合我们的本性，则那物必然是善的。此证。

绎理　由此可以推知，一物愈符合我们的本性，则那物对我们愈为有益，换言之，对我们愈是善的，反之，一物对我们愈为有益，则那物与我们的本性便愈相符合。因为如果一物与我们的本性不相符合，则那物不是必然与我们的本性不同，便是必然与我们的本性正相违反。假如与我们的本性不同，则(据第四部分命题二十九)它对我们既不善也不恶。但假如与我们的本性违反，则它也将与本性和我们符合之物相违反，这就是说(据第四部分命题三十一)与善相违反，或者是恶的。所以只有与我们的本性相符合之物，才是善的，而且一物愈符合我们的本性，便愈对我们有益；反之，愈对我们有益，便愈符合我们的本性。此证。

命题三十二　就人们是受情欲的控制而言，他们不能说是与本性相符合的。

证明　凡可以说是与本性相符合之物，（据第三部分命题七）应了解为按力量说相符合，而不是按薄弱无力或否定性说相符合，因此（据第三部分命题三附释）他们也不是按情欲说相符合。所以就人们是受情欲的控制而言，他们不能说是按本性说相符合。此证。

附释　这一命题是自明的。因为假如一个人说黑与白唯一相符合之点即在于二者都不是红色，那么，他实在是无条件地肯定了黑与白间毫无符合之处。同样，如果有人说石头与人唯一相符合之点即在于二者同是有限，同是薄弱无力，或同不是基于本性之必然而存在，或同是无限度地为外界原因所支配，那么他无异于根本肯定了石头与人之间毫无符合之处，因为凡物与物间，只是在否定性方面相符合，或只是在所无有之点相符合，它们实在是毫无符合之处。

命题三十三　只要人们为情欲所激动，则人与人间彼此的本性可相异，只要同是一个人为情欲所激动，则这人的本性前后可以变异而不稳定。

证明　情绪的本性或本质（据第三部分界说一与二）不是单独通过我们的本性或本质所能解释，但必须通过外界原因的力量（据第三部分命题七）亦即外界原因的本性与我们的本性相比较所决定。由此可以推知，有多少种事物激动我们的情绪，则每一情绪便有多少种类（据第三部分命题五十一），而且人们在不同的情况下受到同一对象的激动，(参看第三部分命题五十一)则人与人的本性也就会彼此相异。最后，同是一个人(据第三部分命题五十一)，可以在种种不同情况下受到同一对象的激动，所以这人的本性前后可以变异而不稳定。此证。

命题三十四　只要人们为情欲所激动，他们便可以互相反对。

证明　一个人，例如彼得，可以成为使得保罗痛苦的原因，因为他具有一物，与保罗所恨之物有近似处(据第三部分命题十六)，或因为他单独具有一物，而此物又同时为保罗所爱好(据第三部分命题三十二及其附释)，或由于其他原因(就中最主要的请参看第三部分命题五十五附释)。这样一来，(据第三部分情绪的界说第七)就会发生保罗恨彼得的事，因此(据第三部分命题四十及其附释)就容易发生彼得也反而恨保罗的事。而(据第三部分命题三十九)他们便会努力互相损害，换言之(据第四部分命题三十)他们便会互相反对。但是痛苦(据第三部分命题五十九)永远是一种被动的情感或情欲，所以只要人们为情欲所激动，他们便可以互相反对。此证。

附释　我说，保罗恨彼得，因为保罗想象着彼得单独具有一物，而对于此物保罗自己也很爱好。初看起来，似乎可以由此推出，他们两人皆爱同一之物，足见他们的本性彼此符合，因而彼此才互相损害。如果这种说法是真的，则第四部分命题三十及命题三十一所说，便是错的。但是如果我们对于事情从各方面去仔细考察，我们便可以看出，两说是贯通而无矛盾的。因为说彼得与保罗互相损害，并不是就他们的本性相符合而言，换句话说，并不是就他们爱好同一之物而言，乃是就他们彼此相异而言。因为假如两人所爱相同，则（据第三部分命题三十一）两人之爱将因而增长，换言之（据情绪的界说第六）两人的快乐将因而增长。所以说他们彼此互相损害，是由于他们所爱相同，或本性符合，实远违真相。反之，他们彼此所以互相损害的原因，实不外我所假定的，由于他们彼此本性的相异。因为我们假定，彼得有一个占有所爱好之物的观念，而保罗有一个没有占有所爱好之物的观念。因此保罗感觉痛苦，而彼得感觉快乐，所以他们便这样互相反对。像这样，我们很容易指出，引起恨的其余的原因完全由于人们本性的相异，并非由于人们本性的相符合。

命题三十五 唯有遵循理性的指导而生活，人们的本性才会必然地永远地相符合。

证明 人们只要受情欲的激动，（据第四部分命题三十三）他们的本性便会相异，并且（据第四部分命题三十四）他们便会互相反对。但人们唯有遵循理性的指导而生活（据第三部分命题三）才可说是主动的，因此只要是从为理性所决定的人性发出的行为（据第三部分界说二）必须纯以人性为其最近因，加以理解。但是因为每一个人（据第四部分命题十九）依照他自己的本性的法则，必然追求他所认为是善的，而避免他所认为是恶的，又因为（据第二部分命题四十一）凡根据理性的指示而判定为善的或为恶的，即必然地是善的或是恶的，由此可以推知，人们唯有遵循理性的指导而生活，才可以做出有益于人性并有益于别人的事情来，换言之（据第四部分命题三十一绎理）才可以做出符合每人本性的事情来。所以唯有遵循理性的指导而生活，人们的本性才可必然地永远相符合。此证。

绎理一　天地间没有任何个体事物比起遵循理性的指导而生活的人对于人更为有益。因为(据第四部分命题三十一绎理)对于人最有益的就是本性与他相符合的，换言之，就是人(这是自明的)。唯有当一个人遵循理性而生活(据第三部分界说二)，他才可说是绝对地依照他自己的本性的法则而行动，而且也唯有这样(据第四部分命题三十五)他才能永远地必然地与别人的本性相符合。所以没有任何个体事物比能遵循理性的指导而生活的人对于人更为有益。此证。

绎理二　假如每一个人愈能寻求他自己的利益时，则人们彼此间便最为有益。因为每人愈能寻求他自己的利益，并保持他自己的存在，则(据第四部分命题二十)他将愈具有德性，或(据第四部分界说八)换句话说，他将愈具有较大的力量，依照他自己的本性的法则而行动，(据第三部分命题三)亦即遵循理性的指导而生活。但是(据前一命题)唯有当人们遵循理性的指导而生活时，他们的本性才最能符合。所以(据前一绎理)当每一个人最能寻求他自己的利益时，则他们彼此间便最为有益。此证。

附释　我们刚才所证明的说法，日常经验中有许多异常显明的证据，足资参证。如"每人对于别人都是一个神"的谚语，几乎成了每个人的口头禅。诚然，人类很少真正遵循理性的指导而生活，反之，人与人间很多常怀忌妒，互相损害。但是人们并不能忍受孤独的生活，所以"人是一个社会的动物"这个定义，颇受大多数人的赞许。而其实，就人类共同的社会生活而言，还是利多而害少。无论玩世者流如何嘲笑人事酬酢，无论出世者流如何指斥人世的污浊，无论悲观消极者流如何颂扬原始蒙昧的生活，如何蔑视人群，赞美鸟兽，但经验告诉我们，通过人与人的互相扶助，他们更易于各获所需，而且唯有通过人群联合的力量才可易于避免随时随地威胁着人类生存的危难。姑且不说观察人类的行为比起观察禽兽的生活如何远为高尚而值得我们的注意。关于此点，他处将另有详说。

命题三十六 那些遵循德性的人的最高善是人人共同的，而且是人人皆可同等享有的。

证明 遵循德性而行，(据第四部分命题二十四)即是遵循理性的指导而行。而且一切依照理性而行的努力，(据第四部分命题二十六)即是寻求理解的努力。因此(据第四部分命题二十八)遵循德性的人的最高善即在于理解神，换言之(据第二部分命题四十七及其附释)，所谓最高善即人人共同之善，就人人皆具有相同本性而言，亦即人人所可同等具有的。此证。

附释 假如有人问：倘使遵循德性而行的人的最高善，不是人人共同的，又将怎样呢？是否将至于如上面所说(见第四部分命题三十五)依照理性的指导而生活的人或(据第四部分命题三十五)本性相符合的人，彼此皆会互相反对呢？我们可以这样回答：最高善之为人人所共同，乃基于理性的本身，而不是出于偶然的事实，因为最高善是从人的本质推出，而人的本质又是为理性所决定，又因为假如人没有享有此最高善的力量，则人将既不能存在，亦不能被认知。因为(据第二部分命题四十七)对于神的永恒无限的本质具有正确的知识乃属于人心的本质。

命题三十七 每一个遵循德性的人为自己所追求的善，他也愿为他人而去追求。而且他具有对于神的知识愈多，则他为他人而追求此善的愿望将愈大。

证明　只要人遵循理性的指导而生活(据第四部分命题三十五绎理一),则人于人便最为有益。因此(据第四部分命题十九)我们遵循理性的指导,同时也必然努力使他人也遵循理性的指导。但每一个遵循理性的命令而生活的人所追求的善,或者(据第四部分命题二十四)每一个遵循德性的人所追求的善,既然是理解(据第四部分命题二十六),所以每一个遵循德性的人所追求的善,他也愿为他人而去追求。再则欲望就其与心灵相关联而言(据情绪的界说第一),即是心灵的本质。但是心灵的本质(据第二部分命题十一)包含有对神的知识在内(据第二部分命题四十七)的知识所构成,如果没有对神的知识,则心灵的本质既不能存在,也不能被认识(据第一部分命题十五)。所以心灵的本质所包含的对神的知识愈多,则那遵循德性为自己追求善的人,同时努力为他人而追求此善的愿望也将愈大。此证。

别证　一个人为他自己而追求的善或他所爱的善,如果他看见别人也同样的追求它,则(据第三部分命题三十一)他对它的爱,将更为持久。所以(据第三部分命题三十一绎理)他将努力使别人也同样地爱它。但因此善(据第四部分命题三十六绎理)乃人人共同之善,人人皆能共同享受,所以(据同一理由)他将努力使人人都能共同享受。并且(据第三部分命题三十七)他自己愈是享受此善,他将愈努力使人人皆能共同享受。此证。

附释一　一个人纯出于感情的努力使别人爱他所爱的东西,使别人依照他自己的意思而生活,则他的行为只是基于冲动,因而他会使得别人恨他,特别是那些另有不同的嗜好的人,与那些基于同样的冲动也要想努力使别人依照他们自己的意思而生活的人会表示恨他。因为他们出于感情而追求的最高善，每每只是一个人可以单独占有之物。因此那些共同爱好此物的人，他们的内心并不一致，即当他们爱好一物并对那物赞美备至之时，他们心中又复害怕别人真正相信他们的话。反之，一个依据理性以领导他人的人，其行为不出于冲动，而基于仁爱与友好，并且他的内心也是完全一致的。

当我们具有神的观念或当我们认识神的时候，我们一切的欲望和行为，皆以我们自己为原因，我认为这就算是宗教。由于我们遵循理性的指导而生活所产生的为人谋幸福的欲望，我称为虔敬。一个遵循理性的指导而生活的人努力使别人与他缔结友谊的欲望，我便称为光荣。所谓光荣的行为，即是为遵循理性而生活的人所称赞的行为。反之，凡足以妨害友谊的联系的行为，便是卑鄙的行为。

除此以外，我又已经指出什么是国家的基础了。

据上面所说，于是真正的德性与软弱无力的区别，便显而易见了：真德性即在于纯依理性的指导而生活，而软弱无力唯在于一个人让其自身为外物所支配，且为外物决定以做适合于外界事物的通常情况所需要之事，而不做单独足以满足自己的本性的要求之事。

以上就是在第四部分命题十八的附释里我答允要证明的道理。由此足见禁止屠宰牲畜的律令，乃是基于虚妄的迷信和妇人之仁，而不是基于健全的理性。理性的命令，只教为我们尊重自己的利益起见，应与他人结为友谊，但并未教我们与禽兽结为友谊，或者与其本性和人性根本不同之物结为友谊。本来，我们对于禽兽应有的权利，和禽兽对于我们应有的权利，原是相等，但是每个个体的权利既为他的德性或力量所决定，因而人所有的支配禽兽的权利，便远超过于禽兽所有的支配人的权利。我并不否认禽兽也有感觉，但我却不承认，因而我们就不应尊重我们自己的利益，任意利用它们，依我们的最大方便来对待它们。因为他们的性质与人类的性质并不符合，他们的情感与人类的情感也不相同（参看第三部分命题五十七附释）。

此外我还必须解释的就是什么是公正，不公正，和什么是罪与功。关于这些概念请看下一附释。

附释二　在第一部分的附释里，我曾约许过我要解释赞毁、功罪、公正和不公正等概念。在第三部分命题二十九附释里我已经说明了什么是赞毁的意义，现在且让我在这里解释其余的几个概念。不过且让我首先略说几句关于人的自然状态和社会状态的区别。

依据自然的最高权利，每人皆得生存。因之，依据自然的最高权利，每人所作所为皆出于他的本性的必然性。所以依据自然的最高权利，每人各自辨别什么对自己是善的或者是恶的，每人各自按照自己的意思寻求自己的利益（参看第四部分命题十九及命题二十），为自己的仇恨进行报复（参看第三部分命题四十绎理二），并且各自努力以保持自己之所爱而消灭自己之所恨（参看第三部分命题二十八）。

假如人人皆能遵循理性的指导而生活，这样，每一个人（据第四部分命题三十五绎理一）就都可以获得他的自然权利而不致丝毫损及别人。但是他们（据第四部分命题四绎理）既受制于情感，而这种情感的力量（据第四部分命题六）又远超过人的力量或德性，所以（据第四部分命题三十三）他们便被引诱到种种不同的方向，并（据第四部分命题三十四）陷于彼此互相反对，虽说（据第四部分命题三十五附释）他们本来彼此都需要相互的扶助。

因此要使人人彼此和平相处且能互相扶助起见，则人人必须放弃他们的自然权利，保持彼此间的信心，确保彼此皆互不做损害他人之事。至于此事要如何才能办到，要如何才可使得那必然受情感的支配（据第四部分命题四绎理）和性质变迁无常的人（据第四部分命题三十三），能够彼此间确保信心，互相信赖，据第四部分命题七及第三部分命题二十九所说，已很明白，因为在那两个命题里，我曾经指出，任何情感非借一个相反的较强的情感不能克制，并且又曾指出，一个人因为害怕一个较大的祸害，可以制止做损害他人的事。就是这个定律便可以作为建筑社会的坚实基础，只消社会能将私人各自报复和判断善恶的自然权利，收归公有，由社会自身执行，这样社会就有权力可以规定共同生活的方式，并制定法律，以维持秩序，但法律的有效施行，不能依靠理性，而须凭借刑罚，因为（据第四部分命题十七附释）理性不能克制情感。像这样的坚实地建筑在法律上和自我保存的力量上面的社会就叫做国家，而在这国家的法律下保护着的个人就叫做公民。由此我们就可容易看出，在自然的状态下，无所谓人人共同一致承认的善或恶，因为在自然状态下，每一个人皆各自寻求自己的利益，只依照自己的意思，纯以自己的利益为前提，去判断什么是善，什么是恶，并且除了服从自己外，并不受任何法律的约束，服从任何别人。因此在自然状态下，是没有“罪”的观念的，反之，只有在社会状态下，善与恶皆为公共的契约所决定，每一个人皆受法律的约束，必须服从政府。所以“罪”不是别的，只是国家的法律所要惩罚的“不服从”而已。反之，服从就是一个公民的功绩，因为，由于公民能服从国家的法令，他才被认为值得享受国家的权益。再则，在自然的状态里，没有一个人经过公共的承认，对于某种物品有何主权，亦没有任何自然物品可以说是属于这人的而非属于那人的，而乃是一切物属于一切人。所以在自然状态下，给己之所有以与人，或夺人之所有以归己的意志，皆无法想象。换言之，在自然状态下，即无所谓公正或不公正，唯有在社会状态下，经过公共的承认，确定了何者属于这人，何者属于那人，才有所谓公正或不公正的观念。由此足见，公正与不公正，功与罪皆是外在的概念，而不是表明心灵的性质的属性。讨论至此已足，毋庸多赘。

命题三十八　凡能支配人的身体，使身体可以接受多方面的影响，或使身体能够多方面地影响外界物体之物，即是对人有益之物。一物愈能使身体适宜于接受多方面的影响，或影响外界的物体，则那物将愈为有益。反之，一个使得身体愈不适宜于接受外物的影响或影响外物之物，即是有害之物。

证明　如果身体能够适应的方面愈多，（据第二部分命题十四）则心灵能够认知事物的能力将愈大。因此凡能影响身体使其能多方面适应之物，（据第四部分命题二十六及二十七）必然是善的，或是有益的；愈能影响身体使其能够多方面适应之物，将愈为有益。反之（据第二部分命题十四，观其反面的道理，并据第四部分命题二十六及二十七），如果一物使得身体愈不能适应，则那物便是有害的。此证。

命题三十九 凡足以保持人身各部分彼此间动静的比率之物是善的；反之，足以改变人身各部分彼此间动静的比率之物是恶的。

证明 人身(据第二部分公则四)需要许多别的物体以资保存。但构成人身的形式(据第二部分命题十三后补则四前之界说)乃在于人身的各部分依某种一定的比率彼此传达其运动。因此凡足以保持人身各部分彼此间动静的比率之物，即可以保持人身的形式，因此(据第二部分公则三与六)即足以使得身体可以接受多方面的影响，并可以多方面地影响外界物体，所以(据前命题)是善的。再则，凡足以改变人身各部分彼此间动静的比率之物(据刚才所引的界说)，即足以使得人身另具一种形式，换言之(据第四部分序言末所说，这是自明的)，即足以毁坏人身，因而使得人身不能够多方面地接受影响，所以(据前命题)是恶的。此证。

附释 究竟刚才所说的这些东西，对于心灵有多少益处或害处，将于第五部分中加以解释。

这里必须说明的，就是我认为当人身各部分彼此间动静的比率一经改变时，则这个身体就是死了。因为我不敢否认，人的身体虽凭借保持血液的循环和别的特征，可以当做是活着的，但是它仍然可以改变成与它固有的性质完全不同的别的性质。因为没有理由可以强迫我承认，只有当身体变成死尸时，它才是死的。而经验似乎告诉我们以相反的事实。有时一个人身体上会感受很大的变化，简直很难说他前后是同一人。就像我听见的关于一个西班牙诗人的故事，据说他得了一次病，他虽说是恢复了健康，但是他竟永远忘掉了他过去的生活，而不相信他过去所写的小说和戏剧，是出于他自己的手笔。如果他再将他的乡土语言忘记掉了，我们便真可以把他当做一个大婴孩来看待了。假如这个故事好像不能令人相信，那么我们又怎样解释儿童的心理呢？一个成年的人总是以为儿童的本性与他自己的本性大不相同，如果他不根据他所看见关于别人的事实，以推测他自己长成的经过，他几乎不能相信他曾经是一个婴孩。为了避免供给迷信的人以发生新问题的材料起见，对于这事，我愿意姑止于此。

命题四十　凡足以引导人们到共同的社会生活，或凡足以使人们有协调的生活的东西，即是有益的；反之，凡足以引起国家中的冲突的东西，即是有害的。

证明　凡足以使人们有协调生活的东西，（据第四部分命题三十五）同时可以使得他们遵循理性的指导而生活，所以（据第四部分命题二十六及二十七）即是善的；反之，（根据同一理由）凡足以引起冲突的东西，即是恶的。此证。

命题四十一　快乐直接地并不是恶，而是善；反之，痛苦直接地即是恶。

证明　快乐（据第三部分命题十一及其附释）是足以增进或助长身体的活动力量的情绪。反之，痛苦乃是足以减少或妨碍身体的活动力量的情绪，所以（据第四部分命题三十八）快乐直接地是善，痛苦直接地是恶。此证。

命题四十二　愉快决没有过度，而永远是善；反之，烦闷便永远是恶。

证明　愉快（参看第三部分命题十一附释中愉快的界说）是一

种快乐，就其与身体相关联而言，乃包含身体所有的各部分都同等地感受的快乐。换言之（据第三部分命题十一），身体的活动力量有所增进或助长，因而各部分彼此间能具有同一的动静的比率，所以（据第四部分命题三十九）愉快永远是善，而不能有过与不及。但烦闷（参看第三部分命题十一附释中烦闷的界说）是一种痛苦，就其与身体相关联而言，痛苦包含身体的活动力量必有所减少或阻碍，所以（据第四部分命题三十八）烦闷永远是恶。此证。

命题四十三 欢乐可以有过度而是恶；反之，就欢乐或快乐是恶而言，则忧愁可以是善。

证明 欢乐是一种快乐，就其与身体相关联而言，它是指身体的某一部分或某些部分，较别的部分感受得特别多的快乐（参看第三部分命题十一附释中欢乐的界说）。这种情感的力量（据第四部分命题六）可以很大，以至于超过身体的活动，而坚固地纠缠着身体，因而阻碍身体的能力，使其不能适应多方面的影响。所以（据第四部分命题三十八）欢乐可以是恶。而忧愁乃是一种痛苦（据第四部分命题四十一）单就其本身而论，即不能是善。但痛苦的力量及其增长（据第四部分命题五）既为外在原因的力量与我们的力量相比较所决定，所以（据第四部分命题三）我们可以设想这个情感的力量具有无限的等级和无限的种类，而且还可以设想忧愁的情绪（据此命题的前部分）就其能够阻碍身体适应的能力而言，可以限制欢乐的过度。故在这种情形下，忧愁可以是善。此证。

命题四十四 爱情与欲望可以有过度。

证明 爱情（据情绪的第六界说）是为一个外在原因的观念所伴随着的快乐；因此（据第三部分命题十一附释）为一个外在原因

的观念所伴随着的欢乐就是爱情。所以(据前一命题)爱情可以有过度。而(据第三部分命题三十七)欲望之大小,以其所自出之情绪的大小为准。既然一种情绪可以超过人的别种活动(据第四部分命题六),则出自那一种情绪的欲望,亦可随之而超过别种欲望,因此欲望也可以有过度,正如前一命题证明欢乐可以有过度一样。此证。

附释　我称之为善的那种愉快,很容易想象,而难于在现实中观察。因为日常刺激我们的情绪,大都是起于身体某一部分的感受较别的部分特别多,因此多数的情绪都有过度,而且牢固地束缚着心灵,使单独观察一物,而不能思想他物。

人们虽然受制于许多情感,但永远为同一的情感所支配的人,还不多见,不过为同一的情感所牢固地纠缠着的人,也复不少。我们也常常看见,有时许多人为一物所激动,甚至于即使那物不在面前,也确信其即在面前。假使一个人并不是在梦寐之中,而发生这类的事,则我们便说他是发疯了或癫狂了。至于那些陷于热恋的人,白天夜晚,只知梦想爱人或情侣,亦不能不说是疯狂,因为他们的行为处处足以令人发笑。但那贪婪的人,除金钱或财货外,不思其他,以及那虚荣心重的人,除荣誉外,不知其他,就其惯做于人有损之事,且足以引人怨恨而言,因不能认为疯狂,但真正讲来,贪婪、虚荣心、淫欲等虽没有被认作病症,事实上都是疯狂之一种。

命题四十五　恨决不能是善。

证明　凡我们所恨的人,(据第三部分命题三十九)我们总是要努力消灭他,换言之(据第四部分命题三十七),我们便要努力去做一件恶事。所以恨决不能是善。此证。

附释　请注意，此处以及下列诸命题中，我所谓恨，皆是指对于人的恨而言。

绎理一　嫉妒，嘲笑，轻蔑，忿怒，报仇，以及其他与恨有关或为恨引起的情绪，都是恶。此理据第三部分命题三十九与第四部分命题三十七，也同样很明白。

绎理二　凡一切为恨所引起的欲望都是卑鄙的，而在国家内是不公正的。此理据第三部分命题三十九，并据第四部分命题三十七附释关于什么是卑鄙和不公正的界说，也同样很明白。

附释　我发现嘲笑（在本命题的绎理一里，我认为它是恶。）与笑之间有很大的区别。因为笑与诙谐都是一种单纯的快乐，只要不过度，（据第四部分命题四十一）本身都是善的。老实说，只有沉闷的、愁苦的迷信才会禁止享乐。为什么满足饥渴比起扫除烦闷更适于需要呢？我所深信不疑的理由如下：没有神或人，除非存心嫉妒的人会把人们的软弱无力，烦恼愁苦，引为乐事，或将人们涕泣、叹喟、恐惧以及其他类似之物，即所谓精神薄弱的表征认作德性。反之，我们所感到的快乐愈大，则我们所达到的圆满性亦愈大，换言之，吾人必然地参与精神性中亦愈多。所以能以物为己用，且能尽量善自欣赏（只要勿因过度而感厌倦，因享受一物而至厌倦，即不能谓为欣赏），实哲人分内之事。如可口之味、醇良之酒，取用有节，以资补养，他如芳草之美、园花之香，可供赏玩。此外举凡服饰，音乐，游艺，戏剧之属，凡足以使自己娱乐，而无损他人之事，也是哲人所正当应做之事。因人身是许多不同性质之部分的组合体，须有新鲜多样的滋养品，庶全部体力，尽其性能，适应一切，而心灵因之亦可适于理解多量事物。这种生活方式与理想原则及一般习惯，皆最相符合。假如尚有其他生活方式可供选择，则此处所提出者，实为至善，且最适于采取者。至欲求更明白详尽的说明，实无必要，故不多赘。

命题四十六　那遵循理性的指导而生活的人必尽可能用仁爱或德量以报答别人对他的怨恨，忿怒或侮蔑。

证明　一切起于恨的情绪（据第四部分命题四十五绎理一）皆是恶。故凡遵循理性的指导而生活的人，（据第四部分命题十九）将必尽可能努力使他自己勿为恨的情绪所激动，因此（据第四部分命题三十七）他将必努力使他人亦勿感受恨的痛苦。今恨可以因互恨而增加（据第三部分命题四十三），但可以为爱所消灭，所以（据第三部分命题四十四）恨可以转变为爱。所以那遵循理性的指导而生活的人必尽可能用爱或仁爱力（关于仁爱力的界说参看第三部分命题五十九附释）以报答别人对他恨怒或侮蔑。此证。

附释　一个想要以恨来报复损害的人，真是过的愁苦生活。反之，一个努力用爱去制服恨的人是很愉快的，很有信心地向前奋斗。他可以毫不费力地反抗一个人，甚或多数人，绝不须要求任何外力或命运的帮助。为他所征服的人，大都心悦诚服，而此种服善，非由于力量的缺乏，乃由于力量的增进。这些道理完全很明白的可纯从爱及知性的界说推出，实用不着一一加以证明。

命题四十七　希望与恐惧的情绪本身不能是善。

证明　希望与恐惧的情绪不能离痛苦而存在。因为（据情绪界说第十三）恐惧是一种痛苦，而希望不能离恐惧而存在（参看情绪界说第十二、第十三的说明）。所以（据第四部分命题四十一）这些情绪本身不能是善，只有（据第四部分命题四十三）就它们能限制快乐的过度而言，才可说是善的。此证。

附释　我们可以说，希望与恐惧的情绪表示知识的缺乏，和心灵的软弱无力。依同样的原因，信心、失望、欣慰和悔恨，皆是心情软弱无力的标志。因为信心与欣慰虽是属于快乐的情绪，但须以痛苦、亦即以希望和恐惧的情绪为前提。因此如果我们愈能遵循理性的指导而生活，则我们将愈尽量努力以求勿徒恃希望，应扫除恐惧，掌握命运，依照理性的切当的忠告，以指导我们的行为。

命题四十八　过奖与轻蔑的情绪永远是恶。

证明　因为这两种情绪（据情绪的界说第二十一及二十二）皆违反理性，所以（据第四部分命题二十六及二十七）是恶。此证。

命题四十九　过奖容易使得那受过奖的人趋于骄傲。

证明　如果我们看见，有人因爱而对我们称许过当，则（据第三部分命题四十一附释）我们将容易感到荣幸，换言之（据情绪的界说第三十）将容易感到快乐，并且（据第三部分命题二十五）容易相信所听见的他人称道我们之善。因此由于自己爱自己，我们会将自己看得过高，换言之，（据情绪界说第二十八）我们容易变得骄傲。此证。

命题五十　怜悯在一个遵循理性的指导而生活的人，本身是恶，没有益处。

证明　怜悯（据情绪的界说第十八）是一种痛苦，所以（据第四部分命题四十一）本身就是恶。由怜悯而产生的善，如努力解除我们所怜悯的人的痛苦（据第三部分命题二十七绎理三）的欲望，已经是纯出于理性的命令（据第四部分命题三十七）。真正讲来，（据第四部分命题二十七）唯有纯出于理性的命令的行为，我们才确实知道是善的行为。所以怜悯在一个遵循理性的指导而生活的人，本身是恶，没有益处。此证。

绎理　由此可以推知，一个遵循理性的命令而生活的人，必尽量努力使他自己勿为怜悯之情所动。

附释　那个能正确理解事物莫不出于神性之必然。莫不依自然的永恒律令而发生之人，事实上将必不会发现任何值得恨、笑或轻视的东西，也将必不会怜悯任何人，但只就人的德性之所能达到的力量，努力去做善事，也可以说，努力去求快乐。我们可以说，一个容易为怜悯的情绪所感动的人，实为别人的愁苦或眼泪所转移，常常会做出一些他后来会失悔的事情来，一则因为根据情感，不能做出确知是善的事情，一则因为容易受假装的眼泪的欺骗。但此点我特别明白指出，只是对遵循理性的指导而生活的人而言。因为一个既不依理性的指导，又不受怜悯的感动，以帮助他人的人，简直可以说是不人道；因为（据第三部分命题二十七）他似乎已不复像一个人了。

命题五十一　好感并不违反理性，而是可以符合理性的，并且是可以从理性产生出来的。

证明　好感（据情感界说第十九）是对于曾做有利于他人之事的人的爱。所以（据第三部分命题五十九）好感可以与主动的心灵相关联，换言之（据第三部分命题三），可以与理解的心灵相关联，所以好感可以与理性相符合。此证。

别证　一个遵循理性的指导而生活的人，（据第四部分命题三十七）他为自己追求的善，也愿为他人去追求。所以如果他看见一个人对于另一个人做善事，则他为自己做善事的努力便增加了，换言之(据第三部分命题十一附释),他将感觉快乐,而他的快乐(据假设)将为对他人做善事那人的观念所伴随着。因此(据情绪的界说第十九),他将对那人有好感。此证。

附释　愤怒,据我们所下的界说(情绪的界说第十二),必然是恶(据第四部分命题四十五)。但必须注意的,就是如果国家的最高权力机关,为保持公共治安起见,惩罚一个损害他人的公民,这不能说是他对那公民发生愤怒的情绪。因为他惩罚那公民,并不是出于恨的情绪,想要消灭那个公民,而乃是基于对于职务的忠忱。

命题五十二　自我满足可以起于理性,且唯有起于理性的自我满足,才是最高的满足。

证明　自我满足(据情绪的界说第二十五)是由于一个人省察他自己和他的活动力量而引起的快乐。但是人的真正活动力量或德性(据第三部分命题三)就是理性,而理性(据第二部分命题四十及四十三)就是他所能清楚明晰地考察的对象。所以自我满足起于理性。而且当一个人考察他自己时,(据第三部分界说二)只能清楚、明晰或正确地知觉从他自己的活动力量而出之物,或(据第三部分命题三)从他的理解力量而出之物。所以最高的满足唯有起于理性的考察。此证。

附释　自我满足实在是我们所能希望的最高的对象。因为(正如第四部分命题二十五所指出那样)没有人努力保持他的存在,而其目的是为了别的东西。而且(据第三部分命题五十三绎理)这种满足可以因称赞而愈益增进和坚强,反之(据第三部分命题五十五绎理)可以因责罚而愈益扰乱不安,所以我们大都为荣誉所指导，很难忍受耻辱的生活。

命题五十三　卑谦不是一种德性，换言之，卑谦不是起于理性。

证明　卑谦（据情绪的界说第二十六）是由于一个人省察他自己的软弱无力而引起的痛苦。但就人能够用真正理性来理解他自己而言，我们便假定他能够了解他的本质，或者（据第三部分命题七）他的力量。假如当他省察他自己时，他觉察出他的软弱无力，则此种知识不是出于他能理解他自己，而乃是（正如第三部分命题五十五所指出的那样）出于他的活动能力之受到阻碍。但是如果我们假定，一个人认识他的软弱无力，是由于他知道一个比他自己更有力量的存在，根据这个存在的知识，他限制他自己的活动力量，那么，在这种情形下，我们实无异于承认他能够明晰地了解他自己，或者（据第四部分命题二十六）他的活动力量，也因而增加了。所以卑谦或愁苦既是起于人之省察到自己的软弱无力，而不是起于理性或真理的考察；所以卑谦不是一种德性，而是一种被动的情感。此证。

命题五十四　懊悔不是一种德性，换言之懊悔不是起于理性；反之，一个懊悔他所做的事的人是双重的苦恼或软弱无力。

证明　证明这一命题的前部分与证明前命题相同。至于这命题的第二部分据懊悔的界说即可明白（参看情绪的界说第二十七）。因为一个懊悔他的行为的人，第一为恶的欲望所征服，第二为痛苦的情绪所侵扰。

附释　人们既然很少遵循理性的命令而生活，所以卑谦与懊恼的情绪以及希望与恐慌的情绪，对于人们倒反而利多害少。因为人们既然不免于有罪过，那么他们最好是于犯罪过之后，有这种情绪随之。因为假如所有心灵软弱的人，尽都同样骄傲，毫不知羞耻，毫不知畏惧，这样还有什么联系可以使他们联合起来共同生活呢？可怕的事莫过于一大群人不知道畏惧。无怪乎，许多先觉之士，不为少数人的利益打算，而为公共的幸福着想，总是大大提倡卑谦，忏悔和敬畏。其实凡是受制于这几种情绪的人，远较别的人更容易领导，这样最后他们便可以遵循理性的指导而生活，换言之，他们便可以成为自由人，而享受幸福的生活。

命题五十五 最大的骄傲与最大的自卑，都是对于自己本身最大的无知。

证明 此理据情绪的界说第二十八与第二十九自可明白。

命题五十六 最大的骄傲与最大的自卑都表示心灵的最软弱无力。

证明 道德的原始基础乃在于遵循理性的指导（据第四部分命题二十二绎理）以保持自己的存在（据第四部分命题二十四）。因此一个不知道自己的人，即是不知道一切道德的基础，亦即是不知道任何道德。并且遵循道德而行，（据第四部分命题二十四）即是遵循理性的指导而行。而一个遵循理性而行的人，（据第二部分命题四十三）也必然自己知道他遵循理性而行。所以一个最不知道他自己的人，亦即（像刚才所指出那样）最不知道一切道德的人，最不能遵循道德而行的人，换言之（据第四部分界说八），他的心灵必最为软弱。所以（据前命题）最大的骄傲与最大的自卑都表示心灵的最软弱无力。此证。

绎理 由此可以最明白地推知，骄傲与自卑的人最受制于情感。

附释　但自卑比起骄傲更容易校正，因为自卑是痛苦的情绪，骄傲是快乐的情绪，（据第四部分命题十八）后者较前者更为强烈。

命题五十七　骄傲的人喜欢见依附他的人或谄媚他的人，而厌恶见高尚的人。

证明　骄傲（据情绪的界说第二十八与第六）是由于自己把自己看得太高而引起的快乐。那骄傲的人，将必尽量努力培养着这种自视过高的意见（参看第三部分命题十三附释），所以他将必喜欢见那些依附他或谄媚他的人（对于这些人的界说可以从略，因为他们是尽人皆知的），而逃避那些对他有正当评判的高尚的人。此证。

附释　若要将骄傲的弊病在这里一一列举出来，未免太长。因为骄傲的人虽是受制于一切情感，却又绝少受制于仁爱及怜悯的情感。

但这里我不可不略为提到的，就是有时所谓骄傲的人是指他将别人看得太低而言。在这个意义下，则骄傲应界说为由于一个人具有自认为高过别人的错误意见而引起的快乐。而与骄傲相反的自卑则可界说为由于一个人具有自认为不如别人的错误意见，而引起的痛苦。确定了这点，便可容易明了何以骄傲的人必然嫉妒（参看第三部分命题五十五附释），他对于那最以德性受人称赞的人便最怀忌恨。并且由此可以推知，他这种忌恨不是仁爱或恩惠所可容易克服的（参看第三部分命题四十一附释），于是他只喜欢结识那些谄媚依附的人，而结果这些人愚弄他，迎合他那软弱的心灵，把它由一个愚人弄成一个狂人。

自卑虽是与骄傲反对，但实际却与骄傲最为接近。因为自卑的人的痛苦既是起于借他人的力量或德性以判断他自己的软弱无力，但假如他想象中完全以考量他人的短处为事，则他的痛苦将必减少，甚或感觉快乐。所以有句谚语说："难中得伴，愁绪减半。"反之，假如他觉得与他人比较，他越是不如人，则他将越感痛苦。所以没有人比那自卑的人更容易起嫉妒之心，所以他们最喜欢努力观察别人的行为，其目的大都只在指责别人，而不在匡正别人。因此结果他只是称赞自卑，甚且以悲观自卑为荣，而且即当他们颂扬自卑之时，同时亦保持消极自卑的意态。这些都是从自卑的情绪必然而出，正如从三角形的本质，即可必然推出三角之和等于两直角一样。

我已经说过，我认为这些或类似这些的情绪是恶的，乃因我只是着重情绪对于人类利害而言。但自然的法则只顾及自然的共同秩序，而人却只是此自然的公共秩序的一部分。——我愿意附带提到这点，以便人们不致怀疑我只是列举人们的过恶疵病或荒谬行为，而未曾科学地证明事物的本性或特质。因为在第三部分的序言里，我已经说过，我考察人类情绪的性质，与考察其他自然事物的性质完全取同样的态度。真正讲来，人的情感如果不能表示人的力量和技巧，但至少足以表示自然的力量和自然的创造的技巧，绝不亚于我们所赞美的和所乐于观察的其他事物。但我上面这些讨论，其目的仅在于辨明个别的情绪，指出哪些于人有利，哪些于人有害。

命题五十八　荣誉并不违反理性，且可起于理性。

证明　这一命题据情绪的界说第三十，又据第四部分命题三十七附释中关于荣誉的界说，是很明白的。

附释　所谓虚荣只是借大家的意见所养成的一种自满。只要大家意见取消了，则这种自满也就随之消散。这就是说（据第四部分命题五十二附释）一个人所能爱好的最高善也随之消散。因此，凡是从大众的意见中去求荣誉的人，必须日夜焦心殚虑，不息地努力。活动、图谋以保持他的荣誉。因为人们是变化无常的，如果一个人不设法将他的荣誉保持住，则他的声名转瞬就会消逝。甚且因为人人都想求得大众的赞许，则这人很容易毁坏那人的声名。既然人们所争逐的都自以为是最高的善，因此各人皆发生一种极大的欲望，相互努力压制对方，谁最后崛起而为胜利者，才看见他所以获得荣誉，并不在于自己受用，而在于毁损他人。所以这种荣誉或满足，其实都是虚幻的，非真正的满足，只可说是虚荣。

关于羞耻所须说的话，可以容易借用关于同情和懊悔所说过的话加以阐明。我现在只须略补说几句如下：羞耻也正如怜悯一样，虽不是一种德性，但就其表示一个人因具有羞耻之情，而会产生过高尚生活的愿望而言，亦可说是善的，犹如就痛苦足以表示受伤部分还没有麻木而言，则痛苦也可说是善的。因此一个人对于他的行为感觉羞耻，虽在他是一种痛苦，但比起那毫无过高尚生活的愿望的无耻之人，究竟是圆满多了。

以上就是我所要说的关于快乐和痛苦诸情感的话。但就欲望而论，则欲望的善恶，以其所由起的情感的善恶为准。但一切欲望，只要是为我们的被动的情绪所产生的，都是盲目的（此理很容易从第四部分命题四十四附释所说推演而出），而且只要人们是很容易教导成纯遵循理性的命令而生活，则这些欲望，将会没有什么用处。这点我即将简略阐明于下。

命题五十九 在我们为被动的情感所决定而产生的一切行为，也可以不为情感所决定，而为理性所决定。

证明 遵循理性的行为（据第三部分命题三及界说二）不是别的，即是基于我们性质本身之必然性而出的行为。但痛苦（据第四部分命题四十一）就其减少并限制此种活动力量而言，乃是恶。所以我们可以不为此种情绪所决定，以发出任何理性所不容许的行为。再则，快乐（据第四部分命题四十一与四十三）单就其足以妨碍人的活动能力而言，亦是恶。所以我们也可以不受其决定，以发出任何理性所不容许的行为。最后，就快乐之符合理性而言，快乐乃是善（因为合理性的快乐，即是人的活动力量的增加与助长），而且（据第三部分命题三及其附释）唯有在人的活动力量没有增加到足以自己理解自己和自己的行为的程度之情形下，快乐才是被动的情感。因此假如一个人为快乐的情绪所鼓舞，而能达到自己正确地理解自己并理解自己的行为之圆满性，则他将能够依照理性以做他此时为被动的情感所决定而做之事，甚至可以做得更好一些。但一切情绪皆基于快乐、痛苦或欲望（参看情绪界说第四的说明）。而欲望（据情绪界说第一）不是别的，即是努力行为的自身；因此凡我们为被动的情感所决定，而产生的一切行为，也可以不为情感所决定，而只为理性所决定。此证。

别证 任何行为，只要是起于我们感受着恨或别的恶的情绪，便可说是恶的（参看第四部分命题四十五绎理一），但没有单就任何行为的本身看来是善或恶的（正如我在第四部分序言内所指出的那样）。而同一行为可以时而叫做善，时而叫做恶。因此（据第四部分命题十九）我们也可以把某时呼做恶的或起于恶的情绪的同一行为，通过理性的指导，使其转变成善的行为。此证。

附释　可以用一个例子将此点更加明白解释。譬如，似乎击物的行为，就其为一个物理的动作而言，我们仅仅注意一个人举起手臂，紧握拳头，用力运动全臂向下击去。这是基于人体的构造所具有的德性*。但如果一个人为愤怒或愤恨的情感所激动，而有握拳挥臂的举动，则这事的发生，正如我们已在第二部分所证明那样，是由于同一行为可以和许多事物的不同的意象相联系，因此我们可以为我们只有混淆观念的意象所决定，也可以为我们清楚明晰地理解的事物的观念所决定，而发出同样的行为。由此可见，如果人能遵循理性的指导，则每一个起于被动的情感的欲望，将不复起什么作用。

我们还可以看见，何以一个起于被动的情感的欲望可以说是盲目的。

命题六十　一个起于快乐或痛苦的欲望，假如此种快乐或痛苦只是与身体的某一部分或某一些部分相关联，而不是与整个身体的一切部分相关联，决不能照顾到整个人的利益。

证明　试假定某一身体甲的某一部分为一个外在原因的力量所加强，因而超过别的部分（据第四部分命题六），则此一部分决不会努力以消失其力量，而使身体其余的部分得各尽其功能，因为这样，则此一部分将会有消失其力量的能力，（据第三部分命题六）这

---

* "德性"拉丁文原文是 virtus 原是"能力"的意思，一般引申作"德性"解。这里主要是指原义"能力"。——译者注

是不通的。所以身体的那一部分将努力以保持其那原有状态，同样，（据第三部分命题七及十二）心灵也将努力以保持那原有状态。故起于此种片面的快乐情绪的欲望，决不会照顾到整个的人。反之，假如身体的甲部分受了限制，使得其余的部分占了优势，也可以用同样方法证明起于痛苦的欲望也决不照顾到整个人的利益。此证。

附释　既然快乐（据第四部分命题四十四附释）大都只是与身体的一部分相关联，所以我们大都不顾及全部身体的健康。而只是要求保持我们的存在。而且，那些支配我们的欲望（据第四部分命题九绎理）也大都只顾及现在，而不顾及将来。

命题六十一　一个起于理性的欲望，决不会过度。

证明　一般地讲来，欲望（据情绪界说第一）即是人的本质，因为人的本质是在任何状况下被决定而产生某种行为，因此一个起于理性的欲望，换言之（据第三部分命题三），一个由我们的主动而发生的欲望，即是人的本性或本质，因为人的本质是被决定而产生某种行为，而这种行为（据第三部分界说二）可以纯从人的本质加以正确的理解。假如，这种欲望可以过度，则人性的自身将会有超出其自身的可能，换言之，它将有超出它自身的能力的可能，这显然是自相矛盾，所以这种欲望决不会过度。此证。

命题六十二　只要心灵依照理性的指导去理解一物，不论所得的观念，为将来之物，过去之物或现在之物的观念，而心灵的感受都是同等的。

证明　凡心灵依照理性的指导所理解之物，（据第二部分命题四十四绎理二）它都是依照同样的永恒性或必然性的形式去理解，因而(据第二部分命题四十三及其附释)它会感受到同样的确定性。所以无论它所得到的观念是将来之物,或过去之物,或现在之物的观念,心灵都是通过同样的必然性去理解的,因而它也得到同样的确定性。而且不论它所得到的观念是关于将来,过去或现在之物的观念,(据第二部分命题四十一)它们都会是同样的真。换言之(据第二部分界说四),都会永远具有与正确观念相同的特质。所以只要心灵依理性的指导以理解一物,不论所得的观念是将来、过去或现在之物的观念,而心灵的感受都是相同的。此证。

附释　假如我们对于事物的绵延能有正确的知识,而且能凭理性去决定其存在的时间,则我们将以同样的情绪去观察将来之物,如像现在之物一样。而心灵追求它所认为将来之善,也将如像现在之善一样,因此必能放弃现在的较小之善,以为将来的较大之善,且至少必可不去追求现在虽善,而会成为将来之恶的原因之物,这点此后即将加以证明。但对于事物之绵延(据第二部分命题三十一)我们仅能有不很正确的知识,而且(据第二部分命题四十四附释)我们决定事物存在时间的久暂,仅能凭借想象力。而想象力对于现在事物的意象与对于将来事物的意象的感受,大不相同。因此我们所能具有对于善恶的真知识,仅仅是抽象的或一般性的知识,而我们凭借平时对于事物的秩序和因果的联系所下的判断,来决定何物对我们现在为善或恶的,都是出于想象的较多,而符合真实的较少。因此那由能顾及将来的关于善恶的知识所引起的欲望容易为对现时引诱力很强的事物的欲望所阻碍(参看第四部分命题十六),实无足怪。

命题六十三　那受恐惧的支配,去作善避恶的人,不得说是受理性的指导。

证明　一切与心灵相关联的主动的情绪，或者（据第三部分命题三）与理性相关联的情绪，（据第三部分命题五十九）只有快乐与欲望两种情绪。所以（据情绪界说第十三）那受恐惧的支配，或因畏祸而为善的人，不得说是受理性的指导。此证。

附释　世俗迷信之徒，只知诅咒罪恶，而不知教导道德，他们所汲汲从事的，不在于以理性去指导人，而在于用恐怖去恫吓人，只在于使人避害，而不在于使人爱德。其目的实不外乎使他人也像他们一样的苦恼。无怪乎这类人大都是很令人厌恶痛恨的。

绎理　在起于理性的欲望基础上，我们是直接地为善，只是间接地避恶。

证明　因为凡起于理性的欲望，决不能起于痛苦，而只能起于快乐的情绪，而快乐的情绪（据第三部分命题五十九）不是被动的情绪，换言之（据第四部分命题六十一），决不会过度。所以此种欲望（据第四部分命题八）是起于对于善的知识，而不是起于对于恶的知识，因此遵循理性的指导，我们是直接地追求善，只是间接地避免恶。此证。

附释　这一绎理可用一个病人和一个健康的人的例子去说明。病人因为害怕死，愿意吃他所不愿意吃的东西。而健康的人便对食物感觉乐趣，则较之因畏死或直接地欲避免死而用食物者，更能感觉生活的意味。同样的道理，当法官判决一个罪人的死刑时，他并非出于怨恨或忿怒，而乃只是基于对于公共幸福的尊重，故可说是纯是为理性所指导。

命题六十四　关于恶的知识是不正确的知识。

证明　关于恶的知识(据第四部分命题八)即是我们所意识着的痛苦之自身。痛苦(据情绪界说第三)是到较小的圆满的过渡，因此(据第三部分命题六与七)不能从人的本质本身得到理解。所以痛苦(据第三部分命题三)是建筑在不正确的观念之上的被动的情感(据第三部分界说二)。因此(据第二部分命题二十九)关于痛苦的知识，或关于恶的知识，是不正确的。此证。

绎理　由此可以推知，如果人的心灵只具有正确的观念，它将不会形成恶的观念。

命题六十五　依照理性的指导，我们于两善中，将择其大者，于两恶中，将择其小者。

证明　如果有善物于此，足以阻止我们享受一较大之善，则此善物实际上即是恶。因为我们肯定事物是善的或恶的(正如第四部分序言内之所指出那样)，是就我们把它们拿来相互比较而言。根据同样的理由，一个较小之恶，实际上即是善。所以(据第四部分命题六十三绎理)依照理性的指导，我们只是追求或择取较大之善与较小之恶。此证。

绎理　依照理性的指导，为了一个较大之善起见，我们宁愿择取较小的恶，如果一个较小之善可以成为较大之恶的原因，则我们亦宁愿放弃比较小之善。因为此处所谓较小之恶，实际上是善，反之，此处所谓较小之善，实际上是恶。所以(据第四部分命题六十三绎理)我们追求前者，放弃后者。此证。

命题六十六　依照理性的指导，我们宁追求将来的较大之善而不择取现在的较小之善；宁择取现在的较小之恶，而不追求将来的较大之恶。

证明　如果心灵对于一个将来之物能有正确的知识，则(据第四部分命题六十二)它对于将来之物的感受与对于现在之物相同。因为，单就理性的本身看来，正如本命题所假定那样，无论较大之善或较大之恶是在将来，或在现在，都是一样的。所以(据第四部分命题六十五)我们宁追求将来的较大之善，而不择取现在的较小之善等等。此证。

绎理　依照理性的指导，我们将追求足以成为将来的较大之善的原因的现在的较小之恶，我们将放弃足以成为将来的较大之恶的原因的现在的较小之善。这一绎理与前一命题的关系，正如命题六十五的绎理与命题六十五的关系。

附释　如果持上面所说的话与第四部分前十八命题里所证明的关于情感的力量的话相比较，便可容易看出，那只受情感或意见支配的人，与为理性指导的人，其区别何在。前者的行为，不论他愿意与否，完全不知道他所做的是什么，而后者的行为，不是受他人的支配，而是基于自己的意志，而且仅做他所认识到在他的生活中最为重要之事，亦即仅追求他所最愿望的对象。因此我称前者为奴隶，称后者为自由人。至于自由人的性格与生活方式，我还要补充几句话在下面。

命题六十七　自由的人绝少想到死；他的智慧，不是死的默念，而是生的沉思。

证明　自由人，亦即纯依理性的指导而生活的人，(据第四部分命题六十三)他不受畏死的恐惧情绪所支配，而(据第四部分命题六十三绎理)直接地要求善，换言之(据第四部分命题二十四)，他要求根据寻求自己的利益的原则，去行动、生活，并保持自己的存在。所以他绝少想到死，而他的智慧乃是生的沉思。此证。

命题六十八　假如人们生来就是自由的，只要他们是自由的，则他们将不会形成善与恶的观念。

证明　我曾说只依照理性的指导的人是自由的。所以一个生来就自由并能保持其自由的人，只会具有正确的观念，因此（据第四部分命题六十四绎理）他将不会有恶的观念，而且（因为善与恶是相联系的观念）亦不会有善的观念。此证。

附释　这个命题的假定，据第四部分命题四看来，显然是错误的，而且也是不能设想的。除非单就人的本质而论，或单就神而论，不是就神是无限的，而是仅就神是人的生存之原因而论，实无法理解。

这一点以及我们前面所证明的几点，似乎即是摩西所记初人历史的意义。在摩西的初人历史里，除了上帝创造人类之外，没有设想到上帝的别种力量。换言之，他只设想到那最能照顾到人类的利益的力量。所以他警告我们说，上帝禁止自由人吃那善恶知识之树的果实，假如他吃了那树上的知识之果的话，他将立即恐惧死亡，而甚于愿意生活。他并且复进而告诉我们，当人寻着了一个完全与他的性质相符合的妻子时，他发现天地间除了他的妻子于他最有利益外，没有别的。及至他渐渐相信禽兽也与他有相似之处，他便立即开始模仿它们的情绪（参看第三部分命题二十七），因而失掉他的自由。直到后来教会中的长老才又将天赋的自由恢复转来。而此种自由的恢复乃得力于接受耶稣基督的精神的领导，亦即受上帝的观念的指导，而且唯有上帝的观念可以使人自由，使人力求自己所欲之善，让他人也可以共同享有，有如在上面（据第四部分命题三十七）所证明的那样。

命题六十九 自由人的德性表现在避免危险和表现在征服危险方面，有同等伟大。

证明 一个情绪（据第四部分命题七）非通过一个相反的较强的情绪不能加以克制或排除。但盲目的勇敢或恐惧（据第四部分命题三与五）可以认为是力量同等强大的情绪。所以要想克制勇敢与要想克制恐惧所必需的心灵德性或意志力量（关于意志力量的界说参看第三部分命题五十九附释）必是同等的强大；换言之，自由人避免危险和征服危险都须凭借同等的心灵德性。此证。

绎理 因此在一个自由人那里适时的逃避比起战斗来需要同样强大的意志力量，这就是说，自由人选取逃避和选取战斗一样都需要具有同样的意志力量和机警。

附释 什么是意志力量或什么是我所了解的意志力量，我已在第三部分命题五十九附释中解释过了。此处所谓危险是指任何一个足以为恶，如痛苦、怨恨、争执等的原因之物。

命题七十 一个生活在无知的人群中的自由人将尽可能努力避免他们的恩惠。

证明 每一个人（据第三部分命题三十九附释）都是根据他自己的情感来判断什么是善。所以如果一个无知的人施予他人一点恩惠，他将要根据他自己的意见加以估价，假如他看见那受惠的人将它估价稍低，则（据第三部分命题四十一）他将会感觉痛苦。但自由人（据第四部分命题三十七）努力与他人缔结友谊，而不愿以施惠者依据其情感对于他所施的恩惠的估价为准则，去报答他人的恩惠。他但愿依据理性的自由判断指导他自己以及别人，而且仅做他自己所知道的最重要之事。所以一个自由人为不致引起无知者的怨恨且不致屈服于无知者的嗜好而只是为了遵循理性的指导起见，将尽可能努力以避免他们的恩惠。此证。

附释　我说"尽可能避免他们的恩惠"，[亦即含有不必完全拒绝他们的恩惠之意]。因为人虽无知，究亦是人。对在困难中的人，他们也能给予出于人情的助力，须知此种人情内的助力，是人所有的最有价值的助力。故有时接受他们的助力并依照他们的愿望予以酬谢，也是必要的。此外，当我们辞谢他人的恩惠时，尤须谨慎，不可流露出轻视施惠人的态度，亦不可表现出因为吝啬而害怕酬报别人的恩惠，如是，便不致因力求避免他们的怨恨，反而惹起了他们的怨恨。所以于避免他人恩惠之时，我们必须顾全到利益与礼貌。

命题七十一　唯有自由的人彼此间才有最诚挚的感恩。

证明　唯有自由的人(据第四部分命题三十五及其绎理一)彼此间才最为有益，或彼此间才有最真挚的友谊的联系，而且(据第四部分命题三十七)也唯有他们才会以同样热烈的爱情彼此力求互施恩惠。所以(据情绪界说第三十四)唯有自由的人彼此间才有最诚挚的感恩。此证。

附释　那些为盲目的欲望所支配的人彼此间表示的感恩，大多是属于交易性质，或者是一种诱惑手段，而非真正的感恩。

但必须注意的是，负恩并不是一种情绪，却仍是卑鄙，因为负恩大都是表示人过分为怨恨、忿怒、骄傲、贪婪等情绪所占据的一种标志。因为一个如果由于愚拙而不知道如何酬谢别人的礼物，决不能说是负恩。至于不为娼妓的馈赠所动而满足其淫欲，不为盗贼的馈赠所动而藏匿其赃物，或不为类似此种的馈赠所动而有不义之行，更不能说是负恩。反之，如果一个人不受任何馈赠的引诱以致灾及自身并损害公共幸福，这正足以表示他具有刚正的德性。

命题七十二 自由人绝不做欺骗的事；他的行为永远是正直的。

证明 假如一个自由人做出任何欺骗的事，则就他是自由人而言，他做出此事是基于遵循理性的命令（因为唯有遵循理性的指导，他才可以说是自由的）；这样则（据第四部分命题二十四）做欺骗人的事将是一种德行，因此（据同一命题）则做欺骗人的事，将于人的自我保存，更有裨益。这无异于说，（这是自明的）人与人间，只是言语上相契合，而在事实上则互相反对，将于人类更为有益，（据第四部分命题三十一绎理）这是不通的。所以自由人决不做欺骗的事，而他的行为永远是正直的。此证。

附释 如果有人问，假如一个人不守信用可以避免目前的性命的危险，为了保持他的存在起见，理性是否也劝导他勿守信用。我仍然根据同样的理由答道：如果理性劝导人做这样的事，则它应劝导一切人都做这样的事。如是则理性将普遍地教导人，凡是与人缔结联合众人力量，遵守公共法纪的契约，均应采用欺骗方式，这无异于说理性教导人实际上不要有公共的法纪，这是不通的。

命题七十三 一个受理性指导的人，遵从公共法令在国家中生活。较之他只服从他自己，在孤独中生活，更为自由。

证明 一个受理性指导的人（据第四部分命题六十三），他服从[法令]，并非受恐惧的支配，但就他遵循理性的命令，以努力保持他的存在而言，换言之（据第四部分命题六十六附释），就他努力去过自由的生活而言，他愿意（据第四部分命题三十七）尊重公共的生活和公共的福利。因此（正如第四部分命题三十七附释二所指出那样）他愿意遵守国家的公共法令而生活。所以一个遵循理性指导的人，为了过一个更自由的生活起见，愿意维持国家的公共法纪。此证。

附释　这些以及类似这些关于人的真正自由的说法，都与精神力量有关，换言之（据第三部分命题五十九附释），均与意志力和仁爱力有关。我想用不着在这里将精神力量的特质，一一分别加以证明，更无须详细指出何以具有精神力量的人，不恨人、不怒人、不嫉妒人、不激怒人、不轻视人，更不骄傲自恣。因为所有这些，以及一切与真正生活及真正宗教有关的德性，都可容易在第四部分命题三十七与命题四十六加以证实。因为这两个命题指出，恨可以被与它相反的爱所征服，并且指出每一个遵循理性指导的人对于他自己追求之善，亦愿意他人都可以分享得到。此外尚须注意第四部分命题五十附释以及在别的地方所说的，精神力量坚强的人认为一切事物出于神性之必然为高于一切［的原则］，因此凡是一般人以为是恶的、有害的，以及一切貌似无条理的、可恐怖的、不公正的、卑鄙秽亵的，他认为皆由于我们观察事物，割裂紊乱而无条理有以使然。基于这种原因，所以他最主要的努力即在于理解事物的本身，而排除一切足以妨碍寻求真知的阻力，如怨恨、忿怒、嫉妒、轻浮、傲慢以及其他前此所讨论过的情绪。所以，我已说过，他总是尽可能努力去做善事，去求自身的快乐。至于人的德性足以达到这些目的到什么程度，以及人的德性究竟有多大的能力，我将于下面第五部分内指出来。

附 录

在这一部分内所说的关于正当的生活方式的话，未曾按照顺序排列，以便一目了然。但我为了更容易由此以推彼起见，将许多意思分散在命题中分别加以证明。因此我在这里加以总括归结为下列各要点。

（一） 我们所有的一切追求或欲望，都是出于我们性质的必然性，因此或则只须根据人的性质，当做这些追求或欲望的最近因，即可对它们加以理解，或则也可以根据人作为自然的一部分方面，去加以理解，但就人作为自然的一部分而言，便不能单从其自身，也不能离开别的个体，得到正确的理解。

（二） 自我们的本性而出，可以单独从人性自身加以理解的欲望，即是与心灵相关联的欲望，就心灵被认作为正确的观念所构成而言。反之，其余的欲望则仅与未能正确理解事物的心灵相关联，因此这种欲望的力量及其增减都不是人的力量所能决定，而乃被外界事物的力量所决定。所以前一种欲望可以正当地称为主动的行为，而后一种欲望则只能称为被动的情感。因为前者总是表示人的力量，而相反地，后者仅表示人的软弱无力和不完备的知识。

（三） 主动的行为或者为人的力量或理性所决定的欲望永远是善的；其余的欲望则可善可恶。

（四）　因此在生活中对于我们最有利益之事莫过于尽量使我们的知性或理性完善。而且人生的最高快乐或幸福即在于知性或理性之完善中。因为幸福不外是由于对神有直观知识而起的心灵的满足。而所谓使知性完善也不外是理解神，理解自神的本性之必然性而出的神的属性与行为。所以遵循理性指导的人的最后目的，亦即他努力以节制他所有别的欲望的最高欲望，即是能指导他正确地理解他自己并理解一切足以为他的理智的对象的事物的欲望。

（五）　所以没有理智决不会有理性的生活；事物之所以善，只在于该事物能促进人们享受一种为理智所决定的心灵生活。反之，唯有足以阻碍人的理性趋于完善，并阻碍人享受理性的生活的事物方可称为恶。

（六）　但是因为凡一切以人[的本性]为致动因的事物皆必然是善的。由此可以推知，只有起于外在原因的事物才可以对人是恶的。换言之，唯有就人是整个自然的一部分而言，就人被迫而服从自然的规律、被迫而在几乎是无限多的情形下适应自然的全体而言，才可以产生恶的行为。

（七）　要想人不是自然的一部分，不遵循自然的共同秩序乃是不可能之事。但是假如他能置身于与他性质相符合的个人之中，他的活动的力量将因此而得到促进与扩张。反之，假如他置身于与他的性质丝毫不相符合的个人之中，倘若他不大大地改变他自己，便很难于适应他们。

（八）　任何存在于自然中的事物，只要我们判断那事物为恶或认之为是以阻碍我们保持并享受理性的生活，我们便可以用对于我们最平安的方法，以排除那事物。反之举凡一切我们认为是善，或认为是最有益于保持我们的存在并过一个理性的生活的事物，我们都可以设法取用，并可以用适当的方法去使用它们。一般地说来，每一个人都有最高的自然权利来做他判断足以促进他自己的利益的事情。

（九） 与一物自己的性质最相符合的，除了同类的其他个体外，没有别的什么东西了。所以（据上面第七条）对于人保持他的存在和理性生活的享受，最有利益的，除了遵循理性指导的人外，也没有什么东西了。既然据我们所知，没有任何个体，比遵循理性指导的人，更为完美，足见除了教育人们，使他们最后皆能遵循理性的直接权威而生活外，一个人没有更好的东西可借以表示他究竟具有多少技巧和才能了。

（十） 只要人们彼此皆为嫉妒或任何属于恨的情绪所激动，则他们便彼此反对，因而他们彼此间愈是互相畏惧，因为人比自然中别的个体更有力量。

（十一） 心灵却非武力所能征服，但可被爱或德量所征服。

（十二） 对人们最有利益之事，莫过于使大家的生活方式互相关联，并以最紧密的联系，彼此联合起来，使全体团结一致。一般地讲来，凡做任何足以加强友谊之事，对人都是有益的。

（十三） 但要达到这种目的，需要有技术和机敏。因为人是变易无常的（遵循理性的律令而生活的人，毕竟是很少的），而且大都心怀猜忌，多倾向报复仇恨，少有以悲悯为怀的。因此对每一个人要耐心照顾到他们的心情，但又要不去模仿他们的情绪，实需要一种特殊的精神力量。反之，凡那些一味对人们吹毛求疵，只知道诅咒人们的罪恶，而不知道教导道德，只知道扰乱人的心情，而不知道稳定人的情绪的人，实在对自己对别人都是有害的。所以有许多人，由于过分暴躁和对于宗教之荒诞的热心，简直可说是自愿在无理性的禽兽之中，而不愿在人群之中生活。这正如许多少年人，他们不能宽怀忍受父母的责骂，脱离家庭，逃往从军，自愿忍受战争的困苦，和暴君的压迫，而不愿享受家庭的舒适，听从父母的管教，宁愿忍受外来的一切困苦负担，只求报复对于父母的气愤。

（十四）　虽然人的一切行为大都受情欲的支配，但他们的共同团结，毕竟是利多害少。所以最好是以宽大的度量，忍受人们所施的损害，而自己专心致志于足以增进人类的协调和友谊的东西。

（十五）　那能够产生协调的东西即是与正义、公平、荣誉相关联的东西。因为不仅不公平的和有害的行为令人感到不安，即任何一件卑鄙的行为，或如蔑弃社会公认的伦理之类，也在受人唾弃之列。但是为了获得敬爱起见，最必要的是遵奉有关宗教及虔诚之事（参看第四部分命题三十七附释一与二，命题四十六附释及命题七十三附释）。

（十六）　协调虽常为恐惧所造成，但此种协调是无诚意的。而且必须指出，恐惧是起于心灵的软弱无力，对于理性没有什么裨益。怜悯也是这样，虽然表面上怜悯好像近似虔诚。

（十七）　慷慨捐输也可以获得人心，特别是足以使得无有资力以借给维持生活需要的人悦服。但是要扶助每一个贫乏的人，实远超出私人的能力和利益，因为私人的财产实太不能充分满足此项需要。而且任何个人的力量甚为有限，也不能与人人皆缔结友谊。所以救济贫穷乃属于公共的福利，乃是整个社会所应负担的责任。

（十八）　关于接受恩惠与表示感恩，须采取一种特殊谨慎的态度，可参看第四部分命题七十附释与命题七十一附释。

（十九）　肉体的爱或性欲乃起于爱好身体的外形，一般地讲来，凡任何不基于心灵的自由，而承认一个别的外在原因的爱，都容易转变成恨。此外还有一种发狂[的爱]，但这却更坏，因为这种的爱只能引起争斗，不能增进协调（参看第三部分命题三十一绎理）。

（二十）　至于结婚当然是符合理性的。不过夫妻结合的目的须不仅是基于外表形体的爱好，而要以出于生育并聪明地教养子女的爱好为归。此外夫妇的爱情也不应仅以外表的形体为因，但主要地应建筑在心灵的自由上。

（二十一）　此外谄媚也可造成协调，但这种协调是借奴性的无耻的罪过或欺骗所造成。因为唯有骄傲的人才最容易为谄媚所愚弄。他们一心想出人头地，但又并没有什么过人的地方。

（二十二）　自卑具有虔敬与宗教的假象。而且自卑虽是骄傲的反面，但一个自卑的人却最接近骄傲的人（参看第四部分命题五十七附释）。

（二十三）　羞耻也可以有助于协调，不过只是就对许多无法掩盖的事情表示羞耻而言。羞耻既然是一种痛苦，所以也不是运用理性的产物。

（二十四）其余许多和对人有关的痛苦的情绪皆直接同正义、公平、荣誉、虔敬和宗教正相反对。愤怒表面上虽近似公平，但是唯有没有法律的社会才可以容许每个人各自判断他人的行为，各自[用武力]维护他自己和别人的权利。

（二十五）　谦恭，或使人喜悦的欲望，如果为理性所决定，则与虔诚相联系（正如第四部分命题三十七附释一所说）。反之如果纯起于情感的谦恭，便是一种好名心或者是一种欲望，通过这种欲望，人们借着虔敬的假象，大都适足以引起分歧和争夺，因为一个人要想用智虑或行动去帮助别人，以便他们可以和他共同享受最高的善，则他首先必须力图赢得别人对他的挚爱，而不在于博得他人的称赞，标榜出附着有自己姓名的学说或学派，更不在于造成些引起他人嫉妒的机会。在平日谈话中，他将力求避免指责人们的缺点，只是很谨慎地偶尔提到人的软弱无力，他通常总是多多谈论人的德性和力量，以及如何使它们更臻完善的方法。这样人们便可以尽量努力以求遵循理性的律令而生活，既非由于恐惧，亦非出于避祸，而是纯基于快乐的情绪。

（二十六）　除开人外，我们知道，天地间没有别的个体，其心灵生活是令我们感觉愉快，也没有任何别的个体，我们可以借友谊或任何一种生活方式，同他们结合成为一体。所以自然中除人以外的任何东西，为了照顾到人类本身的利益起见，实没有保持其存在的必要，但是理性指示我们，保存它们或消灭它们，全视其不同之用处为准，或视其是否足以适应我们的需要为准。

（二十七）　我们从我们之外的事物所得到的利益，除了我们由观察事物，改变事物所得到的经验和知识之外，主要的即是身体的保存。根据这个理由，则凡能够供养或滋补身体，足以使身体所有各部分皆能适当地尽其功能之物，即是对我们最有益之物。因为身体愈能接受多方面的影响，或愈能多方面地影响外界物体，则心灵便愈能思想(参看第四部分命题三十八及三十九)。但自然中这类的事物似乎异常之少,因此为了身体所需要的营养起见,必须利用多种不同的食料。但人的身体是许多不同性质的部分组合而成,而各部分皆经常需要各种营养品,以便身体的全体可以同等地适宜于应付一切可以由其性质而出的事物,因而心灵也随之同等地适宜于把握多量事物。

(二十八)　要想得到这些事物,如果人们彼此间不互相帮助,则单凭一个人的力量,很难有济于事。而金钱恰好供给了我们一个一切有用物品的兑换券。因此金钱的意象总是主要地占据着大众的心灵,因为如果没有金钱的观念伴随着作为快乐的原因,他们很难想象出任何一种快乐。

(二十九)　这唯有对于那些追求金钱而并不是由于生活的需要或必要的人,才是一种过恶,因为他们曾经学习到攫取金钱的技术,且反以此自豪。至于对于他们自己的身体,虽照常营养,但亦甚俭薄,因为他们以为如果对于身体的保存,费用太多,恐怕于他们的财产损失太大。但是那些知道金钱的正当使用,并知道以他们的需要为准去规定财产的限度的人,只需要少量的[金钱],即可过满意的生活。

(三十)　既然凡足以促进身体各部分使之各尽其功能之物皆是善物,并且既然快乐在于人的力量(就人之为心灵与身体所构成而言)之助长或增加,由此足见使人快乐之物皆是善物。但反之,既然无补于此目的,不能增进我们的快乐之物,其活动力量的发挥也不以我们的利益为准,既然快乐大都只是主要地与身体的某一部分相关系,则由此产生的快乐(如果没有理性和警惕主宰着),以及由此而产生的欲望，大都总是过度的。不仅如是，情感又能使人认现在的甜蜜之物为最重要，因而我们对于将来之物便不能以同样的情绪去估量。请参看第四部分命题四十四附释及第四部分命题六十附释。

（三十一）　迷信与我们所说的话却正相反对。凡足以使人痛苦之物，迷信认之为善，凡足以使人快乐之物，迷信却认之为恶。但是，上面我已经说过（参看第四部分命题四十五附释），除了心怀嫉妒的人之外，没有一个人会把我们的软弱无力或困苦损失引为欣幸。因为我们所感到的快乐愈大，则我们所达到的圆满也愈大，因而我们也愈能分享神性。而且快乐只要是基于以对我们利益的真正考虑为主宰，则这种快乐决不会是恶。反之，一个受恐惧支配，因为避免损害才做善事的人，却并不是遵循理性的指导。

（三十二）　但人的力量是异常有限，而且无限地为外界的力量所超过，因此我们并没有绝对的力量，能使外界事物皆为我用。但是，有时许多事变发生，与考量我们自己利益的要求，却大相违反，我们也只好以宽大的度量去忍受，只要我们自己觉得我们已经尽了自己的职责，我们已竭尽所有的力量，但实无法可以避免此种不幸之事，并且觉得我们是整个自然的一部分，我们必须遵循自然的法则，[那么我们便会感到精神的满足。]如果我们清楚明晰地了解这点，则我们为理智所决定的那一部分，亦即我们的较高部分，便可得到充分的满足，而且要努力保持在这种满足里。因为，我们既了解我们只能追求有必然性之物，则我们只有对于真理才能满足。所以只要我们对于这点有了正确的了解，则我们的较高部分的努力，将可与整个自然的法则谐和一致。

第五部分　论理智的力量或人的自由

序　言

最后我进到伦理学的另一部分,来讨论达到自由的方法或途径。所以在这一部分里,我将讨论理性的力量,指出理性有什么力量可以克制感情,并且指出什么是心灵的自由或幸福。由此我们将可看出,有智慧的人比愚昧的人是多么强而有力。至于应当用什么方法、取什么途径来使知性完善,以及应当用什么技术来保养身体,使它能以适当发挥其机能,则不属于本篇范围。因为后者属于医学,前者属于逻辑的范围。因此这里所要讨论的,正如以上所说,只限于心灵或理性的力量,并且首先要指出理性克制感情,管辖感情的权威究竟有多大,以及性质如何。因为我们在前面已经证明过,我们并没有克制感情的绝对权威。

斯多葛学派的人诚然以为感情绝对依赖我们的意志,以为我们能够绝对驾驭感情。但是这种说法,虽不违背他们的原则,却为经验所反对,使他们不得不承认,要想克制和调节感情,所需要的训练与毅力确实不少。这一点有人曾用两条狗(如果我没有记错的话)来作例子加以说明,一条是家犬,一条是猎犬。经过长期的训练,最后可以使家犬会出去打猎,猎犬则反而会见了兔子不去追逐。

斯多葛派的这种意见,笛卡尔也很表赞同。因为他认为灵魂或心灵与脑髓的某一部分,即所谓松果腺的部分,有特别密切的连系;心灵凭借着这松果腺能对身体内部所激起的一切运动,以及外界的对象,有所感觉;而且心灵单凭着意志的力量即可以使得这松果腺起种种不同的运动。他认为这松果腺悬在脑髓的中心,一受到生命精神最轻微的运动影响,就会运动。他更认为生命精神碰击这松果腺的状态不同,这松果腺悬在脑髓中心的状态便随之不同;并且印在松果腺上的不同迹象,与刺激生命精神碰击松果腺的外界对象,其数目是相等的。因此,心灵的意志是可以推动松果腺做种种不同状态的运动的,如果它后来使松果腺在某种状态下悬着,和以前为生命精神刺激时悬着的状态一样,那么松果腺便也可以推动与决定那些生命精神,使它们与从前被同样地悬着的松果腺所推动时呈现同样的状态。他并且认为心灵的每一个意愿都天然地与松果腺的某一种运动联系着。例如一个人如果有意去看一个远距离的东西,这个意愿便使他的瞳孔放大,但是假如那人只是想要放大瞳孔,这个意愿却不会产生所期望的结果,因为足以驱使生命精神影响视神经做某种运动,使得瞳孔放大或缩小的松果腺,尚未自然地与要放大或缩小瞳孔的意愿联系起来,而只是与要看远距离或近距离的东西的意愿联系起来。最后他认为,虽然松果腺的每一个运动与我们有生以来所有思想的总数中每一个思想都似乎自然地联系着,但由于习惯的关系,也可以与别的思想相联系。这一点他曾在他所著的《心灵的情感》(de Pass. Animae)一书第一部分第五十节中加以证明。

于是他便得出结论说，决不会有一个心灵会软弱无力到经过适当的指导还不能得到控制自己情感的绝对力量。因为根据他的界说，情感是心灵的一些知觉、感觉或激动，与心灵有特别的联系，并且请注意他这说法——为生命精神的一种运动所产生、保持和加强（参看《心灵的情感》一书第一部分第二十七节）。但是，既然我们能够使松果腺的某一个运动，以及生命精神的某一个运动与某一个意愿相结合，并且既然意志的决定完全依靠我们自己的力量，那么，只要我们依据指导我们生活中行为的确定的决断来决定我们的意志，把我们所愿意有的那些情感与这些决断结合起来，便会获得控制我们情感的绝对权力了。

以上所说的就是这位鼎鼎大名的人物的见解（就我从他本人的文字中所搜寻出来的看来），如果不是说得那样精微的话，我几乎不敢相信这种言论会出于这样一位大人物的手笔。我真不禁大为惊异：这样一位下定决心，除了依据自明的原则外决不妄下推论，除了清楚明晰地见到的事物外，决不妄下判断，并且屡次指责经院派想"用神奇的性质来解释隐晦的事物"的哲学家，竟会提出一个比任何神奇的性质还更加神奇的假设。请问他所了解的心灵与身体的结合究竟是什么意思？请问他对于与某一个量的质点密切结合的思想究竟有什么清楚明晰的概念？我很愿意他能够根据它的最近因来解释这种结合。但是他把心灵与身体看得如此不同，弄到不论对于心身的结合，还是对于心灵自身，都说不出一个特殊的原因，而不得不追溯到全宇宙的原因，亦即追溯到上帝。此外我也很愿意知道，心灵究竟能给予这松果腺多少度的运动，究竟要用多大的力量才能使松果腺悬在那里。因为我不知道松果腺为心灵所激动比起为生命精神所激动来，究竟较为快些还是慢些。我也不知道，我们所有的那些和坚定的判断结合着的感情运动是否不能为身体方面的原因所重新分开：如果不能，那么，我们就可以推知，纵然心灵决心要想去抵御危险，并且把勇敢的运动和这种决心结合起来。但是当危险一到眼前时，而松果腺悬着的那种状态仍然会使心灵只能作逃避之想。其实意志与运动之间既然并没有什么关系，心灵的力量与身体的力量之间，当然也就没有什么可比较之处，因此，身体的力量绝不能为心灵的力量所决定。并且我们也找不到松果腺在脑髓中心，处在那么一个位置，可以极容易地在种种不同的方式下受到激动，而且也并不是所有的神经都一直伸展到那些脑腔里面。

最后，我对笛卡尔关于意志和意志自由的一切说法，都省略不提了，因为我已经一再充分证明这种说法是错误的。

因此，心灵的力量既然像上面所指出的那样，只是为理智所决定，所以我们将只从心灵的知识去决定医治感情的药剂。这种药剂，我相信每个人都是有过经验的，不过没有精确地观察和明晰地认识罢了。我们将单从心灵的知识里推出一切和心灵的幸福有关的东西。

公　则

（一）假如两个相反的动作，在同一个主体里被激动起来，那么它们将必然发生变化：或者是两个都变，或者是只有其中的一个发生变化，一直到两者彼此不再反对时为止。

（二）结果的力量为它的原因的力量所决定，因为它的本质为它的原因的本质所解释或决定。（从第三部分命题七看来这条公则是很明白的。）

命题一 思想和事物的观念在心灵内是怎样排列和连系着，身体的感触和事物的形象在身体内也恰好是那样排列和连系着。

证明 观念的次序和联系（据第二部分命题七）与事物的次序和联系是相同的，反之（据第二部分命题六和命题七绎理）事物的次序和联系与观念的次序和联系也是相同的。所以观念的次序和联系在心灵里（据第二部分命题十八）既然依照身体的感触的次序和联系，反之（据第三部分命题二）身体的感触的次序和联系也依照心灵里面思想和事物的观念的次序和联系。此证。

命题二 如果我们使心中的情绪或情感与一个外在原因的思想分开，而把它与另一个思想联接起来，那么对于那外在原因的爱或恨以及由这些情感所激起的心灵的波动，便将随之消灭。

证明 构成爱或恨的形式的东西，乃是伴随着一个外在原因的观念而引起的快乐或痛苦（据情绪的界说第六和第七），因此假如将这个外在原因的观念排除掉，则爱或恨的形式也就随之被排除掉了，因而这些情感和由这些情感所激起的任何其他情感也将被消灭。此证。

命题三 一个被动的情感只要当我们对它形成清楚明晰的观念时，便立即停止其为一个被动的情感。

证明 一个被动的情感乃是一个混淆的观念（据情感的总界说）。因此，假如我们对于情感形成清楚明晰的观念，则这个关于情感的观念与情感的本身(就情感单纯与心灵相关联而言)除了在理智中可以区别外,事实上并没有区别(据第二部分命题二十一及其附释)。因此(据第三部分命题三)这个情感也将停止其为被动的情感。此证。

绎理 由此可见,我们对于情感的理解愈多,则我们愈能控制情感,而心灵感受情感的痛苦也愈少。

命题四 对于身体的任何感触,我们没有不能形成某种清楚明晰的观念的。

证明 凡为一切事物所共同具有的东西(据第二部分命题三十八)只能被正确地理解。因此(据第二部分命题十二及命题十三附释后的第二补则)对于身体的任何感触,我们没有不能形成某种清楚明晰的概念的。此证。

绎理 由此可以推知,没有一个情感,我们对它不能形成一个清楚明晰的概念。因为一个情感既是身体的感触的一个观念(据情感的总界说),所以(据第五部分命题四)必然包含清楚明晰的概念在内。

附释 既然一切事物都有结果(据第一部分命题三十六),既然凡是从我们心中正确的观念推出来的东西,我们都能清楚明晰地加以了解(据第二部分命题四十),由此可知,每一个人都有清楚明晰地了解他自己和他自己的情感的力量(即使不能绝对地加以了解,至少也可以部分地加以了解),因此他可以使得他少受情感的束缚。所以我们主要的是努力对每一情感尽可能获得清楚明晰的知识,这样就可以引导心灵由那个情感而去思想,它所能清楚明晰认识、且能完全令心灵感到满足的东西,并且努力使那个情感与它的外在原因的思想分离开，并与真思想相结合。这样，（据第五部分命题二）不仅爱、恨等情感可以消灭，而且习于从这种情感发生的欲望或要求（据第四部分命题六十一）亦不会过度。因为我们首先须得注意的即人的主动固由于某种意欲，而人的被动，也由于同种意欲。譬如，我们曾经指出过，人的本性总是想他人依照他的意思而生活（据第三部分命题三十一附释）。这种欲望，如果在一个无有理性指导的人，便是被动的情感，叫做野心，与骄傲没有什么差异，但反之，如果在一个依理性的命令而生活的人，则是主动的德行或德性，叫做责任心（据第四部分命题三十七附释一及同命题的第二证明）。同样所有一切的要求，或欲望，只有起于不正确的观念的才算是被动的情感，而凡是为正确的观念所引起的或产生的欲望都属于德性之内。因为凡决定我们做任何行为的欲望，既可从正确的观念产生，又同样可以从不正确的观念产生（参看第四部分命题五十九）。所以，回复到上面所提出的问题，我们可以这样说：在我们能力范围内去寻求克制情感的药剂，除了力求对于情感加以真正理解外，我们实想不出更良好的药剂了，因为我们上面已指出过（第三部分命题三）人的心灵除了具有思想的力量和构成正确观念的力量以外，没有别的力量。

命题五　假如我们对于一个足以引起情感的东西，既不想象它为必然，也不想象它为可能或偶然，而只是单纯地想象着它，那么，只要别的条件相等，我们对它的情感必定大于一切。

证明　对于我们想象为自由的东西的情感，（据第三部分命题四十九）较大于对一个我们想象为必然的东西的情感。因此（据第四部分命题十一）必定更大于对一个我们想象为可能的或偶然的东西的情感。但所谓想象一个东西为自由的，不外是单纯地想象着这对象，而我们对于决定它动作的原因又毫无所知（像第二部分命题三十五附释所指出的那样）。所以对于我们单纯想象着的一个东西的情感，如别的条件相等，必较大于对一个我们想象为必然的、可能的或偶然的东西的情感。因此，这情感必定大于一切。此证。

命题六　只要心灵理解一切事物都是必然的，那么它控制情感的力量便愈大，而感受情感的痛苦便愈少。

证明　心灵可以理解一切事物都是必然的（据第一部分命题二十九），并且可以理解一切事物的存在与动作都是被无限的因果联系所决定的（据第一部分命题二十八）。因此（据第五部分命题五）心灵可以少受这些事物所引起的情感的痛苦，而且（据第三部分命题四十八）心灵也可以少受这些事物的激动。此证。

附释　对于事物必然性的知识愈能推广到我们所更明晰、更活泼地想象着的个体事物上，则心灵控制情感的力量将愈大。这是经验也能加以证实的事实。因为我们看见，一个人对于所失掉的有价值的东西的痛苦一定可以减轻，如果失者认识到他所失掉的东西，在任何方式下都是无法保存的。同样我们也看见，决没有人会怜悯一个婴孩因为他不知道说话，不能走路，或不会推理，或因为他生活了几年，还没有自我意识。但假如大多数的人生来就是成年人，而只有这人或那人，才生来是婴孩，那么人人将会怜悯那婴孩了。因为人们将不会认幼稚时期为自然的或必然的，而会把它认作自然的缺陷或过失了。类似这样的事，我们还可以举出更多别的例子。

命题七　凡是起于理性或为理性所引起的情感，如果把时间算在内，比那和我们认为不在面前的个体事物有关的情感，有更大的力量。

证明　我们认一物为不在面前（据第二部分命题十七）并非由于我们所据以想象那物的情感有以使然，而乃是由于身体受了另一个情感的激动，而这一个情感排斥那物的存在。所以那和我们认为不在面前的事物有关的情感，究其性质，并不能克服人的别的行为和力量（关于这点请参看第四部分命题六），反之（据第四部分命题九）在一定的情形之下它可以受那足以排斥其外在原因的存在的情感的克制。但是，起于理性的情感必然地与事物的共同特质有关，（参看第二部分命题四十附释中关于理性的界说），而事物的共同特质，我们永远认作即在面前（因为没有排斥其当前存在的东西），而且（据第二部分命题三十八），我们是永远以同样的方式去想象它们的。因此这种情感永远是相同的。（据第五部分公则一）所以凡是与此相反的而且还没有为其外在原因所维持的情感，必逐渐力求适应这种［基于理性的］情感，直至不再和它相反对时为止。由此可见，起于理性的情感，比较有更大的力量。此证。

命题八　同时凑合起来以激起一个情感的原因愈多，则这个情感将必愈大。

证明　多数同时的原因，（据第三部分命题七）较之少数的原因更为有力。所以（据第四部分命题五）同时激起一个情感的原因愈多，则这个情感将必愈大。此证。

附释　这个命题从第五部分公则二看来，也很明白。

命题九　一个与许多不同的原因，相关联的情感，如心灵能同时考察这个情感及其许多不同的原因，则比起只与一个原因或较少原因相关联的同样有力的情感其为害少，我们感受痛苦也少，而我们受每一原因的激动也少。

证明　一个情感(据第四部分命题二十六及二十七)只有就它足以妨碍心灵的思想说来，才可说是恶的或有害的。所以，如果一个情感能引起心灵去同时考察许多事物，比起另外一个同样有力的情感，执持心灵使它只能考察单一事物或较少事物，而不能思想其他，当然为害更少。这是第一点。再则，心灵的本质，换言之，(据第三部分命题七)心灵的力量，(据第二部分命题十一)乃纯为思想所构成，因此心灵对于一个足以引起它同时考察多数事物的情感比起对于一个同样有力、但只能执持其考察单一的或较少的事物的情感，感受的痛苦当然会少些。这是第二点。最后，这样的情感，既[同时]与许多外在原因相关联(据第三部分命题四十八)则它所感受到那里面每一原因的激动自然会少些。此证。

命题十　只要我们不为违反我们本性的情感所侵扰，我们便有力量依照理智的秩序以整理或联系身体的感触。

证明　违反我们本性的情感(据第四部分命题三十)即是恶的情感。其所以是恶的情感，(据第四部分命题二十七)即因其足以妨碍心灵的理解力。所以只要我们不为违反我们本性的情感所侵扰，则(据第四部分命题二十六)心灵努力以求理解事物的力量便不会受到阻碍，而心灵也仍然具有形成清楚明晰的观念的力量，和从这一观念推演出别的观念的力量(参看第二部分命题四十附释二及第二部分命题四十七附释)。因此(据第五部分命题一)我们便具有依照理智的秩序以排列或联系身体的感触的力量。此证。

附释 根据能将身体的感触加以适当的整理和联系的力量，我们便可不致易于为恶的情感所激动。因为（据第五部分命题七）要想克制依照理智的秩序排列着或联系着的情感，比起克制那不确定、不坚定的情感实需要较大的力量。所以只要我们对于我们的情感还缺乏完备的知识时，我们最好是定立一个正确的生活指针或确定的生活信条，谨记勿忘，不断地应用它们来处理日常生活中发生的特殊事故，这样庶可使我们的想象力受到这些指针和信条的深刻影响，感到它们随时均在心目中。例如，关于生活的信条，我们曾经提出（参看第四部分命题四十六及其附释），怨恨可以为仁爱或度量宽宏所征服，而不是用怨恨去报复所能征服。但是为了使这条理性的箴言常在心目中，每到需要时，可以随时运用起见，我们必须对于人们所常加诸人的侮辱加以透彻的思考，再四的理会，并且熟思如何用宽宏的度量去消除它们。因为这样我们便可以将侮辱的想象与这一条道德信条的想象联系起来，（据第二部分命题十八）每到侮辱一来时，这一信条便活泼在心目中。此外假如我们又能确切顾虑到我们的真正福利，以及各自相互的友谊和人群的亲善所产生的幸福，并能谨记（据第四部分命题五十二）从一个正确的生活指针可以获得心灵的至高的平安，且须知人也与其他事物相同，皆莫不依照自然的必然性而行，那么凡基于这种必然性的侮辱或怨恨，在我们想象中便只能占一极小的部分，因而便可以容易克服了。并且即使为极大的侮辱所引起的忿怒，不易克服，但终究总会被克服的，也许免不了要经过心情的波动，不过比较我们事前完全对于那些箴言或信条等没有深切理会过，恐怕就需要更长久的时间了，像第五部分命题六、七、八所指出的那样。

依同样方法，为祛除恐惧起见，我们必须对于意志的力量(animositas)加以理会，这就是必须对于生活中的通常危险，常常列举出来加以预想，且必须对于如何凭借机警与勇毅(fortitudo)最好地避免或征服危险的办法加以思考。

但必须注意，即当我们整理我们的思想与意象时，(据第四部分命题六十三绎理，及第三部分命题五十九)我们永远必须留心观察每一事物之善的方面，这样我们便可以永远为快乐的情绪所决定而行为。譬如，当一个人看见他太急于追求荣誉时，且让他思考荣誉的正当用处，以及他所以要追求荣誉的目的，以及获得荣誉的方法，但无须去理会荣誉之滥用处及虚幻处，也不要思虑到人情的无常，以及类此之事，因为这些东西只有心灵上有病态的人才会常常思想到的。因为那些爱好荣誉的人有了这种[不健康的]思想，一到他们对于他所追求的荣誉感到失望时，每每借此抒发这种病态思想以泄个人的私愤并借以表现他们好像是很聪明的，实际上他们正是在自寻苦恼。所以那些诅咒荣誉的滥用与人世的虚幻最嚣张的人，每每即是追求荣誉最急迫的人。这乃是确定不移的事实。但这种心理不仅是好名的人所常有，而乃是所有那些时运不佳，而又心力软弱的人所共同具有的特殊情态。我们常看见那些贫穷而贪财的人，每每决不厌于缕述金钱的滥用与富人的罪恶，然结果除了他们自己苦恼自己，并显示给他人以他们自己胸襟的狭窄：既不能忍受自己的贫穷，又不能容许他人的富有之外，实毫无所得。同样，又每见有人因遭受到爱人的拒绝，遂致专去思想女人的爱情不专一、态度不真挚以及其他古诗中常常咏叹的弱点，但是所有这些，只要他的爱人对他又表示好感，他立刻就会忘记在九霄云外。

所以凡是纯因爱自由之故，而努力克制其感情与欲望的人，将必尽力以求理解德性和德性形成的原因，且将使心灵充满着由对关于德性的正确知识而引起的愉快；但他将必不去吹求他人的缺点鄙视世人，或以表面的虚矫的自由恬然自喜。并且凡能深切察见（因为这并非难事）此理并能实践此理的人，则他在短期中必能大部分基于理性的至高命令以指导其行为。

命题十一　一个意象所关联的对象愈多，便愈常发生或愈为活泼，且愈能占据心灵。

证明　一个意象或情感所关联的事物愈多，则能刺激或培养此意象或情感的原因也愈多，所有这些原因，（据假设）心灵都要根据这个情感而同时考察。所以这个情感愈常发生，愈常生动地呈现于心目中，且（据第五部分命题八）愈能占据心灵。此证。

命题十二　事物的意象与我们所清楚明晰认识的事物的意象相联系，比起和别的意象相联系，更为容易。

证明　我们所能清楚明晰认识的事物，不是事物的公共特质，必是自事物的公共特质推演而出的东西（参看第二部分命题四十附释二理性的界说），因而能（据前一命题）常常在我们心中被激动起来。所以我们考察别的事物比同时考察和那些能够清楚明晰认识的事物较为容易，并且因而把这些事物与那些能够清楚明晰认识的事物联结起来，（据第五部分命题十八）也比较容易。此证。

命题十三　与一个意象相联系的别的意象愈多，则这一意象愈常生动地呈现在心目中。

证明　因为与一个意象相联系的别的意象愈多，则（据第二部分命题十八）能激动起那一意象的原因也愈多。此证。

命题十四　心灵能使身体的一切感触或事物的意象都和神的观念相联系。

证明　心灵对于身体的感触（据第五部分命题四）没有不能形成某种清楚明晰的概念的。因此（据第一部分命题十五）心灵能使身体的一切感触都和神的观念相联系。此证。

命题十五　凡是清楚明晰地了解他自己和他的感情的人，必定爱神，而且他愈了解他自己和他的感情，那么他便愈爱神。

证明　凡是清楚明晰地了解他自己和他的情感的人，（据第三部分命题五十三）必定感觉愉快，而他的愉快，（据第五部分命题十四）是伴随着神的观念的。因此（据感情的第六界说）他必定爱神，并且（据同一理由），他愈了解他自己和他的情感，那么他便愈爱神。此证。

命题十六　这种对神的爱必定在心灵中占据无上的地位。

证明　因为这种爱（据第五部分命题十四）是和身体的一切感触相联系的，并且（据第五部分命题十五）所有这些身体的感触，都足以培养这种爱，所以（据第五部分命题十一）这种对神的爱必定在心灵中占据无上的地位。此证。

命题十七　神没有被动的情感，且决不会为任何快乐和愁苦的情感所激动。

证明　举凡一切与神相联系的观念，（据第二部分命题三十二）都是真的，换言之，（据第二部分界说四）都是正确的。因此（据情感的总界说）神没有被动的情感。再则，（据第一部分命题二十绎理二）神不能过渡到较大或较小的圆满，因此（据情感的第二和第三界说)，神决不会为任何快乐和愁苦的情感所激动。此证。

绎理　真正讲来，神不爱人也不恨人。既然(据第五部分命题十七)神决不会为任何苦乐的情感所激动，所以(据情绪的第六和第七界说)神不爱人，也不恨人。

命题十八　没有人能够恨神。

证明　神的观念在我们心中(据第二部分命题四十六及四十七)是正确的和圆满的。因此(据第三部分命题三)，就我们能够知神来说，我们便是主动的。所以(据第三部分命题五十九)决不会有痛苦与神的观念相伴随。换言之，(据情绪的第七界说)没有人能够恨神。此证。

绎理　对神的爱决不会转变成恨。

附释　说到这里，也许有人反对，说我们既然认神为一切事物的原因，这就无异于认为神也是痛苦的原因了。我们可以答道，就我们认识痛苦的原因来说(据第五部分命题三)，则痛苦已经停止其为被动的情感了。换言之，(据第三部分命题五十九)即停止其为痛苦了。所以只要我们明白见到神的痛苦的原因我们也会感到愉快。

命题十九　凡爱神的人决不能指望神回爱他。

证明　假如一个人指望神回爱他，那么(据第五部分命题十七绎理)，这就无异于说，他要求他所爱的神不是神。因此(据第三部分命题十九)他将要求愁苦，(据第三部分命题二十八)这是不通的。所以凡是爱神的人，决不能指望神回爱他。此证。

命题二十　这种对神的爱决不能为嫉妒或猜忌的情绪所污染，反之，当我们想象到凭借同一的对神之爱的纽带，与我们有联系的人越多，则我们对神的爱便愈加增长。

证明　对神的爱（据第四部分命题二十八）乃是我们依据理性的命令所追求的至善。这种至善，（据第四部分命题三十六）乃是人人所共同的。而且（据第四部分命题三十七），我们也愿意人人都能享受这种至善。因此对神的爱决不能为嫉妒的情绪所玷污（据情绪的界说第二十三），也不能为猜忌的情绪所玷污（据第五部分命题十八及嫉妒的界说，见第三部分命题三十五附释）。反之，（据第三部分命题三十一）当我们想象到因爱神而感到愉快的人愈多，则我们对神的爱亦愈加增长。此证。

附释　我们还可以按照同一方式证明[人性中根本]没有与爱神的情绪直接反对、且能消灭它的情绪，因此我们可下一个结论说：对神的爱乃是一切情绪中之最持久的。而且就这种情绪与身体相联系而论，只有身体消灭后，它才能随之同时消灭。至于就这种情绪仅仅与心灵相联系而论，其性质如何，以后即可看到。

在上面，我已经将克制情感的一切方剂或心灵本身所能克制情感的力量详加论列。从这里我们可以显明地看到心灵克制情感的力量在于：

1. 对于情感本身的知识（参看第五部分命题四附释）。

2. 心灵将情感本身和我们混乱地想象着的关于情感的外因的思想分离开（参看第五部分命题二及刚才提到的命题四的附释）。

3. 与我们所能理解的事物相联系的情感的时间，超过了与我们所只能混淆地、片断地了解的事物相联系的情感的时间（参看第五部分命题七）。

4. 足以培养情感的原因之众多，通过这些原因，情感能与事物的共同特质或神相联系（参看第五部分命题九及命题十一）。

5. 最后，心灵能够将它的情感加以整理，并将这些情感彼此联系起来使其有秩序（参看第五部分命题十附释及命题十二、十三、十四）。

要想对于心灵克制情感的力量有较好的了解，首先可从下面的事实看出来。当我们称一个情感为大时，是因为我们比较这一个人的情感与另一个人的情感，而发现这一个人较另一个人更多地受同一情感所激动，或者因为我们比较同一个人的各种情感，而察出其中某种情感比起另一种情感来更多地激动或感动着他。因为（据第四部分命题五）每一种情感的力量的大小乃是由比较该情感的外因的力量与我们自己的力量而决定的。但是心灵的力量既然仅仅为知识所决定，而心灵的薄弱或被动又仅仅为知识的缺陷所决定，或者换言之，为不正确的观念所赖以产生的能力所决定。由此可见，那大半为不正确的观念所充塞的心灵是最被动的，因此要辨认这种心灵顶好是根据其被动之处，而不能根据其主动之处。反之，那大半为正确观念所构成的心灵则是最主动的，因此要认识这种心灵，即使仍有与前者有同样多的不正确观念包含在内，但顶好是根据属于人类的德性的正确的观念，而不能根据那足以表示人类薄弱的不正确观念。

此外还须注意一点，即心灵的许多病态和不幸大都基于爱恋着一个东西，而这个东西，又是变化无常而决不是我们所能确实享有的。因为假如不是爱恋一个东西的话，决没有人会因为区区一个东西而烦恼不安。一切的侮辱、疑忌、仇恨等等，可以说都是起于爱恋那没有人可以真正确实掌握的东西。

根据上面所说，我们很容易明了，清楚明晰的知识，特别那基于对神的知识而来的第三种知识（参看第二部分命题四十七附释），对克制我们的情感有什么样的力量了。这种知识对于情感之作为被动的情感而言，虽不能把它们绝对加以消灭（参看第五部分命题三及命题四之附释），但至少却能使情感只构成心灵的极小部分（参看第五部分命题十四）。此外这种知识又能产生一种对于永恒不变（参看第五部分命题十五），而我们又能真实享有的东西的爱（参看第二部分命题四十五）。这种爱因此决不能被通常的爱所包含的缺点所污染，且反而能够愈益滋长增大（据第五部分命题十五），占据着、而且深彻地推动着大部分的心灵。

说到这里，我已经结束了关于现世生活的一切了。因为有如在本段附释的开首所说，在这简短几句话里，我要概括指出心灵克制情感的一切方剂。关于这点只要注意到我在本附释里所说的话，以及心灵的界说和心灵的情绪的界说，最后注意到第三部分命题一及命题三的人，就很容易明白。所以现在是我们进而讨论心灵的绵延（单就心灵不与身体相联系而言）的时候了。

命题二十一　只有当身体存在时，心灵才能想象某种事物并回忆过去的事物。

证明　只有当身体存在时（据第二部分命题八绎理），心灵才能表示其身体的实际存在，并认知身体的感触，而当做真实，因此（据第二部分命题二十六）心灵只有当自己的身体存在时，才能认知一个身体，把它当做真实存在。所以只有当身体存在时，心灵才能想象某种事物（参看第二部分命题十七附释内关于想象力的界说），并回忆过去的事物（参看第二部分命题十八附释内关于记忆的界说）。此证。

命题二十二 但是在神内必然有一个观念从永恒的形式下表示这人的身体或那人的身体的本质。

证明 神不仅是这人或那人的身体存在的原因，而且又是它的本质的原因（据第一部分命题二十五），而这种本质（据第一部分公则四），必须通过神的本质才能被认识，并且必须（据第一部分命题十六）通过某种永恒的必然性才能被认识。而这种概念（据第二部分命题三），必然存在于神内。此证。

命题二十三 人的心灵不能完全随身体之消灭而消灭，但是它的某种永恒的东西仍然留存着。

证明 在神内（据第五部分命题二十二）必然有一个概念或观念表示人的身体的本质，而这个概念或观念（据第二部分命题十三）必然是某种属于人类心灵的本质的东西。但是我们只有当心灵表示身体的实际存在时，才能说心灵有可以受时间限制的绵延，因为身体是可用绵延来说明，并且可以受时间的限制的，换言之，（据第二部分命题八附释）只有当身体存在时，我们才能说心灵有绵延。但心灵中（据第五部分命题二十二）既然有某种东西，只有通过神的本质按照某种永恒的必然性才能被认识，则这种属于心灵的本质的东西，必然是永恒的。此证。

附释 这种从永恒的形式下表示身体的本质的观念，我们已经说过，就是思想的一个样式或形态，而这个思想的样式乃属于心灵的本质，亦即必然地是永恒的。但是要想我们回忆我们在未有身体以前的存在，却是不可能的，因为在身体内没有那种存在的痕迹，又因为永恒不可用时间去界说，或者说永恒与时间没有任何关系。但我们却感觉到并且经验到我们是永恒的。因为心灵凭借知性的概念以认识事物，并不亚于凭借记性的回忆以认识事物。而推论就是心灵的眼睛，凭借这种眼睛，心灵就可以看见事物和观察事物。所以我们虽然不能凭借记忆以证实我们的心灵先身体而存在，但我们却能感觉到，只要我们的心灵从永恒的形式下包含着身体的本质，则我们的心灵即是永恒的，而且心灵的这种永恒的存在既不是时间所能限制，也不能用绵延去说明的。所以只有当我们的心灵包含着身体的实际存在时，才能说具有绵延，他的存在才可以用某种确定的时间加以限制；也只有在这种情形下心灵才有能力用时间去决定事物的存在，用绵延去把握事物的存在。

命题二十四　我们理解个别事物愈多，则我们理解神也愈多。

证明　从第一部分命题二十五绎理看来，这点是很明白的。

命题二十五　心灵的最高努力和心灵的最高德性，都在于依据第三种知识来理解事物。

证明　第三种知识是从对于神的某一属性的正确观念而达到对于事物本质的正确知识（参看第二部分命题四十附释二对于第三种知识的界说）。如果我们愈能依据这种知识来理解事物，那么（据第五部分命题二十四）我们便愈能理解神。因此（据第四部分命题二十八）这就是心灵的最高德性，换言之（据第四部分界说八）心灵的力量或本性或（据第三部分命题七）心灵的最高努力即在于依据第三种知识来理解事物。此证。

命题二十六　心灵愈善于依据第三种知识来理解事物，那么它必定愈愿意依据第三种知识来理解事物。

证明 这是很明白的。因为只要我们认心灵能依据第三种知识来理解事物，那么我们便认为心灵是被决定而依据第三种知识来理解事物的，因此（据情绪的第一界说）心灵愈善于这样来理解事物，那么它必定愈愿意这样来理解事物。此证。

命题二十七 从这第三种知识可以产生心灵的最高满足。

证明 心灵的最高德性（据第四部分命题二十八）在于知神，或（据第五部分命题二十五）在于依据第三种知识来理解事物。心灵愈善于依据这种知识来理解事物，那么（据第五部分命题二十四）心灵的这种德性将愈大。所以谁能够依据这种知识来理解事物，谁就能够发展到最高的完善。因此（据情绪的第二界说）他就会感到最高的快乐，而快乐（据第二部分命题四十三）乃是为他自己和他自己的德性的观念所伴随着的情绪。所以（据情绪的第二十五界说）从这种知识可以产生心灵的最高满足。此证。

命题二十八 依据第三种知识来理解事物的努力或欲望不能起于第一种知识，而只能起于第二种知识。

证明 这一命题是自明的。因为凡是我们所清楚明晰地理解的事物，我们不是从那物自身去理解，即是从另一通过自身而被认识的东西去理解它。换言之，我们心中清楚明晰的观念，或属于第三种知识的观念（参看第二部分命题四十附释二），决不能从那属于第一种知识的混淆片断的观念而来（参看同一附释），而是从（仍依据同一附释）正确的观念而来，或从第二及第三种知识而来。所以（据情绪的第一界说），依据第三种知识来理解事物的欲望，不能起于第一种知识，但是可以起于第二种知识。此证。

命题二十九 心灵在永恒的形式下所理解的一切事物，它之所以能理解它们,并不是因为它把握了身体的现在的实际存在,而是因为它是在永恒的形式下把握身体的本质。

证明　只有当心灵认识它的身体的现在的存在时,它才能认识那可以由时间决定的绵延。而且也只有这样,心灵才有根据时间关系来认识事物的能力(据第五部分命题二十一及第二部分命题二十六)。但(据第一部分界说八及说明)永恒是不能用绵延来说明的。所以在这种意义下的心灵是没有在永恒的形式下去认识事物的能力的。而心灵之所以有这种能力,(据第二部分命题四十四绎理二)乃是因为理性的性质即在于在永恒的形式下以认识事物,即(据第五部分命题二十三)在永恒的形式下以认识身体的本质也属于心灵的性质,而且因为(据第二部分命题十三)除了这两点以外,没有别的东西属于心灵的本质。所以只有当心灵自永恒的形式下来认识身体的本质时,这种在永恒的形式下认识事物的能力才属于心灵。此证。

附释　事物被我们认为是真实的,不外两个方式:或者是就事物存在于一定的时间及地点的关系中去加以认识或者是就事物被包含在神内,从神圣的自然之必然性去加以认识。现在事物通过第二种方式而被认作是真实的,乃由于我们在永恒的形式下去认识它们,而它们的观念都包含有永恒无限的神的本质在内,像我们在第二部分命题四十五所指出的那样,可以再参看该命题的附释。

命题三十　我们的心灵只要能在永恒的形式下认识它自身和它的身体,就必然具有对于神的知识,并且知道它是在神之内,通过神而被认识。

证明　永恒是神的本质,就这个本质包含着必然存在而言(据

第一部分界说八）。所以在永恒的形式下以认识事物，即是就事物通过神的本质被认作真实存在去加以认识，或者就事物通过神的本质而包含存在去加以认识。所以我们的心灵只要能在永恒的形式下去认识它自己及它的身体，就必然具有对于神的知识，并且知道它是在神之内，通过神而被认识。此证。

命题三十一 第三种知识依赖心灵为它的形式因，就心灵本身是永恒的而言。

证明 心灵只有就它在永恒的形式下认识它的身体的本质而言（据第五部分命题二十九），换言之（据第五部分命题二十一及二十三），只有就它是永恒而言，它才能在永恒形式之下认识事物。并且，只有就心灵是永恒的而言（据第五部分命题三十），它才具有对于神的知识，而这种知识（据第二部分命题四十六），必然是正确的。因此就心灵是永恒的说来（据第二部分命题四十），它即有能力认识一切自神的知识推出的事物，这就是说，心灵有能力依据第三种知识以认识事物（关于第三种知识的界说，可参看第二部分命题四十附释二）。因此就心灵是永恒的说来（据第三部分界说一），它乃是这种知识的正确的原因或形式的原因。此证。

附释 所以一个人获得这种知识愈多，便愈能知道自己，且愈能知神。换言之，他将愈益完善，愈益幸福，这个道理下面将有更明白的解释。这里还有一点须得注意：即虽然我们现在确知，就心能在永恒的形式下认识事物说来，它是永恒的，但为了使我们所要证明的更易解释、更好理解起见，我们将像以前那样的办法，认为心灵好像现在才开始存在，并且现在才开始在永恒的形式下去认识事物。我们尽可以这样做去，而不致有错误的危险，只要我们谨慎，除了充分明白认识到的前提外，不轻下结论。

命题三十二　对于凭借第三种知识而理解的事物我们都感觉快乐，而这种快乐乃是伴随着神的观念而来，以神的观念为原因。

证明　由这种知识（据第五部分命题二十七），可以产生心灵的最高满足，换言之（据情绪的界说第二十五），即可以产生最高的快乐，而这种快乐是伴随着心灵自身的观念而来，因此（据第五部分命题三十），亦即伴随着神的观念而来，以神的观念为原因。此证。

绎理　从第三种知识必然产生对神的理智的爱。因为（据第五部分命题三十二）从这种知识必然产生伴随着神的观念而来，以神的观念为原因的快乐，亦即产生（据情绪的界说第六），对神的爱，这并不是就我们想象着神在当前而言（据第五部分命题二十九），而是就我们认识神是永恒的而言。这就是我所谓对神的理智的爱。

命题三十三　从第三种知识产生的对神的理智的爱是永恒的。

证明　第三种知识（据第五部分命题三十一及第一部分公则三）是永恒的。所以（据同一公则），从这种知识产生的爱，也必然是永恒的。此证。

附释　这种对神的爱（据第五部分命题三十三），虽然是没有开端的，但是却具有爱的一切圆满性，仍然好像是有开端的一样，正如在第五部分命题三十二的绎理里所假想的那样。唯一的区别即在于心灵自永恒以来即具有圆满性，且伴随着神的观念而来以神的观念为永恒的原因，而我们在那里只是假想它现在才达到这种圆满性。如果快乐在于到较大圆满的过渡，那么幸福便应该在于心灵具有圆满性本身。

命题三十四　只有身体存在时，心灵才受被动的情感的宰制。

证明　想象是心灵用来考察事物以为它即在目前的一种观念（参看第二部分命题十七附释里关于想象的界说）。但（据第二部分命题十六绎理）想象表示人的身体的当前的状况较多于表示外界事物的性质。所以（据情感的总界说），情感是表示身体当前的状况的一种想象，所以（据第五部分命题二十一）只有身体存在时，心灵才受被动的情感的宰制。此证。

绎理　由此可以推知，除了理智的爱以外，没有别种的爱是永恒的。

附释　如果我们试看一看人们的共同意见，我们就可以看到，他们也诚然意识到他们的心灵的永恒性，不过他们将永恒与绵延混为一谈，而将永恒性归给想象或记忆，这些东西，他们相信可以于死后还保存着。

命题三十五　神以无限的理智的爱，爱它自身。

证明　神（据第一部分界说六）是绝对无限的，这就是说（据第二部分界说六）神的本性享受着它自身的无限圆满性，而（据第二部分命题三）伴随着它自身的观念，或换言之（据第一部分命题十一及界说一），以它自身的观念为原因。这就是在第五部分命题三十二绎理里我们所说的理智的爱。

命题三十六　心灵对神的理智的爱，就是神借以爱它自身的爱，这并不是就神是无限的而言，而是就神之体现于在永恒的形式下看来的人的心灵的本质之中而言，这就是说心灵对神的理智的爱乃是神借以爱它自身的无限的爱的一部分。

证明　这种心灵的爱(据第五部分命题三十二绎理及第三部分命题三)必须认作是心灵的主动。这种主动是心灵自己观察自己的行为，而且(据第五部分命题三十二及其绎理)是伴随着神的观念以神的观念为原因而来。这就是说(据第一部分命题二十五绎理及第二部分命题十一绎理)，这种心灵的爱乃是神自己观察自己的主动的行为，就神之显现于人的心灵而言，这种主动的行为是伴随着神的观念而来的。因此(据第五部分命题三十五)这种心灵的爱，乃是神借以爱其自身的无限的爱的一部分。此证。

绎理　由此可以推知，说神爱其自身，即无异于说神爱人类，因此，神对人类的爱，与心灵对神的理智的爱是同一的。

附释　据此我们可以明白了解我们的得救、幸福或自由何在了，即在于对神之持续的永恒的爱，或在于神对人类的爱。而这种爱或幸福，圣经上叫做“光荣”并不是没有理由。因为无论这爱是出于神或基于心灵都可以切当地叫做精神的满足，而精神的满足(据情绪的界说第二十五和第三十)，其实与光荣并无区别。因为就爱之出于神而言，(据第五部分命题三十五)爱便是为神自己的观念所伴随着的快乐，——如果这里我们还可以用“快乐”这两个字的话。就爱之基于心灵而言(据第五部分命题二十七)，爱也是为神自己的观念所伴随着的快乐。而且心灵的本质既然纯全为知识所构成，而神又为知识的本源与基础(据第一部分命题十五及第二部分命题四十附释)，那么我们便可以明白见得由于什么原因，在什么方式下，我们的心灵的本质和存在，都出于神性，而且不断地依存于神。我想我们值得在这里提到这一点，以便借这个例子来表明，对个体事物的直观知识或者所谓第三种知识有什么力量（参看第二部分命题四十附释），并且较之那种一般性的知识或我所谓第二种知识是如何地更强而有力。因为虽然，在第一部分里，我曾经概括地证明一切的一切（人的心灵当然亦包括在内），其本质和存在都依存于神，那种证明，虽说正确无可置疑，但是究竟不能感动我们的心灵，有如我们从依存于神的个体事物的本质自身，直接推论出来那样亲切有力。

命题三十七 在自然中没有违反这种理智的爱的事物，也没有能够取消这种理智的爱的事物。

证明 这种理智的爱必然出于心灵的本性，就心灵之通过神的本性而被认作永恒的真理而言（据第五部分命题三十三及三十九）。假如有任何事物违反这种理智的爱，那么这物就会违反真理，这样凡是足以否定这种理智的爱的事物，将能够使真理成为错误。这显然是不通的。所以在自然中没有事物足以违反或取消理智的爱。此证。

附释 第四部分的公则是仅仅指在一定时间与地点关系中的个体事物而言。这点，我相信没有人可以怀疑。

命题三十八 心灵凭借第二和第三种知识所理解的事物愈多，则它感受恶劣情绪的损害将愈少，并且它将愈不畏死。

证明 心灵的本质（据第二部分命题十一）是由知识所构成的。所以心灵凭借第二和第三种知识所认识的事物愈多，那么（据第五部分命题二十九与二十三）心灵中长存的部分将愈大，因而（据第五部分命题三十七）不为违反我们的本性的情绪，（据第四部分命题四十）亦即恶劣的情绪所侵扰的部分也将愈大。所以心灵凭借第二和第三种知识所理解的事物愈多，则其保持完整不受损害的部分愈大，而受恶劣情绪的损害也愈少。此证。

附释　由此我们可以明了，我在第四部分命题三十九的附释里所已经提到过而打算在这一部分里加以说明的问题了。这就是说，只要我们的心灵具有清楚明晰的知识愈多，因而也愈能爱神，那么死对于我们的损害也就愈少。而且（据第五部分命题二十七）从第三种知识既可以产生最高的精神满足，由此可以推知，人的心灵也许可能具有那样的本性，即随身体之消灭而消灭的部分（据第五部分命题二十一）与长存的那一部分比较起来，则前一部分是无足重轻的。关于这一点下面将比较详细地讨论。

命题三十九　凡是具有一个足以适应多数事物的身体的人，都具有一个大部分都是永恒的心灵。

证明　一个具有足以适应多数事物的身体的人（据第四部分命题三十八），极少被恶劣的情绪所激动，换言之（据第四部分命题三十），极少被违反人们本性的情绪所激动，所以（据第五部分命题十）他将具有能力依照理智的秩序以排列并联系身体的感触，从而（据第五部分命题十四）将具有能力使身体的一切感触都与神的观念相联系，因而（据第五部分命题十五）他将会感到一种对神的爱。这种对神的爱，（据第五部分命题十六）必然占据心灵，或构成心灵最大的部分。所以（据第五部分命题三十三）他将具有一个大部分是永恒的心灵。此证。

附释　人的身体既然能够适应多数事物，那么无疑地身体会具有这样的性质，即它是与心灵相联系的，而这种心灵是具有对它自身和对于神的伟大知识的，而且这种心灵的最大部分或主要部分是永恒的，因而它是绝不畏死的。要对这一点更加明白理解——那就必须知道，我们是生活在不断的变迁之中，并且按照我们向善变迁或向恶变迁，而分辨我们是快乐或不快乐。因为一个人由婴孩或儿童而过渡到死亡，便称为不快乐，反之如果我们度过生命的全程，寓健康的心灵于健康的身体之中，便可说是快乐，而且，真正讲来，一个人，如像一个婴孩或儿童，他的身体只能适应很少的事物，他的动作几乎完全为外在的原因所决定，则他的心灵，单就其本身而论，也几乎完全不知道它自身，不知神，也不知物。反之，一个人如果具有一个足以适应许多事物的身体，则他的心灵，单就其本身而论，能知其自身、能知神、也能知物。所以，在这个生命的途程中，我们首先要努力尽量将婴孩式的身体转变成一个足以适应多数事物的身体，而且与此身体相联系的心灵也尽可能知其自身，能知神、也能知物。这样则一切与记忆或想象相联系的事物，和心灵的理智比较起来，正如在前一命题的附释里所说的，实在无足重轻了。

命题四十　一物具有圆满性愈多，那它就愈是主动，愈少被动；反之，一物愈能主动，那它就愈是圆满。

证明　一物愈是圆满（据第二部分界说六），那它就愈具有实在性。因此（据第三部分命题三及其附释），这物主动愈多，被动愈少。反之，也可以依同样的方式证明，一物愈能主动，那它就愈是圆满。此证。

绎理　由此可以推知，心灵中长存的部分，无论大或小，比另外一部分必定更圆满。因为心灵中永恒的部分（据第五部分命题二十三及二十九），乃是理智，只有通过理智的力量，（据第三部分命题三)我们才可以说是主动的。但是正如我们所已经指出的,心灵中[随身体之消灭而]消灭的部分,(据第五部分命题二十一)乃是想象力,只有通过想象的作用(据第三部分命题三及情绪的总界说),我们才可以说是被动的。所以(据第五部分命题四十)心灵中长存的部分,无论大或小,比另外一部分必更为圆满。此证。

附释　这些就是关于心灵方面我打算提出来阐明的。我只是单就心灵本身,而没有就它和身体的存在关系而加以讨论。从这些说法,再加上第一部分命题二十一和其他的命题看来,显然我们的心灵,就其能理解来说,是思想的一个永恒的样式或形态。这一个思想的永恒的样式是为另一个思想的永恒的样式所决定,而这另一个样式又为另外一个样式所决定,如此递推,以至无穷,所以,思想的永恒样式的全体便构成神的永恒无限的理智。

命题四十一　即使我们不知道我们的心灵是永恒的,我们也必须特别重视虔诚与宗教,以及一切我们在第四部分里所指出来的有关于刚毅与仁爱的诸德性。

证明　首要的唯一的道德基础或正当的生活方式(据第四部分命题二十二绎理及命题二十四)就在于寻求自己的利益,但是当我们为了要判定什么是理性规定为有利益东西的时候,我们并没有考虑到心灵的永恒性,直到第五部分里我们才开始认识什么是心灵的永恒性。所以虽然那时我们还不知道心灵是永恒的,但是我们也已经特别注重我们所指出来的有关于刚毅与仁爱的德性了。所以即使我们现在不知道心灵的永恒性,我们也必须特别重视理性的命令。此证。

附释　普通人的一般信念,似乎与我们所说的不同,因为大多数人似乎相信，只要容许他们放纵他们的情欲，他们便是自由的了，并且相信，假如他们拘束于依照神圣命令的规定而生活，他们便丧失权利了。因此虔诚与宗教以及一切有关精神力量的德性，他们都看做是重负，希望死后可以卸掉，并且希望对于他们所受的拘束，亦即对于他们的虔诚与信奉宗教，能获得报酬。但是也不仅是基于这种希望，主要的乃由于畏惧死后的可怖的惩罚，他们因而被引诱着尽量让自己的薄弱无力的心灵，依照神圣命令的规定而生活。假如没有这种希望和恐惧的支持，反之，假如他们相信心灵与身体一同消灭，对于为虔诚的重负所压迫着的愁苦的生灵，并无延长生命的可能，则他们将回复到原始的肉欲生活，愿意让一切行为受他们的情欲的支配，宁肯听从命运，而不听从自己。这种态度的无意识，就好像一个人相信他不能永远用良好的滋养品来培养他的身体，因而愿意用毒药或足以危害性命的药品以图果腹，或者，就好像一个人见到他的心灵不是永恒不灭，因而愿意过一种不用心思，没有理性的生活。——像这类毫无意识的行径，实在不值得多加评论。

命题四十二　幸福不是德性的报酬，而是德性自身；并不是因为我们克制情欲，我们才享有幸福，反之，乃是因为我们享有幸福，所以我们能够克制情欲。

证明　幸福在于对神的爱（据第五部分命题三十六及其附释），而对神的爱（据第五部分命题三十二绎理）起于第三种知识，而这种爱（据第三部分命题五十九及命题三）必定是基于主动的心灵。所以幸福就是德性自身（据第四部分界说八）。这是须得证明的第一点。再则，心灵愈能享受这样神圣的爱或幸福，他便愈能

［凭借第三种知识以］理解［事物］，（据第五部分命题三十二）换言之（据第五部分命题三绎理），心灵控制感情的力量将愈大，而且（据第五部分命题三十八）心灵受恶劣情绪的损害将愈小。所以这正是由于心灵享受这样神圣的爱或幸福，因而它才是具有克制情欲的力量；并且因为人类克制情绪的力量只在于理智，所以没有人会由于能够克制他的情绪，因而享受幸福。反之克制情欲的力量乃出于幸福自身。此证。

附释　现在，我已经将我要说的所有关于心灵克制情感的力量，以及关于心灵的自由的意义充分发挥了。由此可以明白看到，智人是如何地强而有力，是如何地高超于单纯为情欲所驱使的愚人。因为愚人在种种情况下单纯为外因所激动，从来没有享受过真正的灵魂的满足，他生活下去，似乎并不知道他自己，不知神，亦不知物。当他一停止被动时，他也就停止存在了。反之，凡是一个可以真正认作智人的人，他的灵魂是不受激动的，而且依某种永恒的必然性能自知其自身，能知神，也能知物，他决不会停止存在，而且永远享受着真正的灵魂的满足。如果我所指出的足以达到这目的的道路，好像是很艰难的，但是这的确是可以寻求得到的道路。由这条道路那样很少被人发现看来，足以表明这条道路诚然是很艰难的。因为如果解救之事易如反掌，可以不劳而获，那又怎么会几乎为人人所忽视呢？但是一切高贵的事物，其难得正如它们的稀少一样。

译 后 记

斯宾诺莎的《伦理学》原著是用拉丁文写的。译者过去虽曾学习过拉丁文，在翻译这本书的过程中也曾一度逐字逐句地对照拉丁文本，但由于受拉丁文水平的限制，本书主要仍然是参考德文译本和英文译本译出来的。

这册译本所根据的和参考过的各种版本如下：

（一）格布哈特校订拉丁文本：《斯宾诺莎集》，共四册，海德堡，1931 年。（Spinoza Opera，Im auftrag der Heidelberger Akademie der Wissenschaften，herausgegeben von Carl Gebhardt，Bde I—IV，Heidelberg，1931）。

《伦理学》正文见第二册 41—308 页。格布哈特本是比较晚出和最完善的斯宾诺莎全集的拉丁文版本。他的校勘功夫做得很精细，且曾把拉丁文的《伦理学》与最早译成的荷兰文版本对勘过，指出两个本子有许多值得注意的出入和差别的地方。此外还参考过 1914 年在海牙出版的 J. van Vloten et J. P. N. Land 的版本，共四卷，分订成两厚册。

（二）格布哈特主编德文本《斯宾诺莎全集》，共三卷。（Baruch Spinoza：Sämtliche Werke，Bde I—III，in Verbindung mit O. Baensch und A. Buchnan，herausgegeben und mit Einleitung，

Anmerkungen und Register versehen von Carl Gebhardt, Verlag von Felix Meiner in Leipzig, 1922)。《伦理学》见德文译本第一卷。德文本译者是贝恩希(O. Baensch)。

(三)怀特的英文译本:斯宾诺莎的《伦理学》,牛津大学出版社,1927年,第四版(Ethic, translated by W. H. White)。此外,英文译本中比较流行的还有波恩丛书中的爱柳斯(Elewes)及人人丛书中波伊尔(Boyle)所译的《伦理学》。这册中文译本主要是根据怀特的译本。

遇到各种版本有出入或疑难的地方,主要以德文译本为准,有时译者也略加按语。有时为了补足语意,译者斟酌附加几个字进去,这种附加的字特用[ ]符号标出。在拉丁文原本里,《伦理学》一书中有几部分的序言、附录及附释都是完整的长篇,没有分段。而在各国文字的译本中都曾加以分段。因此在分段问题上,德文、英文甚至俄文译本都很不一致,这册中文译本的分段是完全依据德文译本的。

在整理这册译本的过程中,《伦理学》第一、第二、第五部分的主要部分,曾请北京大学哲学系张世英同志根据怀特的英译本校阅一遍。《伦理学》第三、第四两部分曾请中国科学院哲学研究所汝信同志根据新出版的H. A. 伊凡诺夫同志的俄文译本(见苏联科学院哲学研究所及莫斯科大学外国哲学史教研室合编:《斯宾诺莎选集》,上卷,莫斯科,1957年)校阅一遍。他们都曾提过有益的意见,帮助译者作了很多的修改,应该在这里表示谢意。

译 者

1958年9月

图书在版编目（CIP）数据

伦理学/(荷)斯宾诺莎著；贺麟译.--北京：商务印书馆，2025.--(中外哲学典籍大全).--ISBN 978-7-100-24682-8

Ⅰ. B82

中国国家版本馆CIP数据核字第2024XK8091号

中外哲学典籍大全·外国哲学典籍卷

伦 理 学

〔荷兰〕斯宾诺莎 著

贺麟 译

商 务 印 书 馆 出 版

（北京王府井大街36号 邮政编码100710）

商 务 印 书 馆 发 行

北京科信印刷有限公司印刷

ISBN 978-7-100-24682-8

2025年6月第1版　　开本 710×1000 1/16

2025年6月北京第1次印刷　　印张 $18\frac{1}{2}$ 插页 1

定价：95.00元